全国普通高等院校物流实验实训指导系列教程

第三方物流实务

——信息系统与业务实训

主　编　翁心刚
副主编　赖礼芳　常　娥　陈汝平

中国物资出版社

图书在版编目（CIP）数据

第三方物流实务：信息系统与业务实训/翁心刚主编. —北京：中国物资出版社，2009.8

（全国普通高等院校物流实验实训指导系列教程）

ISBN 978 - 7 - 5047 - 3137 - 1

Ⅰ. 第… Ⅱ. 翁… Ⅲ. 物流—物资管理—高等学校—教材 Ⅳ. F252

中国版本图书馆 CIP 数据核字（2009）第 097251 号

策划编辑 王宏琴
责任编辑 王宏琴
责任印制 何崇杭
责任校对 孙会香 杨小静

中国物资出版社出版发行

网址：http://www.clph.cn

社址：北京市西城区月坛北街 25 号

电话：（010）68589540 邮政编码：100834

全国新华书店经销

中国农业出版社印刷厂印刷

开本：787mm×1092mm 1/16 印张：16 字数：350 千字

2009 年 8 月第 1 版 2009 年 8 月第 1 次印刷

书号：ISBN 978 - 7 - 5047 - 3137 - 1 /F · 1233

印数：0001—3000 册

定价：30.00 元

（图书出现印装质量问题，本社负责调换）

前　言

　　第三方物流的有效运作日益成为众多企业管理者关注的焦点。国内外物流管理的经验表明，构建开放性的面向社会服务的第三方物流体系对提升企业物流服务质量和运作效率会起到积极作用。目前，我国的第三方物流服务企业的规模和服务能力正在不断提升，但是与发达国家相比，在第三方物流服务质量、水平以及人力资源方面都存在一定差距。因此，实现传统物流服务向现代物流服务转变，提升第三方物流企业的服务能力，加强专业人才培养，已成为推动现代物流业发展的重要任务。

　　本书借鉴和吸收国内外第三方物流的相关理论，结合成功运作的第三方物流企业——中海物流的运营模式和信息系统实际，阐述第三方物流服务的基本理论、作业流程以及信息系统概况，是一本学习和掌握第三方物流运作的相关方法和技术、与实际密切结合并具有实操性的书籍。全书由三部分构成：第三方物流基础理论、第三方物流信息系统实训和第三方物流企业业务实训。基础理论部分主要介绍了第三方物流的基本概念、第三方物流信息系统和相关信息技术、第三方物流运作方法；信息系统实训部分则以中海2000教学软件系统为平台，结合中海物流企业多年来在物流信息系统运作和开发方面的经验，深入浅出地阐述第三方物流信息系统的功能和操作流程，突出实务性和可操作性；企业业务实训部分主要是基于中海物流企业第三方物流运作的环境和实际操作流程，详细阐述第三方物流的业务运作过程。

　　本书将理论和实践有机地结合在一起，解决以往理论学习与物流实践脱节的问题，对于全面了解第三方物流服务，掌握第三方物流运作的基本方法和技术，培养应用型人才具有一定帮助。

　　本书在编写过程中参考了大量文献资料和企业开发的第三方物流信息系统软件，借鉴和吸收了国内外众多学者的研究成果；硕士研究生安久意在资料整理等方面做了大量工作。在此，对他们的辛勤工作深表谢意。

　　由于第三方物流尚处于发展之中，对第三方物流的认识还不成熟，本书所涉及的内容也只是第三方物流运作的一部分，书中难免存在不少缺点和错误，敬请读者批评指正。

CONTENTS 目 录

第一部分　第三方物流基础理论

第二部分　第三方物流信息系统实训

第三部分　第三方物流企业业务实训

第一部分

第三方物流基础理论

1 第三方物流概述

1.1 第三方物流的概念

1.1.1 第三方物流的特征

物流术语国家标准对第三方物流的定义是（GB/T 18354—2006）：独立于供需双方，为客户提供专项或全面的物流系统设计或系统运营的物流服务模式。

为了明确第三方物流的概念，现从物流业务对外委托的角度来分析一下第三方物流的特征。

从企业物流业务对外委托的形态上看，基本上有三种形式。第一种是货主企业自己从事物流系统设计以及库存管理、物流信息管理等管理性工作，而将货物运输、保管等具体的物流作业活动委托给外部的物流企业；第二种是由物流企业将其开发设计的物流系统提供给货主企业并承担物流作业活动；第三种是由专业企业站在货主企业的角度，代替其从事物流系统的设计，并对系统运营承担责任。前两种对外委托形态在发达国家已被企业普遍采用，第三种对外委托形态逐渐受到重视。

第三种对外委托形态才是真正意义上的"第三方物流"，即由货主企业以外的专业企业代替其进行物流系统设计并对系统运营承担责任的物流形态。第三方物流与传统的对外委托形态的不同之处在于，传统的对外委托形态只是将企业物流活动的一部分，主要是物流作业活动，如货物运输、货物保管交由外部的物流企业去做，而库存管理、物流系统设计等物流管理活动以及一部分企业内物流活动仍然保留在本企业；同时，物流企业是站在自己物流业务经营的角度，接受货主企业的业务委托，以费用加利润的方式定价和收取服务费。那些能够提供信息管理系统的物流企业，也是以使用本企业的物流设施、推销本企业的经营业务为前提，并非是以货主企业物流合理化为目的设计的物流系统。而第三方物流企业则是站在货主的立场上，以货主企业的物流合理化为设计物流系统和系统运营管理的目标；同时，第三方物流企业不一定要保有物流作业能力，也就是说可以没有物流设施和运输工具，不直接从事运输、保管等作业活动，只是负责物流系统设计并对物流系统运营承担责任，具体的作业活动可以再采取对外委托的方式由专业的运输、仓库企业等去完成。同时，从美国的情况来看，即使第三方物流企业保有物流设施，也将使用本企业设施的比例控制在两成左右，以保证向货主企业提供最适宜的物流服务。第三方物流企业的经营效益是直接同货主企业的物流效率、物流服务水平以及物流系统效果紧密联系在一起的。

由此可见，所谓第三方物流是由作为物流需求方的货主企业以外的第三方，承担货主企业的以物流系统设计和物流系统运营为主要内容的物流活动的物流形态。与传统的物流运作方式相比，第三方物流整合了多项物流功能，能使被服务的企业集中精力专注于生产和经营，减少雇员并节省在物流方面的开支。

第三方物流的特征可以概括为以下几点：

第一，第三方物流建立在现代电子信息技术基础之上。信息技术的发展是第三方物流的必要条件。电子数据交换（EDI）技术实现了数据的快速、准确传递；射频（RF）技术提高了仓库管理、装卸运输、订货采购、订单处理和配送发货的自动化水平；电子资金转账（EFT）技术实现了资金快速支付，通过 B to B 等电子商务模式，企业之间可以更方便地与物流企业进行交流与协作；同时，相关专业计算机管理软件的使用，能有效地管理物流渠道中的各种资源。

第二，第三方物流是合同导向的系列物流服务。从物流运行的角度看，第三方物流可以包括一切物流活动以及货主可能从专业物流提供商处得到的各种增值服务。物流代理商提供这一服务，是以与委托人签订的正式合同为依据的，合同中明确规定服务费用、期限及相互责任等事项，因此，第三方物流又常被称做"契约物流"、"外协物流"。

第三，第三方物流是个性化的物流服务。第三方物流服务的对象一般都较少，只有一家或数家，服务时间却较长，根据合同可以长达几年。第三方物流有别于公共的物流服务，这是因为物流需求方的业务流程各不相同，而物流、信息却是随价值流动的，因而要求服务应按客户的业务流程来定制。

1.1.2 采用第三方物流模式的必要性

在面临的竞争环境日趋激烈，以及经济全球化、国际化环境下，企业必须提高生产经营效率，拿出切实可行的对策克服劳动力价格上涨、资本成本上升等因素的影响，提高经营效率。因此，采用物流外包的形式将物流业务委托给所谓第三方物流公司的做法就成为企业物流战略的重要内容。

企业持续发展必须具备核心竞争力和经营特色，为此，需要将有限的资源（人、财、物、信息）集中投入到核心事业中，这样就产生了非核心事业对外委托的需要。生产、物流、销售、人事、后勤等各项职能可以划分为战略业务、专门业务和定型业务。在物流业务中，物流战略方针的制订、运输企业的选择等属于战略业务；物流中心的改革方案、运输配送改革方案的制订等则属于专门业务（当然，这些方案的论证分析、最终选定属于战略业务）；运输配送业务、仓储等属于定型业务。大部分战略业务无法对外委托，而专门业务和定型业务则可采用对外委托的方式，这样不仅可以降低成本，同时还可以灵活运用高度化的专门知识经验，高效率地开展业务。对外委托有两种类型：一是作为降低销售费用、管理费用、物流费用的对策而采用的；二是为培养创造核心竞争力将资源集中投入到核心业务的需要。二者实际上是表里的关系。为了强化竞争力、创造特色，需要集中投入资源，这样，就需要将投入到非核心领域的资源取出来，将相应的业务外包出去。

对外委托迅速发展的原因包括：一是现代电子信息网络技术为对外委托提供了信息技术的支持。现代的对外委托是企业职能的对外委托，外包企业就如同发包企业的一个职能部门。在众多业务外包的情况下，借助于信息网络构成一个虚拟企业。二是接受对外委托的第三方物流企业大量出现。企业在物流业务效率化方面存在着很大的空间。但是，企业特别是中小企业由于缺乏经营资源，无法独立地进行改革。为此，既不是制造业也不是流通业，而是作为第三方的物流专业企业增多起来。政府也对此加以扶持，在市场准入等方面放松管制，允许单个企业同时涉足海陆空运输代理领域，取消对物流领域供需调整的行政干预等。

对物流外包来说，信息系统是不可缺少的，其理由来自企业内部和外部。从企业内部来说，物流业务需要与营业部门、采购部门、生产和财务部门进行信息交换和传送。如果物流业分属于企业内部的一部分，这种信息的交换和传送在有些场合利用口头也可以实现；但是，在外包的情况下，受托企业是外部企业，支付结算等发生的资金关系，各种涉及责任的问题，必须要有能够作为证明的凭据。当然，这并不是说一定要有纸凭据，电子记录同样可以。信息系统的必要性不仅来自于企业内部，而且还来自于企业外部，即不仅限于在物流业务的委托者和被委托者之间需要信息交换和传递，而且在客户、采购方和受托方之间也需要信息交换和传递。而且，在这种信息的交换和传送、接收和传递大多与金钱的支付和受领相联系，需要留下凭证。

1.2　第三方物流的兴起

第三方物流的概念起源于企业业务的外包（Outsourcing），企业利用外部的资源为自己的生产经营服务，将一些业务承包给第三方企业去完成，这就是企业业务的外包。企业将自己的物流业务外包，第三方物流企业承接这些业务，就产生了第三方物流的概念。现代意义上的第三方物流兴起于20世纪80年代后期的美国。在1988年美国物流管理委员会的一项顾客服务调查中首次提到了"第三方服务提供者"，很快这种新思维被纳入到顾客服务职能中，并迅速在欧洲、日本等发达国家崛起。第三方物流发展的背景可以从第三物流服务的需求和供给两个方面去探究。

1.2.1 企业外包需求的出现

长期以来传统工商企业的经营模式具有"小而全"、"大而全"或"纵向一体化"的特征，即企业拥有从原材料采购进货开始到最终产品生成入库为止的所有功能，并将企业的资源分散配置在各个环节。随着买方市场的形成和市场竞争日益激烈，分散化物流体系的低效率和高成本劣势越来越明显，众多生产企业开始转换原有的经营模式，制定新的竞争战略。一方面，企业更加专注于拓展核心业务，提高产品质量和开发新型产品，以增强企业活力；另一方面，企业为了实现生产与消费环节的无缝对接，使产品形态尽快转变为商品价值，积极引入现代物流的管理理念，整合原有的物流资源，并把提供多功能、高质量的物流服务作为一种新型竞争战略付诸实践。由于现代物流管理的系统性要求高、规模经济明显、技术性强，大多数企业均不具备高效率、低成本运作的自营能力，因此构成了对社会化、专业化物流服务的巨大的市场需求，从而形成推进第三方物流业扩大生产规模、逐步走向产业化发展道路的动力。很多企业由于采用了第三方物流服务，不仅减少了企业作业成本，提高了服务水平，而且避免了在非核心业务和活动上的资产购置投资。

美国田纳西州大学的一份研究报告中提到，在美国大多数企业使用第三方物流服务以后，一些环节的作业成本可以降低 62%，服务水平可以提高 62%，核心业务可以集中 56%，雇员减少 50%，资金投入可减少 48%。因此，这种新型的物流运作模式在跨国企业中应用十分普遍，它们将全球物流服务外包给专业的第三方物流公司来运作，从而使第三方物流服务的需求激增。第三方物流服务商已成为这些成功企业不可或缺的战略合作伙伴。

1.2.2 一体化物流服务提供商的出现

1980 年美国的分包服务业领域发生了巨大的变化。在短短的几个月之内，美国运输业的政治和经济管制由于汽车承运法的改革、现代化法案的实现以及 Staggers 铁路法案的通过而得到了解除。这些法案的变更，使政府减少了对运输市场的调控，使运输行业呈现出最终向自由运输市场发展的趋势。运输业管制的解除促进了一体化服务提供商的发展，而这种发展重塑并拓展了专业化服务的范围，从而更有效地促进了供应链的运作。

与运输业相反，从事公共仓库服务的公司在运作上并不受联邦或州政府的管制。其中，大多数公司为了避免上述提到的运输管制，通常不愿涉足运输服务业。但是，随着政府对运输行业管制的解除，情况发生了变化。很快，公共仓库公司也开始提供运输服务。与此同时，许多运输公司也开始向客户提供综合性的仓储服务。

在物流服务行业中所发生的这一切，实际上反映了从单一职能外包向多职能外包的根本性转变。一体化服务提供商（Integrated Service Provider，ISP）开始向客户提供一系列的服务，包括从订单的输入环节一直到产品的发货环节的所有与服务客户相关的工作。在很多情况下，大范围的专业化服务的出现大大地扩展了传统的运输和仓储服务领域的范围。一体化服务提供商在行业中通常被称为第三方物流服务提供商。通常，第三方提供商分为两种：资产公司和非资产公司。两者主要的不同在于：资产公司拥有自己的运输设备和仓库并进行管理及运作，而非资产公司则更多地致力于向客户提供全方位的信息服务从而使客户能更好地从事供应链的运作与管理。这种非资产服务提供商代表它们的客户对第三方资产公司提供的服务进行合理的安排及整合。

一体化服务提供商的快速增长使得供应链管理的形成与裁撤相应地更加容易。供应链的参与者也能够更好地投入到运作中，最大效率地发挥一体化物流网络的能力。因此，我们可以说这种外包服务促进了以运作为根本的一体化的管理。

总而言之，从 20 世纪 90 年代兴起的第三方物流，从本质上讲反映了社会分工的深化和细化。同时，也反映出现代生产流通环境下物流的复杂性。尽管第三方物流在美国也仅仅有十几年的历史，还不是一种成熟的业态，但是，它代表了物流业的发展方向。

1.3 我国第三方物流现状

第三方物流的发展需要三个基本条件。首先是作为第三方物流服务需求方的货主企业要树立核心竞争力观念，善于接受和利用第三方物流这种服务模式，从而为第三方事业的开展提供市场。其次是作为第三方物流服务提供商的 3PL 企业的培育和发展。3PL 不同于传统的物流企业，无论在经营理念上还是服务模式上都存在较大差距，尽管传统的物流企业可以通过转型成长为真正意义上的 3PL 企业。最后是相关政策的支持，政府要通过产业政策和放松管制促进现代物流业的发展。

目前，中国第三方物流业尚处于发展初期。伴随着物流理念的深入，企业界对物流业务外包日益重视，这为我国第三方物流业的发展提供了巨大的发展空间和市场机遇。中国加入 WTO 后，国内市场国际化，越来越多的外资物流供应商进入国内物流市场，对我国第三方物流业形成严峻的挑战。当务之急是采取切实有效的措施，加快我国第三方物流的发展，缩小与发达国家的差距。目前，在中国的物流市场，发展第三方物流有着广阔的前景，据《中国物流发展报告 2006—2007》显示，2006 年我国第三方物流市场规模超过 1300 亿元人民币。据预计今后几年增长速度在 25% 以上，到 2010 年我国第三方物流市场规模在 2500 亿元人民币以上。与此同时，社会物流外包比例不断上升，2006 年我国销售物流外包以 5%～10% 的速度增加，运输与仓储以 10%～15% 的速度增加，运输业务委托第三方的占企业运输业务的 67%。另据中国仓储协会对家电、电子、日化、食品等 450 家大中型企业的一项典型调查表明，企业自己承担物流管理的占 26%，全部委托第三方的占 5.2%，自理与委托相结合的占

68.87%。在被调查的正在寻求新的物流代理的企业中，其中75%的选择新兴物流公司，21.9%的选择纯运输公司，3.1%的选择仓储企业。可见，我国企业对第三方物流的市场需求潜力巨大。

尽管第三方物流有较好的市场前景，但我国第三方物流企业自身还存在一些问题，主要表现在：

第一，业务功能不齐全，增值服务意识薄弱。第三方物流企业的收益85%来自基础性服务，如运输服务和仓储服务，而增值服务的收益只占15%。增值服务包括拆零、分类、编码、测试和修理等。增值服务低的原因，一方面是物流企业缺乏市场开拓的力度；另一方面是缺乏高水平的第三方物流企业。

第二，企业规模越小，运营成本越高，影响企业的经济效益以及长远发展。随着大型跨国公司的不断涌入，其生产经营的国际化要求物流代理商拥有全球化的运作网络为其提供物流支持，如果第三方物流企业的规模不足以满足其国际化经营的目标，那么自营物流就会成为跨国公司考虑的方式。

第三，利用现代技术程度低。现代物流包括运输、仓储、包装、装卸、加工配送及信息网络管理等一系列服务。在每一个环节都出现了许多现代最新技术，充分利用这些技术将大大增强企业的竞争实力。而我国物流企业在这方面还存在很大差距，特别是在信息化方面，起步较晚，信息化程度较低，因而普遍存在对信息的获取、处理和运用能力不强的问题。例如，大部分物流企业尚未应用计算机管理系统，自动识别和条码技术、GPS全球定位系统等先进的信息技术在第三方物流企业的应用更是处于学习和起步阶段，因而所提供的物流服务在及时性、准确性、可靠性和多样性等方面都处于较低水平。低水平的物流服务进一步影响了第三方物流在我国的发展。

第四，缺乏优秀的物流管理人才。发展第三方物流，需要具备一支优秀的物流管理队伍。发达国家的物流企业之所以发展较快，一条重要的原因就是这些国家十分重视人才的教育，许多大学都开设有物流管理专业，并在社会上开展了物流相关职业教育。不少国家的物流从业人员必须接受职业教育，获得从业资格后才能从事物流方面的工作。而在我国，虽然物流从业人员也已初具规模，但真正懂得物流科学的高层次管理人才少之又少。缺乏人才，企业就缺少了创新和发展能力，只能依靠传统的方式管理现代物流，从而导致物流企业低效运行，缺乏活力和竞争力。

第五，制度不健全。我国第三方物流市场秩序还不规范，公平交易意识较弱。另外，企业融资制度、产权制度、市场准入和退出制度及社会保障制度等还不能适应企业经营的要求，因而限制了第三方物流企业自身的发展。

2 第三方物流信息系统

现代物流的重要特征是物流信息化，现代物流可以看做是物质实体流通与信息流通的结合。建立和完善物流信息系统是构筑现代物流系统和开展现代物流活动极其重要的一项工作。第三方物流企业自身的高效运作离不开信息系统的支撑，同时第三方物流企业还须具有为客户企业开发物流信息系统的能力。本章概述了物流信息系统的特征、功能和作用，并结合物流信息系统的开发案例阐述了物流信息系统开发的原则和步骤。

2.1　物流信息系统

物流信息系统是由操作人员、计算机硬件和软件、网络通信设备及其他办公设备组成的人机交互系统，其主要功能是进行物流信息的收集、存储、传输、加工整理、维护和输出，为物流管理者及其他组织管理人员提供战略、战术及运作决策的支持，以达到组织的战略竞优，提高物流运作的效率与效益。由于现代计算机及计算机网络的广泛应用，物流信息系统的发展有了一个坚实的基础，计算机技术、网络技术及相关的关系型数据库、条码技术、EDI 等的应用使得物流活动中的人工、重复劳动及错误发生率减少，效率增加，信息流转加速，使物流管理发生了巨大变化。

2.1.1　物流信息系统的特征

物流信息是指与物流活动相关的信息。从信息来源看，一部分直接来自于物流活动本身，另一部分则来自于商品交易活动和市场。狭义的物流信息一般指直接产生于物流活动的信息；广义的物流信息还包括对物流活动有用的来自于商品交易活动甚至生产活动的信息。物流活动的管理和决策是建立在对信息准确而全面的把握基础之上的。物流作业活动的效率化同样也离不开信息的支持，如运输工具的选择、运输线路的确定、在途货物跟踪、订单处理、库存状况把握、配送计划制订、分拣指示等，都需要详细而准确的物流信息。

在现代经营管理活动中，物流信息与商品交易信息、市场信息相互交叉、融合，彼此有着密切联系。广义的物流信息不仅能够起到连接整合从生产厂家、经过批发商和零售商到最终消费者的整个供应链的作用，而且在应用现代信息技术的基础上能实现整个供应链运作的效率化。也就是说，物流信息不仅对物流活动有支持保证的功能，而且具有连接整合整个供应链并使其活动效率化的功能。

物流信息具有信息量大、更新快和来源多样化等特点。物流的对象是商品，随着消费需求的多样化，企业的生产销售朝着多品种、小批量方向发展，客户对于物流服务的需求也呈现出小批量、高频率的特征，这些都无疑加大了物流信息处理的数量。而且伴随着商品更新换代速度的加快、周转速度的提高、订货次数的增加，物流作业活动的频率也大幅度提高，从而要求物流信息不断更新，更新速度越来越快。物流信息不仅来自企业内部，而且还包括企业间的物流信息和与物流活动相关的基础设施的信息。利用现代信息通信和网络技术可以将有关信息在企业之间实时传递，实现信息共享。物流活动本身具有的时空上的特点，使得物流信息系统分为如下几种类型：

1. 不同地域对象之间的系统

物流活动从发出和接收订货开始，但发出订货的部门与接收订货的部门并不在同一个场所，例如，处理订货信息的营业部门和承担货物出库的仓库一般在地理上是分离的，发货人和收货人不在同一个区域，等等。

这种在场所上相分离的企业或个人之间的信息传送，就要借助于数据通信手段来完成。在信息通信手段还不发达的年代，使用信函邮寄、电话记录、传真的方式完成信息在两地之间的传递；随着计算机技术、数据通信技术和网络技术的发展，利用现代电子数据交换技术手段可以高效率地完成异地之间的信息传递交换。

2. 不同企业之间的系统

物流系统不仅涉及企业内部的生产、销售、运输、仓库等部门，而且与供应商、业务委托企业、送货对象、销售客户等交易对象以及在物流活动上发生业务关系的仓储企业、运输企业和货代企业等众多的独立企业之间有着密切关系，物流系统是由这些企业内外的相关部门和相关企业共同构成的。

这些相互独立的企业各自按照自己的方式推进系统化建设，在计算机的类型、所使用的软件、通信格式、使用线路的速度和质量规格等方面是不一样的，在票据格式、编码体系等交易规格方面也存在区别。解决这个问题的有效途径是使用 EDI，实现不同企业之间数据交换的标准化。

3. 大量信息实时处理的系统

物流系统在大多数情况下需要一件一件地处理信息。即便是中等规模的批发商，一天要处理的订货票据也会超过 1000 件，而且在接收订单后的订单检查、信用检查、库存核对、出库指令、运输指示等都需要及时处理。如果发现信息不全面或有错误的话，需要与客户及时联系。

4. 对波动具有适应性的系统

物流活动的一个特点是波动性较大，一天内的不同时间段，一周内的不同日期，物流作业量都会有较大差别。如在规定的截止时间前1个小时，订单数量会突然增加，达到高峰；在周一或周五出库量要大于其他时间。

这种波动对于物流系统来说是不希望发生的，有必要将物流作业平均化。例如，通过按不同客户分别制定订单受理截止时间等。但是，由于消费者的购买倾向带来的物流作业的波动是无法消除的，如对于年末、节假日集中、大量采购带来的物流量波动，物流系统要具备适应能力。为此，必须要有对波动性的预测能力，这是物流系统管理的任务。物流信息系统与生产管理等其他系统不同，即便事先可以预测到高峰期，但是无法事先处理。物流作业服务本身是及时性产品，生产过程也是消费过程，无法进行事前储备。

5. 与作业现场密切联系的系统

物流现场作业需要从物流信息系统获取信息，用以指导作业活动。信息系统与作业系统的紧密结合，可以改变传统的作业方式，大大提高作业效率和准确性。例如，传统的货物检验方法是一边对照着打印出来的订货明细表，一边检查到货数量与订货数量是否一致。这种方法在数据与货物的核对上要耗费很多时间，效率低下。现在的先进做法是在使用条形码的基础上，利用条形码读取包装上的条形码信息，手持末端机上就会立刻显示出该类商品的订货数量，检验员根据屏幕显示的订货数量，核对到货数量。省去查找数据的时间或查找商品的时间，检验员可以根据商品的码放顺序逐一检验。

2.1.2 物流信息系统功能模块

1. 接收订单和出库系统

（1）订单处理

从客户那里接收订货信息，对订货进行数据记录的业务称为订货登记。

订货登记业务从接收订货信息并对订货信息的完整程度、准确程度进行检查开始。接下来是对客户的相关制约条件进行检查，如货款缴纳情况、信用情况等。

在确定可以接收订货要求后，按照订单进行库存确认。接收订单处理业务完成后，必要时要将订货请求书传给客户确认。

订货登记的信息处理要在下一步的货物拣选、出库、配送等业务开始之前完成，这些具体的物流作业活动都要基于订货信息处理结果之上来完成。

（2）出库处理

根据全面处理的订货信息，要先制作货物拣选明细。货物拣选明细有两种制作方法：①按照订货类别制作（摘果拣选方式）；②按照品种单位将全部订货集中在一起制作，拣选出的商品再按客户类别进行二次分货（播种拣选方式）。

利用计算机信息处理技术、自动拣选、半自动拣选的信息提示等手段可以提高货物拣选的效率与合理化程度。但是，在订货处理和货物拣选作业之间时间有限的情况下，难以实现自动化。

如果出现库存不足、不能按照订货数量拣选的情况，要将缺货部分的信息告知客户，由客户决定是取消订货还是在下次到货时优先供货。

对于拣选完毕、按照客户类别备好货物的订货，可下达配送指示。配送方式有按照事先配备好的车辆，以固定路线和固定时间运行以及在满足配送要求的同时，本着物流成本最低的原则，根据当时车辆的状况，选择车辆和线路两种方式。选择哪种方式要根据商品的特性、与客户的关系以及配送车辆的获得能力等来灵活掌握。

送货时，一般要同时向客户提交装箱单、送货单和收货单等单据，但为了简化配送作业，也有在配送完成之后再送达有关信息的系统。送货单经客户确认盖章后，出货处理作业即告结束。

（3）送货结束后的处理业务

送货结束并确认之后，要进行费用结算，发出费用结算单据。

2. 库存管理系统

库存管理系统是为了满足销售，在必要的场所备齐所需商品，为保证制造活动顺利进行储备原材料和零部件，以最少的数量满足需求，防止库存陈腐化浪费和保管费用增加的系统。

为了有效地进行库存管理，需要确定在哪个阶段设置物流据点、设置多少、备货保持在什么服务水平上等库存计划以及在哪个据点备有什么样货物、配备多少货物等库存分配计划。

库存管理包含两个方面的含义，一是正确把握库存数量的"库存管理"；二是按照正确的数量补充库存的"库存控制"，为了避免与前面的"库存管理"相混淆，也称为补充订货。

库存管理的目的是使保管的库存与计算机掌握的库存相一致。有订货发生，在订货处理时点进行库存核对，计算机内的库存数量随之减少；有入库发生，在入库数据输入时点进行库存核对，计算机内的库存数量增加。如果任何地方都没有差错的话，实际库存与计算机内储存的库存数量应该是一致的。但实际上，拣选作业、数据输入等环节都会出现差错，需要在作业后及时核对货架上的货物，发现误送的商品及时追踪，同时对计算机内的数据进行修正。在商品种类繁多的情况下，每天对所有的商品进行核对是不可能的。为了简化作业内容，可以只对当天进货部分进行核对。根据业务特点，可在一段期间内的某一天，对全部货物进行实物与计算机库存数据核对，即盘点。

建立与库存控制有关的信息系统的目的是为了防止出现库存不足，维持正常库存量而决定补充库存的数量。每一种商品都需要补充库存，采用手工作业效率低下，有必要利用信息系统支援。

3. 仓库管理系统

（1）保管场所系统

为了实现仓库管理的合理化，提高仓库作业的效率，防止出现作业差错，保管场所管理至关重要。保管场所管理的有效方法是对保管位置和货架按照一定的方式标明牌号，根据牌号下达作业指示。在计算机控制的自动化立体仓库，没有货位的牌号标示是无法运作的。

通过对仓库货物保管位置标明区位号码来提高保管场所使用效率的方式称为保管场所系统。这种系统包括保管位置与保管物品相对一致的固定场所系统和保管位置与保管物品经常变动的自由场所系统两大类。

固定场所系统由于保管货物的位置相对固定，因而便于作业人员的识别查找，即便是业务不熟练的人员，也可以迅速、准确地进行货物拣选。但是，货位的使用效率相对较低。当货物保管量少的时候，货位出现闲置；反之，当货物保管量超出货位容量时，要采取其他措施弥补。

自由场所系统由计算机根据货位同货物的对应关系进行管理，货物存放的位置不是固定的，对品种多而且更新快的商品保管，如书籍配送中心的书籍保管非常适用。自动化立体仓库使用自由货架，可以根据翌日出库计划，在前夜空闲时间，将货物移动到出库口附近的货位，以提高出库时的作业效率。

（2）订货拣选系统

订货拣选系统分为全自动系统和人工半自动系统。全自动系统从全自动流动货架将必要的商品移送到传送带的拣选系统；半自动拣选系统是在计算机的辅助下实现高效率拣选的系统，如电子标签拣选系统等。

4. 配送管理系统

配送管理的信息系统具有代表性的有固定时刻表系统和变动时刻表系统两种。

固定时刻表系统根据日常业务的经验和客户要求的配送时间事先按照不同方向类别、不同配送对象群类别设定配送线路和配送时刻，安排车辆，根据当日的订货状况，进行细微调整的配送组织方式。

变动时刻表系统根据当日的配送客户群的商品总量，结合客户的配送时间要求和配送车辆的状况，按照可以调配车辆的容积和车辆数量，由计算机选出成本最低的组合方式的系统。

5. 货物追踪系统

货物追踪系统是指在货物流动的范围内，可以对货物的状态进行实时把握的信息系统。物流业的货物追踪系统的对象主要是零担货物。

货物追踪系统信息处理的原理是：在货物装车及通过货物中转站时，读取货物单据上的条形码，单据上记载的条形码表示单据右上方的单据号码，这样就可以清楚地知道货物单据号码××××号的货物通过什么地方、处于什么状态。当客户查询货物时，只要提供货单号码，就可以获知所运送货物的有关动态信息。动态信息包括：货物已经起运、正在运输途中、正在配送途中、已经配送完成等。利用这个系统，对没有配送完成的货物也可以及时把握，在防止配送延误方面也能起到重要作用。

货物追踪系统开始是服务于利用宅配便进行大批量货物运输的客户，通过货主的计算机与物流业者的信息系统对接，提供货物的动态信息。随着互联网的普及，一般消费者的个人包裹配送信息也可以通过计算机终端进行直接查询，只要将货单的号码输入系统，就可以及时获得有关包裹配送的动态信息，即目前所托运的包裹处于什么状态。

6. 车源与货源衔接系统

在长距离大批量货物运输的情况下，一般使用整车运输的方法。影响整车运输效率的主要问题是回程空载行驶，造成运输能力的浪费。由于网络没有形成、信息不通畅等原因，回程车辆空驶现象时有发生。为解决回程空驶问题，一是货主利用回程车辆运输货物；二是车主寻找回程货物。

配载成功与否，关键在于信息是否充分，是否能够及时获取信息。配载系统利用信息网络技术，为发布车源、货源，查找车源、货源提供了有效手段。有业务合作的企业之间，利用这个系统相互提供车源、货源，可以达到提高运输效率的目的。

2.1.3 物流信息系统的作用

要实现高效的物流管理就必须建立有效的信息化机制。随着信息技术的发展和普及，特别是近几年互联网技术在解决信息共享、信息传输、信息标准和信息成本等问题上有了长足的进步，信息已经成为调控和决策的重要依据。因此，信息化使企业能够顺利实现信息的采集、传输、加工和共享，并在决策过程中有效地利用各种信息做出正确的判断，从而提高经济效益。物流企业实现信息化至少可以获得以下几个方面的好处：

1. 优化服务

物流企业靠服务取胜，通过信息化可以帮助企业提高服务水平。例如，中国邮政和 UPS、FedEx 在我国所从事的包裹速递业务，他们在硬件配置方面没有太大的差别，但 UPS、FedEx 通过信息化手段提供的是更优秀的标准化完整服务：首先，客户在运送包裹时可以选择自己最满意的送货方式，UPS 使用一套很直观的软件，其可以在电脑上模拟出不同的运送路线、货物到达不同地段的时间以及相应的送货费用等；其次，UPS 能够进行货物跟踪，如果需要，送件人可以查看包裹运送过程中的全部状态；最后，对大客户来讲，UPS 还能够提供在线工具，随时提醒他们自己能够提供什么样的服务以及这些服务所需要的费用，从而更好地满足客户的要求。相比之下，中国邮政提供的服务是非标准化的，假如从北京运送一个包裹到重庆，邮局可能会说一个星期之内能够到达，可具体哪天到达就不能确定了。

2. 提高效率

物流发展到今天，信息系统已经是企业提高效率的必备手段。例如，某汽车公司设计的物流系统，通过信息化管理，对客户的供货期由 35 天缩短至 15 天。其系统的各个物流单元都是围绕着如何缩短供货时间、提高供货效率来设计解决方案的，他们把提高效率视为提升企业核心竞争力的关键环节。在这个过程中，由于增加了投入，物流成本可能会增大，但这样赢得了时间和空间，提升了竞争力，扩大了市场份额，效益也就在其中了。

3. 降低成本

物流企业降低成本的有效手段便是优化管理，而信息化无疑能助优化管理一臂之力。例如，海尔集团设计实施的 BBP（电子采购平台）项目，由于构建了基于后台 ERP 系统的完善的内部供应链，覆盖了整个集团原材料的集中采购、原材料库存、立体仓库的管理和各个事业部的生产计划、生产线工位的原材料配送、成品下线的原材料消耗倒冲以及物流本部零部件的采购等业务，大幅度降低了采购成本，使仓储面积减少一半，库存资金周转时间从 30 天降低至 12 天以下，大大节约了库存成本。

4. 支持决策

根据市场反应及时做出科学的判断决策是每个企业领导层都关切的问题。特别是我国大部分中小型企业仍处于发展初期，需要将有限的资源及时投向市场利润大的产品，因而需要及时掌握、了解市场行情。我国一些制造企业采用的网络分销管理系统，实现了以信息为基础的经营决策机制，有效地解决了信息不通畅问题，从而对市场变化的反应更加灵活。

5. 提升竞争力

物流信息系统正在成为企业提升竞争力的重要因素。例如，安吉天地为满足物流业务拓展的需求（汽车零配件物流），利用唯智公司的 eLOG 仓库管理系统（WMS），经过客户化改造，在汽车行业入厂物流得以应用，使上海大众通过安吉天地的 IT 系统可以监控物流运作的全过程，能根据实际需要优化其零配件仓库布局和精简作业人员。此外，衍生于这一 IT 系统的"副产品"成为了安吉天地追求差异化竞争的核心竞争力之一。目前，已经有数家整车厂对安吉天地的物流管理模式非常感兴趣，吸引他们的正是安吉天地的供应链信息服务。

6. 实现物流可视化

在传送信息的同时对企业的物流业务状况进行监督是物流信息系统的重要作用。例如，对库存和需求的平衡。在几个地方同时存在库存的情况下，为防止库存的偏差就要经常掌握需求的动向，有必要建立库存的合理结构。信息系统通过数值对库存和需求的关系进行监督，随时将库存的短缺和过剩的危险通知给负责人，以便及时采取相应的行动。又如，GPS 和 GIP 的利用使得企业的货物在整个运输途中实现可视化，不仅改善了企业的物流运输效率，而且也改善了客户的满意度。例如，中国外运集团在物流信息系统建设上，采用引进与本地化开发相结合，先后引进了国际知名的物流库存管理、运输配载管理、运输过程监控、EDI 等软件系统，配以切合集团物流业务流程和客户个性化需求的相关系统开发，使信息系统在中外运物流运作可视化进程中发挥积极的作用。

2.2　第三方物流企业信息系统开发

2.2.1　物流信息系统开发的原则

物流信息平台的建设将遵循业务与技术相结合的原则，根据企业物流的业务状况和发展要求，不断更新和完善。系统的建设将遵循以下原则：

1. 实用性

实用性是系统的最高原则，能否满足企业物流现行业务的需要，能否满足物流未来发展的需要是实施本系统首要考虑的问题，任何一个系统如果不能满足应用的需要，就是一个失败的系统。

2. 先进性

在保证系统实用和可靠、稳定运行的前提下，应用当前世界上最先进的信息技术如计算机网络技术、通信技术、软件设计和开发技术，运用最先进的物流技术如 BAR-CODE 技术、GIS 技术、GPS 技术、EDI 技术、IC 卡身份识别技术，融合最先进的管理思想如 ERP 思想、SCM 管理思想、CRM 管理思想、VMI 思想、QR 思想、ECR 思想、JIT 思想，以保证系统的性能在较长的时间内不落后，并随着技术的不断发展得到相应的更新。

3. 可靠性

系统设计就是为了更有效地进行企业营销管理、提高企业物流运作和管理效率、合理进行生产。如果系统本身不可靠，不但不能起到应有的作用，还有可能带来负面的影响。因此系统的设计应以可靠性为前提。

4. 协同性

系统设计应充分考虑当前物流行业的发展特点，以提高企业内部运作效率及外部系统工作环境为出发点，充分构建内部集成、外部协同的信息工作环境。

5. 可扩展性

系统在设计上应考虑产品的可扩展性，使模块之间具有相对独立性，以便各个模块在升级时，不会或很少会给别的模块带来影响，系统可以进行整体升级。由于产品是基于 Web 结构的，因此系统在升级时对终端用户来说是透明的。

6. 高性价比

为了极大地降低客户的运行成本，在同样的价格下，尽量让客户享受好的服务和高性能的系统。

7. 易用性

在设计系统时，应尽量使用户操作界面简单、易用，让用户在操作时不需要或很少需要专业的技能。

8. 安全性

在设计系统时，方案所具有的安全性可以防止非法用户的侵入，同时也提供强大的数据库备份机制以防止硬件的损坏和系统管理时的误操作导致的数据丢失。整个系统采用安全可靠的网络和软件技术，保证系统的安全可靠性。

2.2.2 物流管理信息系统开发的步骤

物流管理信息系统开发的生命周期是由几个阶段组成的，传统的系统开发一般分为系统分析、系统设计、系统实施和系统运行四个阶段。现代物流管理信息系统开发增加了一个系统规划阶段，即由系统规划、系统分析、系统设计、系统实施和系统运行五个阶段组成。

1. 系统规划阶段

系统规划阶段的任务是：根据用户的系统开发请求进行初步调查，明确问题，然后进行可行性研究。如果不满足，则要反馈并修正这一过程；如果不可行，则取消项目；如果可行并满意，则进入下一个阶段的工作。

2. 系统分析阶段

系统分析阶段的任务是：分析业务流程，分析数据与数据流程，分析功能与数据之间的关系，最后提出新系统的逻辑方案。若方案不可行，则停止项目；若方案不满意，则修改这个过程；若可行并满意，则进入下一个阶段的工作。

3. 系统设计阶段

系统设计阶段的任务是：总体结构设计，代码设计，数据库和文件设计，输入和输出设计，模块结构与功能设计。同时，根据总体设计的要求购置与安装设备，最终给出设计方案。如可行，则进入下一个阶段的工作。

4. 系统实施阶段

系统实施阶段的任务是：同时进行编程（由程序员执行）、人员培训（由系统分析设计人员培训业务人员和操作员）及数据准备（由业务人员完成），然后投入试运行。如果有问题，则修改程序；如果满意，则进入下一阶段。

5. 系统运行阶段

系统运行阶段的任务是：同时进行系统的日常运行管理、评价、监理审计三部分工作，然后分析运行结果。如运行良好，则送管理部门，指导生产经营活动；如果存在问题，则要对系统进行修改、维护或者局部调整；如出现了不可调和的大问题（这种情况一般是在系统运行若干年之后，系统运行的环境已经发生了根本变化时才可能出现），则用户将会进一步提出开发新系统的要求，这标志着老系统生命的结束、新系统的诞生，此全过程就是系统开发生命周期。

2.2.3　物流信息系统开发案例

面对钢铁行业的蓬勃发展、钢材市场的异常活跃，面对摆在无数钢铁企业面前巨大的商机，对于渴望发展的钢铁企业应该有清醒的认识：那就是如何抓住机遇，在激烈的市场竞争中给自己的企业合理定位，调整发展思路，把企业做大做强。作为我国现代钢铁物流企业——大连 A 集团下属物流有限公司，在钢铁物流蓬勃发展的环境中即面对着一片大好前景——集团领导的高度重视，资源的比较优势，周边潜伏着无数的商机和巨大的市场前景等，这一切可以说让大连 A 集团下属物流有限公司占尽了天时、地利、人和。

只有信息的畅通，才能保障大连 A 集团下属物流有限公司在开展其仓储、运输、配送等诸多业务时，相关信息能够准确传递和及时处理，保障企业的成功运作。基于 Internet 的物流企业信息平台是物流企业的数据中心和神经中枢，通过对物流企业的管理、业务、财务、物流操作、客户等内部信息以及外部物流信息的共享，实现企业物流资源和社会资源的有效利用，达到物流运作和管理一体化。

物流企业信息平台示意图如图 2-1 所示。

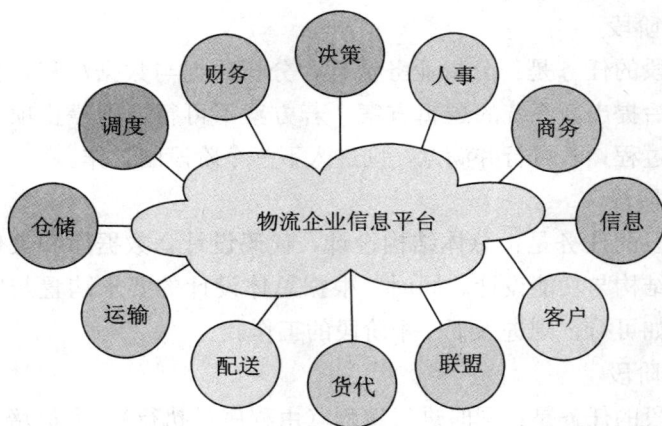

图 2-1　物流企业信息平台示意图

其主要作用有：
- 整合企业内部和外部物流信息资源。
- 实现物流全过程的实时监控。

- 促进企业和客户之间的商务协同和协作。
- 促进物流电子商务的发展。

1. 大连 A 集团下属物流有限公司信息化需求描述

大连 A 集团下属物流有限公司是依托大连 A 集团的物流企业，该公司目前处于高速发展扩张阶段，公司正在朝着第三方物流企业方向发展，需要完善优化的物流流程和切合实际业务规范的信息系统，通过应用现代网络技术、数据通信技术、电子商务技术、物流信息技术、应用电子技术实现公司运输管理、操作、决策、服务等全方位的信息现代化。整合公司内部和外部业务信息资源；实现运输货物全过程的实时监控；促进公司和客户之间的商务协同和协作；最大限度地降低运营成本；提高运作效率、客户服务水平、资源利用效率、决策反应速度和市场竞争能力。

企业物流信息管理平台结构示意图如图 2-2 所示。

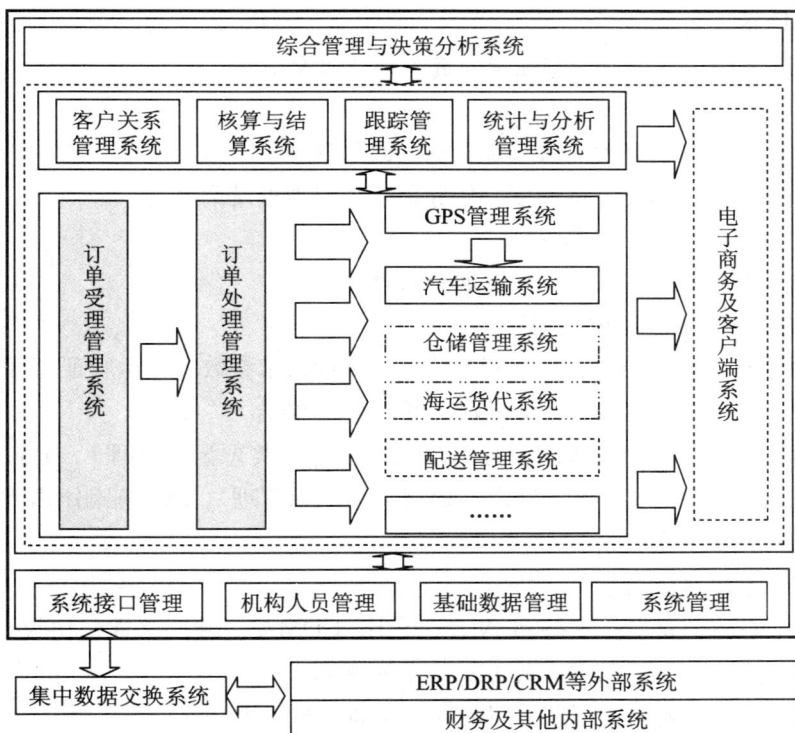

图 2-2　企业物流信息管理平台结构示意图

高起点构建 A 物流公司一体化的物流信息管理系统，总体规划、分步实施，以远近结合、侧重近期的方式进行系统的建设和运行。结合物流公司的特定情况，以第三方物流企业模式搭建整体物流管理信息平台框架，完成图 2-2 中黑粗框内的功能，使现阶段物流公司所有业务流程信息化。

系统实施要求如下：

● 结合物流公司特定情况，以第三方物流企业模式构建物流公司业务管理平台，完成图2-2中黑粗框内的功能，使现阶段物流公司所有业务流程信息化。

● 通过与北钢集团检测系统对接取得产品数据，对车辆运用身份识别技术对与北钢厂内实际对接部分进行规范管理。

● 根据需要适当运用GPS技术对汽车运输管理部分加强管理。

● 目前尚未完全开展的仓储、海运货代业务按照实际业务需要简单实现即可。

● 配送管理系统、电子商务及客户端系统暂不在本期开发项目之列。

系统基本功能需求如下：

（1）订单或调拨单管理系统要求

主要功能包括：订单受理、订单处理、任务指派。

（2）运输系统要求

运输管理系统包括调度管理和运力资源管理两大功能。

①调度主要功能包括：

● 车队调度、车辆调度、派车单下达、回单管理。

● 车辆配载（运输任务单调度、任务单货品明细批量调度）。

● 运输作业单下达、回单管理。

● 综合作业单管理：铁运、海运回单管理。

②运力资源管理主要功能包括：

● 车辆管理：车辆档案管理（基本信息、车辆技术参数、营运牌证管理）、车辆档案导入、出入厂和出入库车辆身份识别（可与GPS结合）。

● 司机管理：司机档案管理及导入（司机信息、奖惩记录管理）、车队档案管理、车辆事故管理（事故记录、责任鉴定、货物损坏记录管理）、基础船舶档案管理（基本信息、船舶技术参数等）。

（3）GPS平台具体要求

①监控中心功能要求：支持GSM、GPRS、CDMA三种网络通信协议，支持多种车载终端，支持Web、短信等多种方式的车辆查询。

②地图显示功能要求：可以采用灵活多样的监控方式。

③报警功能要求：可以对各种车辆报警进行声光显示，如超速报警、定线路行驶报警、定区域行驶报警、防盗防劫报警等。

④交互功能要求：要求监控中心与各车载台之间可以进行广播及语音对话。

⑤数据库管理功能要求：目标信息查询、历史数据回放、文本行程记录、车载台信息管理、车载台信息日志查询、工作站指令日志管理、车辆报警数据管理。

⑥相关报表如车辆轨迹、计费报表的生成、打印。

（4）仓库管理要求

主要功能包括入库管理、出库管理、库存盘点、库存调整、仓储日结、库存账查询、货损信息维护、仓库档案、出库装车或装船清单输出以及安全库存控制等。

（5）系统接口管理要求

物流信息系统应考虑与多个信息系统（如财务、OA、CRM、厂内 ERP 等系统）之间都存在信息交换的接口解决方案。

（6）系统管理要求

即系统权限管理，是指不同级别的人员的操作权限不同，所看到的资源也不同，要求可以实现多级树形权限管理。

（7）平台管理

包括客户管理、组织结构管理、用户权限和角色管理、基础数据管理、跟踪查询管理、统计与分析管理、核算与结算管理等。

2. 项目总体目标

项目总体目标是建立 A 集团下属物流有限公司完善的综合物流信息管理平台，即通过建立基于 Internet、Extranet、Intranet 结构的物流信息管理系统，实现物流业务的集中统一管理和高效运作，实现企业内部和外部物流信息的集中收集、处理、发布和利用。

项目总体目标主要包括以下 6 个方面：

（1）建立 A 企业对外门户网站

该公司对外门户网站需要建立一个集物流信息、电子商务及供应链为一体的国际化信息发布平台，而且秉承"迅捷、科学、专业、优质"的服务理念为不同行业、不同性质、不同策略的用户提供准确、及时、全面、实用性强的在线信息服务与管理平台、供应链管理规划方案和电子商务解决方案，帮助公司提升其核心竞争力以及协助客户共同发展。网站侧重于树立国际一流网站形象，提供优质、便民服务，因此要求整体设计美观，格调上体现 A 企业特有的风格，内容上力求做得全面、详细，面向企业、面向社会、面向用户。

（2）建立 A 企业物流业务管理系统

该公司物流业务管理系统是为了满足仓储、运输、客户管理、结算等一体化物流业务操作的需要，以实现整个物流作业过程的流程化和高效率运行为目标，以具体物流操作部门为使用对象而开发的物流业务管理系统。系统将对物流操作过程中的信息进行有效的共享、控制和管理；对物流作业的优化调度、成本分析与控制进行有效的全过程监控；对客户指令的及时、高效、准确地完成进行全过程的跟踪；同时满足未来企业业务流程重组或业务变迁对系统提出的移植性和拓展性的需求。

（3）建立 A 企业基础数据中心管理系统

该公司原有信息系统较为独立，造成公司内部各部门"信息孤岛"现象，通过建设基础数据管理系统，实现公司各部门间协同工作，将打通内部信息流通渠道，极大地提高 A 企业公司内部运作效率，消除内部信息孤岛。

（4）建立 A 公司客户服务管理系统

该公司客户服务管理系统可满足整个公司各部门、合作伙伴和客户之间的数据信息的实时交流、共享。该系统将在公司网站上设立客户服务入口，为客户提供以下两个层面的服务：

● 综合信息查询：网站提供综合信息查询服务，通过与客户统一数据标准，建立企业间 EDI 平台，提供定时数据信息交换查询。

● 网上下单：通过安全的数据交换平台，提供迅捷、高效的网上下单服务。

（5）建立办公资源管理系统

通过建立办公资源管理系统，对人事档案、内部办公、办公设施、客运等资源进行集中统一管理，实现企业内部的人力、物力资源的优化管理。

（6）扩展业务管理系统

本系统开发采用模块化设计，因此，在实施 A 公司综合物流信息平台的过程中，能够采用远近结合、近期侧重的方式，先搭建整体信息平台的框架，后期可逐步扩充仓储管理、配送管理、货代管理及财务管理等业务子信息系统。主要通过预留系统数据接口，构建集中、统一的数据库等，确保扩充过程中无缝平滑过渡。

3. 项目实施计划

整个项目应总体规划，分步实施。每一步的实施均应严格按照项目管理原理进行，一般的项目管理分成以下几个阶段：

● 需求调研：对 A 公司物流的信息系统现状、内部管理、运作流程、业务规划、实现目标、组织架构、客户情况等进行详细的需求调查，形成项目调研需求书。

● 需求分析：对调研的结果进行分析，形成初步的解决方案。

● 方案设计：在需求分析的基础上，提出优化的信息系统解决方案和流程，对信息系统的各项功能进行详细的设计，并组织人员对设计方案进行论证。

● 系统开发：根据设计的方案进行系统开发，编写软件代码并进行完整测试，以检验软件的功能。

● 硬件安装调试：对 A 公司物流的硬件以及网络现状进行了解，协助 A 公司物流进行计算机网络系统布线、软硬件设备安装和系统集成。

● 用户培训：对操作系统的人员进行系统操作和维护培训，使他们熟练地掌握系统的使用，培训内容可包括系统原理培训、系统流程培训、产品培训。

● 系统运行准备：安排数据准备、指导数据准备、检查数据准备、新老系统数据转换。

● 系统试运行：经过测试后的系统开始试运行，在运行过程中发现问题进行再维护。

● 系统验收：经过一段时间的运行后双方组织人员对整个系统进行验收。

系统建造的过程示意图如图2-3所示。

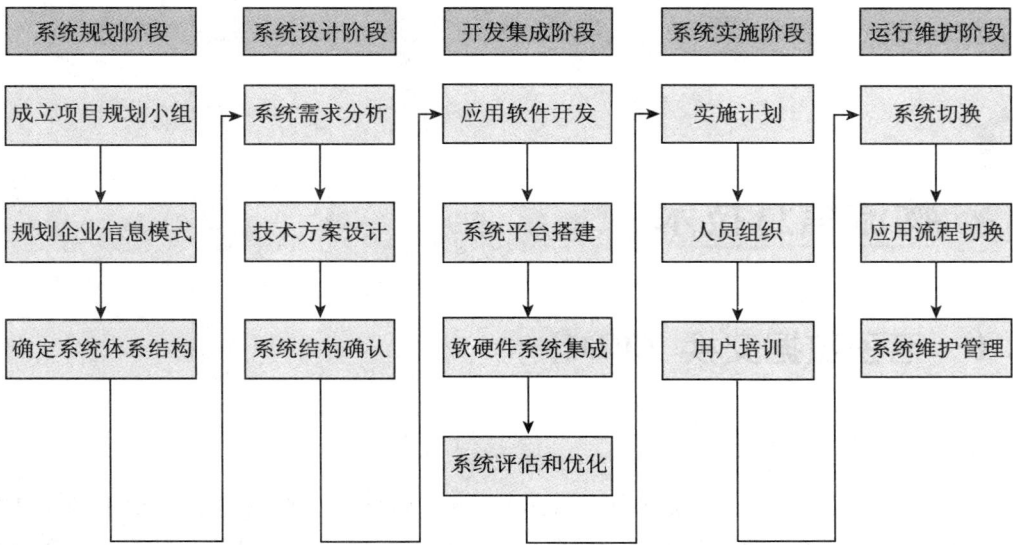

系统规划阶段	系统设计阶段	开发集成阶段	系统实施阶段	运行维护阶段
成立项目规划小组	系统需求分析	应用软件开发	实施计划	系统切换
规划企业信息模式	技术方案设计	系统平台搭建	人员组织	应用流程切换
确定系统体系结构	系统结构确认	软硬件系统集成	用户培训	系统维护管理
		系统评估和优化		

图2-3 系统建造过程示意图

3 物流信息技术

3.1 电子数据交换（EDI）

3.1.1 EDI 的概念

电子数据交换（Electronic Data Interchange，EDI），国际标准化组织 ISO 将 EDI 描述为："将商业或行政事务处理，按照一个公认的标准，形成结构化的事务处理或信息数据格式，从计算机到计算机的数据传输方式。"

简单地说，EDI 是将需要传送的数据和信息规范化和格式化，并通过计算机网络进行传输处理的一种信息技术。

由于 EDI 是以事先商定的报文格式进行数据传输和信息交换的，因此，制定统一的 EDI 标准至关重要。EDI 标准主要有以下几类：①基础标准；②代码标准；③报文标准；④单证标准；⑤管理标准；⑥应用标准；⑦通信标准；⑧安全保密标准。在这些标准中最基本的是实现单证标准化，包括单证格式的标准化、所记载信息的标准化以及信息描述的标准化。单证格式的标准化是指按照国际贸易基本单证格式设计各种商务往来的单证样式。目前，我国已制定的单证标准有进出口许可证、原产地证书、装箱单、装运声明等。

EDI 的目的是通过建立企业间的数据交换网来实现票据处理、数据加工等事务作业的自动化、省力化、及时化和正确化，同时，实现有关销售信息和库存信息的共享及经营活动的效率化。在 EDI 中，传统贸易中使用的各种单据、票证全都被计算机内的数据传送所取代。原来由人工进行的单据、票证的核计、入账、结算及收发等处理，也全部由计算机来进行。由于数据的处理和传送全部依靠计算机和通信网络来进行，基本上取消了纸张信息，因此 EDI 常被称做电子贸易或无纸贸易。随着网络技术的飞速发展，EDI 应用的范围会越来越广。

3.1.2 物流 EDI

流通活动包括商流和物流两种不同性质的活动。与此相适应，EDI 也可以划分为与商流活动直接有关的商流 EDI 和与物流活动直接有关的物流 EDI（如图 3-1 所示）。

所谓物流 EDI 是指货主与物流业者之间、物流业者与相关部门之间的电子数据交换系统。

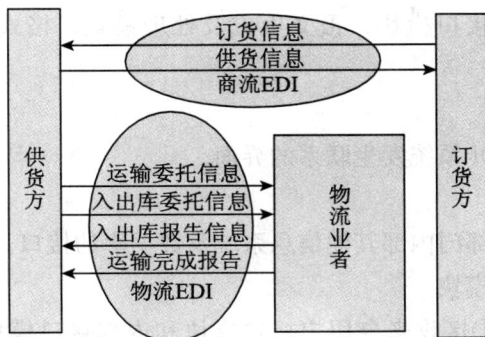

图 3-1 物流 EDI 和商流 EDI

EDI 是实现业务环节的连接和同期化的工具。利用 EDI 一次输入的数据可以多次使用。例如，订货人输入的订货信息利用 EDI 传送给供货人（送货人），后者把订货信息加工成出库信息，作为委托运输信息发送给运输业者；在这个信息的基础上，运输业者将运输完成信息和费用结算请求信息传送给发货人。在这个作业过程中，数据一旦输入系统不需要再二次输入，商流信息的数据可以直接进入物流信息数据库，成为物流信息（如图 3-2 所示）。

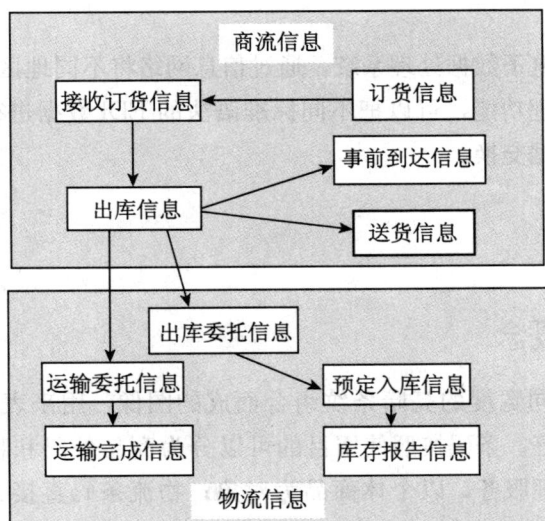

图 3-2 商流信息与物流信息

3.1.3　EDI 系统的组成

EDI 所完成的工作包括两部分，一是用计算机处理对外传送的各种单据和票证；二是借助通信网络将这些单据和票证传送给对方。为完成这两项工作，EDI 系统一般由用户接口模块、内部接口模块、报文生成及处理模块、格式转换模块、通信模块、联系模块等几部分组成。

1. 用户接口模块

该模块是用户与 EDI 系统发生联系的界面。

2. 内部接口模块

该模块是 EDI 与本部门内部其他信息系统及数据库的接口。

3. 报文生成及处理模块

该模块的作用是：①接收来自用户接口模块和内部接口模块的命令和信息，按照 EDI 标准生成订单、发票、合同以及其他 EDI 报文和单证，经格式转换模块处理后，由通信模块经 EDI 网络转发给其他 EDI 用户；②自动处理由其他 EDI 系统发来的 EDI 报文。

4. 格式转换模块

该模块的作用是将来自不同用户的 EDI 单证转换成标准的交换格式。由于 EDI 要在不同国家和地区、不同行业间应用，所应用的信息系统和通信手段以及计算机系统和文件格式不可能一致，因此需要采用统一的国际标准和行业标准。

5. 通信模块

该模块是 EDI 系统与 EDI 通信网络的接口。

6. EDI 中心

EDI 中心是一个电子数据处理系统，通过信息网络将不同地区的 EDI 连接在一起。同时还具有数据库管理功能，可以把不同标准语法的 EDI 数据进行处理，实现不同标准语法用户之间的数据交换。

3.2　条码

3.2.1　条码的概念

条码是一组由不同宽度的亮暗条纹组合而成的图像，用来表示物品的各种信息，如名称、单价、规格等。条码按照使用目的可以分为商品条码和物流条码。商品条码直接为销售和商品管理服务，以个体商品为对象；物流条码直接为入出库、运输、保管和分拣等物流作业管理服务，以集合包装商品为单位使用条形码。

商品条码由 13 位数字组成，最前面的三位数代表国家或地区的代码，ENA 编码委员会分配给我国的系统代码是 690、691 和 692。第 4～7 位代表厂商，第 8～12 位代表商品代码，最后一位为校验码。

物流条码则由 14 位数字组成，除第一位数字外，其余 13 位数字代表的意思与商品条形码相同。物流条码第一位数字表示物流识别代码，如物流识别代码中"1"代表集合包装容器装 6 件商品、"2"代表装 12 件商品。如果装入同一容器的商品种类不一样，前缀的物流识别码用"0"或"00"标识，原第 8～12 位的商品代码用新的代码取代。

除了上述标准条码之外，企业内部根据物料管理需要也可以自行编制企业内部码，但是，一般只能在企业内部使用。当用作内部码时，EAN-13 码的结构变成前 2 位数字为前缀，第 3～12 位数字为物品代码，第 13 位数字为校验码。

3.2.2　物流编码的内容

一般来说，物流活动利用的编码包括：与商品有关的编码、与发货人和收货人有关的编码、与货物包装形状有关的编码、与物流业者有关的编码和与货物发送地和与收货地有关的编码。

物流编码的内容可分为项目标识、动态项目标识、日期、度量、参考项目、位置码、特殊应用以及内部使用等几个方面，在此介绍其中的几种。

1. 项目标识

项目标识是对商品项目和货运单元项目的标识，主要编码方式有 13 位和 14 位两种。13 位编码由三段组成，分别为厂商识别代码、商品项目代码及校验码。14 位编码通常是在 13 位编码的前面加一位数字组成。

2. 动态项目标识

动态项目标识是对商品项目中每一个具体单元的标识，它是对系列货运包装箱的标识，其本身为系列号，即每一个货运包装箱具有不同的编码，其编码为 18 位。

3. 日期

日期的标识为 6 位编码，依次表示年、月、日，主要有生产日期、包装日期、保质期、有效期等。

4. 度量

度量的内容比较多，不同度量的编码位数也不同，主要包括数量、重量、长、宽、高以及面积和体积等内容。

5. 参考项目

参考项目的内容也较多，包括客户购货订单代码，收货方邮政编码，卷状产品的长、宽、内径、方向、叠压层数等各种信息。

6. 位置码

位置码是对法律实体、功能实体、物理实体进行标识的代码。其中，法律实体是指合法存在的机构，功能实体是指法律实体内的具体部门，物理实体是指具体的地址。

3.2.3　物流条码符号技术

表示物流标识编码的条码符号有不同的码制。其中，有的码制只能标识一个内容，而有的码制则能标识更多的内容，用于表示物流编码的条码码制主要有通用商品条码、储运单元条码以及贸易单元128码等。

1. 商品条码

商品条码是用于标识国际通用的商品代码的一种模块组合型条码，分为标准版商品条码（13位）（如图3－3所示）和缩短版商品条码（8位），详见《GB/T 12904—1991》。

图3－3　商品条码

标准版商品条码所表示的代码由13位数字组成，其结构如表3－1所示。

表3－1　　　　　　　　　　**标准版商品条码结构**

结构种类	厂商识别代码	商品项目代码	校验码
结构一	$X_{13} X_{12} X_{11} X_{10} X_9 X_8 X_7$	$X_6 X_5 X_4 X_3 X_2$	X_1
结构二	$X_{13} X_{12} X_{11} X_{10} X_9 X_8 X_7 X_6$	$X_5 X_4 X_3 X_2$	X_1
结构三	$X_{13} X_{12} X_{11} X_{10} X_9 X_8 X_7 X_6 X_5$	$X_4 X_3 X_2$	X_1

厂商识别代码：由7～9位数字组成，用于对厂商的唯一标识。厂商识别代码是EAN编码组织在EAN分配的前缀码（$X_{13} X_{12} X_{11}$）的基础上分配给厂商的代码。

商品项目代码：由3～5位数字组成，商品项目代码由厂商自行编码，厂商必须遵守商品编码的基本原则是唯一性和无含义性。

校验码：1位数字，用于校验厂商识别代码和商品项目代码的正确性。

2. 储运单元条码

储运单元条码是专门表示储运单元编码的条码。储运单元是指为便于搬运、仓储、订货、运输等，由消费单元组成的商品包装单元。在储运单元条码中，又分为定量储运单元（由定量消费单元组成的储运单元）和变量储运单元（由变量消费单元组成的储运单元）。

（1）定量储运单元一般采用 13 位或 14 位数字编码。当定量储运单元同时又是定量消费单元时，应按定量消费单元进行编码；当包含相同种类的定量消费单元组成定量储运单元时，可给每一定量储运单元分配一个区别于它所包含的消费单元代码的 13 位数字代码，也可用 14 位数字进行编码，其编码的代码结构如表 3-2 所示。

表 3-2   储运单元条码结构

定量储运单元包装指示符	定量消费单元代码	校验字符
V	$X_1 X_2 X_3 X_4 X_5 X_6 X_7 X_8 X_9 X_{10} X_{11} X_{12}$	C

定量储运单元包装指示符（V）用于指示定量储运单元的不同包装，取值范围为 V=1，2，…，8。

定量消费单元代码是指包含在定量储运单元内的定量消费单元的代码。

定量储运单元代码的条码标识可用 14 位交插二五条码——ITF-14（如图 3-4 所示）标识定量储运单元。当定量储运单元同时又是定量消费单元时，应使用 EAN-13 条码表示。也可用 EAN-128 条码标识定量储运单元的 14 位数字代码。

图 3-4 储运单元条码

（2）变量储运单元代码由 14 位数字的主代码和 6 位数字的附加代码组成，代码结构如表 3-3 所示。

表 3-3   变量储运单元代码结构

主代码		附加代码		
变量储运单元包装指示字符	厂商识别代码与商品项目代码	校验字符	商品数量	校验字符
LI	$X_1 X_2 X_3 X_4 X_5 X_6 X_7 X_8 X_9 X_{10} X_{11} X_{12}$	C_1	$Q_1 Q_2 Q_3 Q_4 Q_5$	C_2

变量储运单元包装指示字符（LI）指示在主代码后面有附加代码，取值为 LI=9。

附加代码（$Q_1 \sim Q_5$）是指包含在变量储运单元内，按确定的基本计量单位（如公斤、米等）计量取得的商品数量。

变量储运单元的主代码用 ITF-14 条码标识，附加代码用 ITF-6（6 位交插二五条码）标识。变量储运单元的主代码和附加代码也可以用 EAN-128 条码标识。

3. 贸易单元 128 条码（EAN-128 条码）

贸易单元 128 条码是一种可变长度的连续型条码，主要用于对应用标识的表示（如图 3－5 所示）。

(01)9541234567891(3101)000355

图 3－5　贸易单元 128 条码

3.2.4　二维码

1. 二维码概况

条码的符号是沿垂直方向印刷标示，作为水平方向的"线"储存信息，而二维码的符号是在水平和垂直两个方向印刷标示，以"面"来储存信息。而且阅读也是以识别"面"为特征（如图 3－6 所示）。二维码储存的信息量远远超过一维条码。一维码一般只能容纳 20 个文字的信息，而二维码可以容纳 2000 个文字左右的信息。信息的表达形式不仅仅局限在英文字母和数字，还可以是汉字等。二维码的特征表现在以下几点：

（1）可以表示大量信息。二维码从纵向和横向两个方向储存信息，一个二维码可以表示数百行或数千行的信息。相对于一维码作为识别用的 ID 条码而言，二维码相当于一个小型数据库。

（2）高密度印刷。二维码可以用相当于一维码数十倍的密度印刷，而且可以根据信息量的多少扩大和缩小面积。

（3）错误订正功能。二维码由于可以包含大量信息，因此其中也有用来订正错误的数据。在二维码部分受损或粘污迹的情况下，可以自动复原，正常读取数据。

（4）全方位读取。一维码只可以在横向读取，而二维码可以在 360 度的范围内全方位读取数据。

（5）信息种类多样化。一维码只能使用英文数字和记号表示信息，而二维码除此之外，还可以用汉字以及图片表示信息（如图 3－6 所示）。

图 3-6 二维码

2. 二维码产生的背景

二维码于 20 世纪 80 年代被开发，并得到不断发展。其背景是对移动体信息获得的效率性和便利性的需要。如果移动体本身可以携带很多的信息，那么，要取得物品的相关信息就不必再与计算机的数据库相连接，在现场可以直接迅速获取信息。一维码所能表示的信息量有限，要表示多种信息，需要贴上多张条形码，粘贴面积大，数据输入费时。二维码在很小的面积上就可以表示大量信息，在缺乏 EDI 环境的情况下也可以使用。此外，二维码还可以应用在无线电波远距离自动扫描识别等方面，对自动识别技术手段的发展起到促进作用。

3.2.5 标准物流条码的应用

1. 入出库作业

在物流中心商品入库时，通过读入器扫描条形码，完成入库预定数据与实际入库数量对照检验、库存信息的实时确定和更新。在扫描信息的基础上，利用计算机指示货架的位置，使仓库上架作业达到迅速化和准确化。特别是在自动仓库方面，实现从入库到上架的连续自动化作业。过去由人工完成的商品确认、指示上架位置等作业活动，利用物流标准条码，通过与条码读取系统、计算机、物流机械的对接，实现入库作业的效率化。同样，出货作业也可以灵活运用物流条码。

2. 分拣作业

物流条码在自动分拣系统中广泛使用，可以说，离开了物流条码，很难实现物流作业的自动化。利用计算机系统，将不同类别商品的配送场所等原始信息输入系统，便可以得到标准物流条码。

3. 商品内容量检验

在对捆包商品的内容量和商品装入数量进行检验时，通过读入标准物流条码，正常的商品重量数值会自动设定在自动计量设备上；在不同商品随机搬运的情况下也可以准确完成检验工作；还可以减少商品更换的次数和作业终端的数量。

3.3 无线射频（RFID）技术

3.3.1 无线射频技术概述

无线射频（Radio Frequency Identification，RFID）技术是利用无线电波对记录媒体进行读写的一种技术，无线射频识别的距离可达几十厘米至 1 米，且根据读写的方式，可以输入数千字节的信息，同时，还具有极高的保密性。无线射频技术在国外发展得很快，被广泛应用于工业、商业、交通运输、仓储管理等领域。

与条形码相比，RFID 具有如下优势：

- 不需要光源，甚至可以穿过外部材料读取数据。
- 使用寿命长，能在恶劣环境下工作。
- 能够轻易嵌入或附着在不同形状、类型的产品上。
- 读取距离更远。
- 可以写入及读取数据，写入时间比打印条码时间更少。
- 标签的内容可以动态改变。
- 能够同时处理多个标签。
- 标签的数据存取有密码保护，安全性更高。
- 可以对 RFID 标签所附着的物体进行追踪定位。

无线射频识别系统可以经由 RF（无线技术）和 ID（辨识）两部分加以理解；其运用方式是利用 RF 射频信号以无线通信方式传输数据，再透过 ID 辨识来分辨、追踪、管理对象，甚至人与动物也可被加以辨识。RFID 由阅读器（Transceiver，也称为 RFID Reader）与电子标签（RFID Tag）两部分所构成，透过无线传输，无须实体接触即可进行数据交换，且数据交换时也无方向性要求。至于接收的距离远近，则依据不同的技术而有差别。

3.3.2 无线射频技术在物流领域的应用

RFID 系统可以对从商品的设计、原材料的采购、半成品与产成品的生产、运输、仓储、配送，一直到销售，甚至退货处理和售后服务等所有供应链上的环节进行实时监控，从而提高业务运行的自动化程度，大幅降低差错率，提高供应链的透明度和管理效率。

1. 零售环节

RFID 技术在零售环节的应用体现为商品防盗、货物有效期监控和临时销售。RFID 防盗技术就是将电子标签置入商品包装内，由计算机系统通过现场的阅读器等配套设施来实时监控商店中各种商品的标签。在节假日销售高峰时，还可以将 RFID 终端当做现金收款机，实现自动扫描和计费，以缓解客户销售时收银台结账的压力。

2. 存储环节

在仓库里，射频技术最广泛的应用是存取货物与库存盘点，它能用来实现自动化的存货和取货等操作，增强作业的准确性和快捷性，提高服务质量，降低成本，节省劳动力和库存空间；同时，减少整个物流中由于商品误置、送错、偷窃、损害和库存、出货错误等造成的损耗。

3. 运输环节

RFID 技术在运输环节的应用体现为在途货物的监控、运输车辆的自动收费和运输工具的识别。运输管理采用射频识别技术，只需在货物的外包装上安装电子标签，在运输检查站或中转站设置阅读器，就可以实现对资产的可视化管理。在火车识别中使用 RFID 技术有很大的优势，电子标签一般安装在机车下面，阅读器安在轨枕上，通过读取数据，能够得到火车的实时信息及车厢内装的物品信息，同时防止与铁轨上的其他车厢发生撞车事故。

4. 配送环节

在配送环节，采用射频技术能大大加快配送的速度和提高拣选与分拨的效率与准确率，并能减少人工、降低配送成本。比如到达中央配送中心（CDC）的所有食品都贴有 RFID 标签，在进入中央配送销售中心时，托盘通过一个门阅读器，读取托盘上所有货箱上的标签内容。系统将这些信息与发货记录进行核对，以检测出可能的错误，然后将 RFID 标签更新为最新的食品存放地点和状态。

5. 生产环节

应用 RFID 可以完全实现自动化生产线运作，在整个生产线上对原材料、零部件、半成品和产成品进行识别与跟踪，减少人工识别成本和出错率，提高效率和效益。特别是在采用 JIT（Just-in-Time，准时制）生产方式的流水线上，原材料与零部件必须准时送达到工位上。采用了 RFID 技术之后，就能通过识别电子标签来快速从品类繁多的库存中准确地找出工位所需的原材料和零部件。RFID 技术还能帮助管理人员及时根据生产进度发出补货信息，实现流水线均衡、稳步生产，同时也加强了对质量的控制与追踪。

然而，目前大规模应用 RFID 技术还有许多问题需要解决，如成本问题、标准统一问题、未建立协同商务模式问题，等等。但是应该看到该技术的发展潜力是巨大的，因为它能满足人们快速、准确、便捷地获取及处理信息的需要。

4 第三方物流运作

4.1 物流企业运作模式

1. 物流服务延伸模式

所谓物流服务延伸模式，是指在现有物流服务的基础上，通过向两端延伸，向客户提供更加完善和全面的物流服务，从而提高物流服务的附加价值，满足客户高层次物流需求的经营模式。例如，仓储企业利用掌握的货源，通过购买部分车辆或者整合社会车辆从事配送服务；运输企业在完成货物的线路运输之后，根据客户的要求从事货物的临时保管和配送。这种模式对于从事单一功能物流服务的传统物流企业来说，不仅可以拓展物流服务的范围，还可以达到提高物流服务层次的目的。

2. 行业物流服务模式

行业物流服务模式是通过运用现代技术手段和专业化的经营管理方式，在拥有丰富目标行业经验和对客户需求深度理解的基础上，在某一行业领域内提供全程或部分专业化物流服务的模式。这种经营模式的主要特点是将物流服务的对象分为几个特定的行业领域，然后对这个行业进行深入细致的研究，掌握该行业的物流运作特性，提供具有特色的专业服务。行业物流服务模式集企业的经营理念、业务、管理、人才、资金等各方面优势于一体，是企业核心竞争力和竞争优势的集中体现。

商业运作方式决定物流服务方式，只有深入掌握目标行业或项目的具体特征，才能提供专业化的物流服务。实际上，行业物流服务模式体现了细分物流市场的特征。物流企业必须不断研究目标市场行业的物流特点和发展趋势，成为这些行业的物流服务专家。在全球，也只有极少数的现代物流企业能进行所有种类物流服务。绝大多数物流企业都可采用目标集聚战略，进行准确的市场定位，各有侧重地展开各具特色的物流服务。

在国内，行业物流服务是近年来我国物流市场发展的一个趋势，服装、家电、医药、书籍、日用品、汽车、电子产品等行业或领域纷纷释放物流需求，极大地丰富了物流市场。

3. 项目物流服务模式

项目物流服务模式是指为具体的项目提供全程物流服务的模式。这类需求主要集中在我国一些重大的基础设施建设项目和综合性的展会、运动会中，如三峡水电站、秦山核电站、国家体育馆等基建项目以及奥运会、展览会等大宗商品的运输物流服务，实施这种模式的物流企业必须具备丰富的物流运作经验和强大的企业实力。"中外运物流"在项目物流方面取得了不菲的成绩，长期以来，中外运在国内外建设起完善的业务经营网络，在为国内各大外贸公司提供全面运输管理服务的同时，为国家重点工程项目的生产物资实行国际多式联运，同时为我国大型国际展览会、博览会和运动会承担物品运输任务，取得了一定的成功经验。

4. 定制式物流服务模式

定制式物流服务模式是指将物流服务具体到某个客户，为该客户提供从原材料采购到产成品销售过程中各个环节的全程物流服务模式，涉及储存、运输、加工、包装、配送、咨询等全部业务，甚至还包括订单管理、库存管理、供应商协调等在内的其他服务。现代物流服务强调与客户建立战略协作伙伴关系，采用定制式服务模式不仅能保证物流企业有稳定的业务，而且能节省企业的运作成本。物流企业可以根据客户的实际情况，为其确定最合适的物流运作方案，以最低的成本提供高效的服务。

北京星网物流中心是由"金鹰公司"（MSAS 和 Sinotrans 在 1996 年成立的合资公司）专门为诺基亚公司兴建的物流设施，它坐落在诺基亚星网工业园内，将园区内诺基亚的区域供应商和制造厂商紧密地连接在一起，通过"金鹰公司"提供的无缝隙供应链解决方案，降低整个园区内企业的供应链成本，实现低成本运营目标。

5. 物流咨询服务模式

物流咨询服务模式是指利用专业人才优势，深入到企业内部，为其提供市场调查分析、物流系统规划、成本控制、企业流程再造等相关服务的经营模式。企业在为客户提供物流咨询服务的同时，帮助企业整合业务流程与供应链上下游关系，进而提供全套的物流解决方案。企业通过物流咨询带动其他物流服务的销售，区别于一般仓储、运输企业的简单化服务，有助于增强企业的竞争力。

在具体的业务运作中，可以采用大客户经理负责制来实施物流咨询服务。大客户经理要针对每个客户的不同特点，成立独立的项目组，组织行业专家、大客户代表、作业管理部门、项目经理等人员，自始至终负责整个项目的销售、方案设计与服务实施，保证项目的实施效果，提高客户满意度。实践证明，这种站在客户角度考虑问题，与客户结成长期的战略合作伙伴关系，相互合作、共同发展的业务运作模式具有良好的发展前景。

6. 物流管理输出模式

物流管理输出模式是指物流企业在拓展国内企业市场时，强调自己为客户企业提供物流管理与运作的技术指导，由物流企业接管客户企业的物流设施或者成立合资公司承担物流具体运作任务的服务模式。采用管理输出方式时，可有效减少客户企业内部物流运作与管理人员的抵制，使双方更好地开展合作。采用物流管理输出模式时，可以利用客户企业原有的设备、网络和人员，大幅减少投资，并迅速获取运作能力，加快相应市场需求的速度。在运作时，可以有两种方式：

（1）系统接管客户物流资产：如果客户在某地区已有车辆、设施、员工等物流资产，而物流企业在该地区又需要建立物流系统，则可以全盘买进客户的物流资产，接管并拥有客户的物流系统甚至接受客户的员工。接管后，物流系统可以在为该客户服务的同时为其他客户服务，通过资源共享以改进利用率并分担管理成本。

（2）与客户合资成立物流公司：物流企业与客户共建合资物流公司的方式，既使客户保留物流设施的部分产权，并在物流作业中保持参与，以加强对物流过程的有效控制；又注入了专业物流公司的资本和技能，使物流企业在物流服务市场竞争中处于有利地位。

7. 物流连锁经营模式

物流连锁经营模式是指特许者将自己所拥有的商标（包括服务商标）、商号、产品、专利和专有技术、经营方式等以特许经营合同的形式授予被特许者使用；被特许者按合同的规定，在特许者统一的业务模式下从事经营活动，并向特许者支付相应费用的物流经营形式。物流连锁经营借鉴了成功的商业模式，可以迅速地扩大企业规模，实现汇集资金、人才、客户资源的目标，同时在连锁企业内部，可以利用互联网技术建立信息化的管理系统，更大程度地整合物流资源，用以支持管理和业务操作，为客户提供全程的物流服务。

8. 物流战略联盟模式

物流战略联盟模式是指物流企业为了达到比单独从事物流服务更好的效果，相互之间形成互相信任、共担风险、共享收益的物流伙伴关系的经营模式。国内物流企业，尤其是中小型民营企业的自身力量薄弱，难以与大型跨国物流企业竞争，因此，中小型物流企业的发展方向是相互之间的横向或纵向联盟。这种自发的资源整合方式，经过有效的重组联合，依靠各自的优势，可以在短时间内形成一种合力和核心竞争力。同时也可在企业规模和信息化建设两个方面进行提高，形成规模优势和信息网络化，实现供应链全过程的有机结合，从而使企业在物流服务领域实现质的突破，形成一个高层次、完善的物流网络体系。在战略联盟的实施过程中，可以将有限的资源集中在附加值高的功能上，而将附加价值低的功能虚拟化。虚拟经营能够在组织上突破有形的界限，实现企业的精简高效，从而提高企业的竞争能力和生存能力。

4.2   物流业务运作流程

4.2.1   客户开发

1. 客户需求定位

第三方物流企业提供的产品就是服务，而且该产品最大的特点就是差异化，几乎没有完全相同的物流服务项目。第三方物流服务的差异化是由顾客需求的多样化所决定的，而顾客的多样化需求是其外包动因在市场上的外在反映，把顾客的外包动因作为物流市场细分的变量标准，通过对顾客外包动因的分析，对客户物流需求进行分析识别，归纳行业需求特色和行业解决方案，发展个性化，才能为顾客提供有针对性的服务。一般来说，不同行业外购专业化的物流服务的动因是不同的，不同行业期望从第三方物流企业获取不同的收益，大体可以归结为以下 4 类：

（1）关注服务成本型。这类顾客在选择物流服务企业时，最关注物流成本问题，他们希望通过与第三方物流企业合作降低成本，如减少固定资产投入、降低运营成本和减少流动资金需求。如消费电子产品的主要关注点是降低物流成本；对于消费电子行业，行业领袖通过第三方物流可获得 39％的物流成本节约。

（2）关注服务能力型。这类客户关注的不是降低成本问题，而是如何通过第三方物流企业的服务，使得企业可以集中资源于核心业务、改善企业的运营和客户服务、提高自己的客户服务水平。如家电制造企业和销售企业将物流外包，采用第三方物流企业的服务来提高自身经营效率和竞争能力。

（3）关注时效型。服装和织物的主要关注点是缩短产品生命周期循环时间；饮料、速冻食品、乳制品、肉制品等由于保鲜度要求和特殊冷藏要求，对物流运输和仓储提出了特定的要求，主要就是绿色物流、冷链物流等要求，并在保障产品质量的前提下，缩短运输时间，降低运输和仓储成本。

（4）复合关注型。这类客户选择物流服务的动因不止一个，而是综合考虑多个因素。如汽车行业的主要关注点是利用第三方物流减少库存水平，同时第三方物流定制化的物流外包服务生产模式和策略已成为汽车企业大批量定制化生产的重要支撑。

站在客户的角度对第三方物流服务市场细分，确切了解客户对物流服务的需求和期望，第三方物流企业在此基础上利用自身资源优势，采取有针对性的客户开发策略。

2. 第三方物流企业客户开发流程

第三方物流企业依靠为物流市场提供服务产品而生存，因此其一项重要业务就是在物流市场上开发自己的客户资源，这也就是所谓的物流营销活动。

第三方物流企业的营销部门一般为市场部或商务部，其工作始于客户开发，即工作人员通过网上订单，寻找需求客户，或在现有客户中的上下家寻找潜在的客户，以扩大客户业务，或通过参加展销会、约客户上门拜访、日常联络等方式发掘潜在客户，制订相应的客户服务方案。然后通过方案对比，确定客户，通过业务试运行后，确定合同服务项目，双方签订合约。最后市场部根据所签合约做出合约执行单，在企业内部分发至仓储部、配送部、运输部、报关部等部门，各部门依据合约执行单具体运作。客户开发流程如图 4-1 所示。

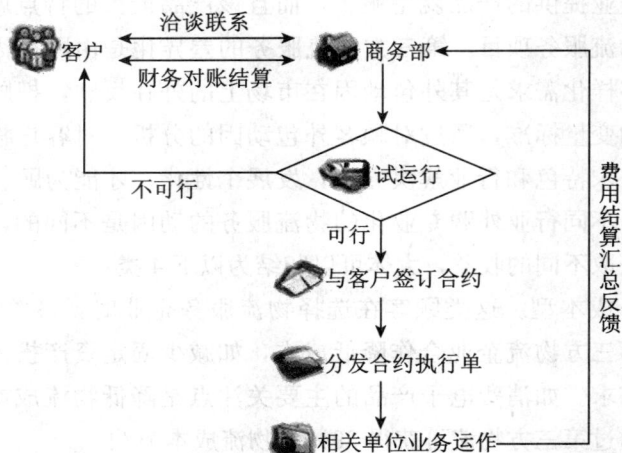

图 4-1　客户开发流程

4.2.2　配送作业流程

配送业务以接收客户指令为开端，通过电话、传真或 E-mail 等方式接收客户指令进行入库、配送作业。其工作过程是利用管理信息系统进行数据处理，将作业任务内容相应分解为入库、配货、盘点、报关（或预报关）、货运代理、运输等，并针对业务对象打印出指令性单证，如入库单、出库单、运输单等分发到相关业务部门。然后仓管部、报关部、运输部等依据配送部分发的入库单、出库单、配送单及盘点单等单据按时保质地进行相关业务操作，并将各部门操作结果（报表、单据）反馈到配送部门，配送部再对各类单据分类、计算汇集并进行财务结算，最后将结算结果反馈到商务部，由商务部与客户进行对账和结算。配送业务流程如图 4-2 所示。

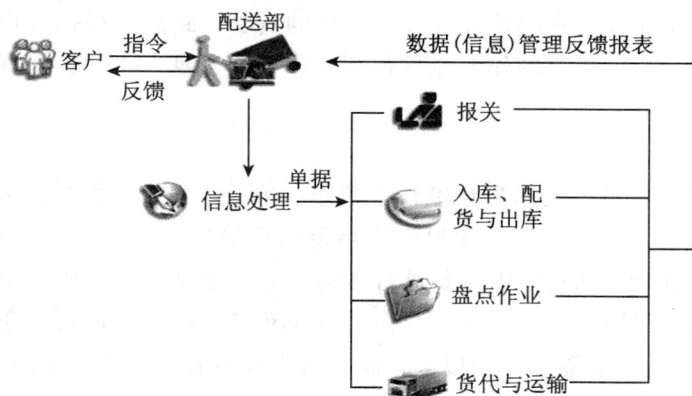

图 4－2 配送业务流程

4.2.3 运输作业流程

运输部接到客户的指令是运输作业工作流程开始的信号。运输部依据指令，根据部门内部车辆使用情况进行运输调度，指示车辆按时到达指定仓库准备装车，并由仓管部安排配货装车；而司机要严格按客户要求，准时将货物送达指定地点，司机送货到达后，客户返单。运输部通过全球定位系统对司机运输过程进行实时监控，及时掌握运输状态，将作业完成情况反馈到配送部，并定期将相关费用单据报送配送部。运输业务流程如图 4－3 所示。

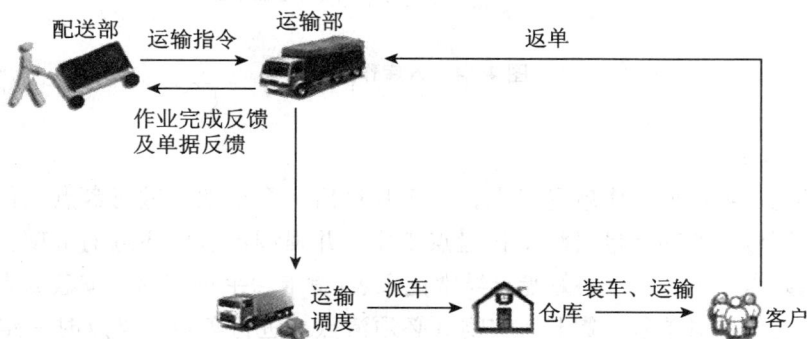

图 4－3 运输业务流程

4.2.4 仓储作业流程

仓储最基本的功能是存储物资并对储存的物资实施保管和控制，但是随着人们对仓储概念理解的深入，仓库开始担负起对储存物资的作业处理和流通加工等其他服务功能。第三方物流企业的仓库从接受客户委托的货物，到最后根据客户的指令送达客户指定的目的地，一般经过的作业流程包括入库作业、盘点作业、配货作业和出库装车作业。

1. 入库作业

仓库调度接到客服代表的入仓单和装卸作业单后，安排仓管员、叉车司机、装卸工人准备卸货作业，并安排货车司机停靠指定站台等候卸货作业。仓管员核对车牌、柜号无误后开始卸货，卸货完毕后要进行货物验收，包括包装、质量验收和数量、规格（P/N）验收。货物全部入仓后，仓管员应同叉车司机核对货物的仓位和数量（板数），货卡挂在尾数板或最外面一板上，同时将入仓单和装卸作业单填写完整、准确，仓管员做好每单货物的入仓统计，并将异常相片、入仓相片或入仓扫描 E-mail 给相关客服代表。入库作业流程如图 4-4 所示。

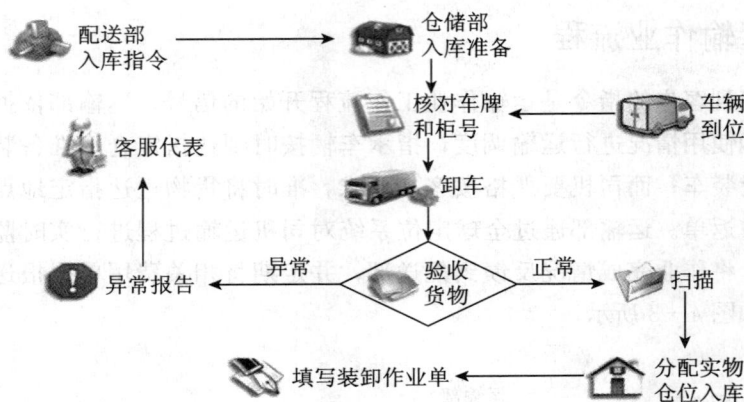

图 4-4　入库作业流程

2. 盘点作业

仓储部的一项重要工作就是盘点，如每月最后一个星期六进行盘点工作。项目负责人根据不同楼层的存货量灵活安排盘点工作，并强调盘点应注意的事项。盘点的首要工作是做好盘点准备：准备好盘点异常记录表/货卡、手唧车等，按盘点表上的仓位顺序再对应仓位核对单号、货卡、实物（必须清点）进行盘点。盘点时一定要做好盘点记录，尤其是异常情况的记录。盘点完毕后，盘点表和盘点异常记录表统一交盘点负责人处理，最后由仓管班长负责盘点结果处理。盘点作业流程如图 4-5 所示。

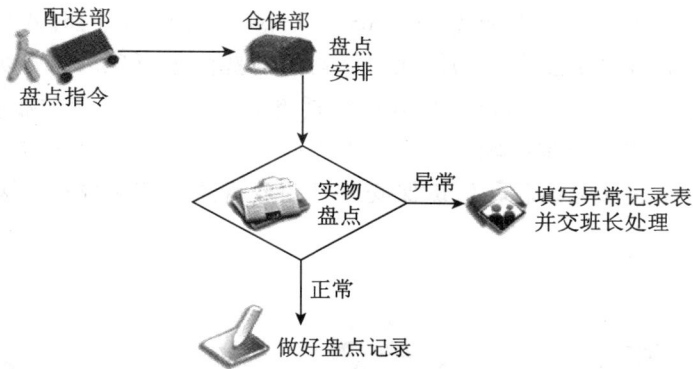

图 4-5 盘点作业流程

3. 配货作业

仓库调度接到配送客服代表的配货单后，就要安排仓管员、叉车司机、装卸工人准备配货作业。仓管员一方面要严格按照配货单上的信息先核销货卡再取货，如有异常，通知调度查明原因，同时贴出每板货物的配货标识，安排叉车司机放在指定的作业区域；另一方面要准确记录配出货物的存放仓位，并做好配货的相关登记。最后将配货扫描货物数据用 E-mail 发送至相关客服小组。配货作业流程如图 4-6 所示。

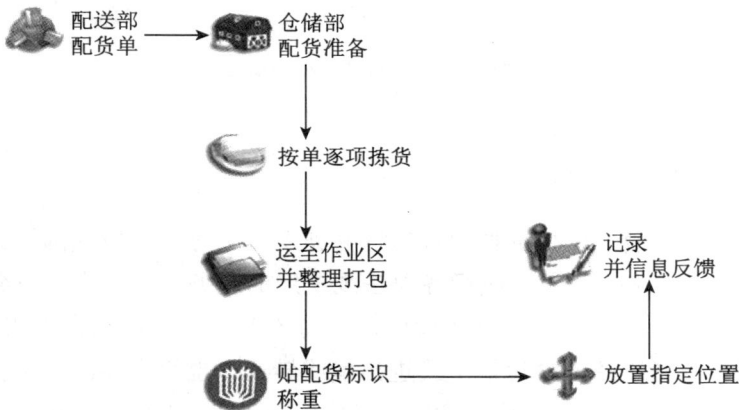

图 4-6 配货作业流程

4. 装车出库作业

先由打单员通知仓管员取装车单。仓管员根据先来后到，先急后缓的原则安排仓管员装车。仓管员接单后核对车牌和柜号，按单核对配货单无误后根据部品存入的仓位安排司机把车停泊在指定车位，如装车单和配货单不一致应及时通知仓管负责人或配送打单员处理，根据配送处理结果再进行装车作业。装车时，仓管员应根据装车的每个 S/N 准确完整地记录每件部品的 CASE MARK（箱印），同时要根据装车过程中货物的不同类型和性质及装车现场情况告诉司机一些注意事项。仓管员核对车牌、柜号无误后准备装车，并做好所装每板（件）货物的出仓记录，同时根据货物的规格、板（箱）数、体积进行合理搭配作业，并对车牌、柜号、所装货物进行拍照记录。装车完成后，仓管员确认无误后在值班保安开具的放行条上签字放行。装车作业流程如图4－7所示。

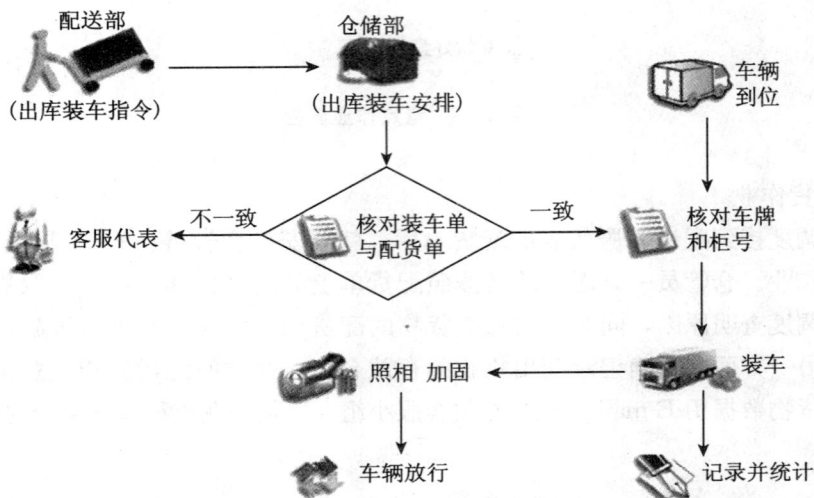

图 4－7　出库装车作业流程

4.2.5　通关作业流程

通关是指进口货物、出口货物和转运货物进入一国海关关境或国境必须向海关申报，办理海关规定的各项手续，履行各项法规规定的义务；只有在履行各项义务，办理海关申报、查验、征税、放行等手续后，货物才能放行，货主或申报人才能提货。同样，载运进出口货物的各种运输工具进出境或转运，也均需向海关申报，办理海关手续，得到海关的许可。货物在结关期间，不论是进口、出口或转运，都是处在海关监管之下，不准自由流通。

1. 货物通关流程

（1）企业申报

进出口企业可以采用委托报关单位制发电子数据报关单或自行制发的方式，以EDI 方式或者通过中国电子口岸平台，向海关办理进出境货物的申报。

（2）海关审单

海关收到电子数据后，首先由计算机对数据进行检查，其完整性、逻辑性符合报关单填制规范要求的，转入审单中心人工审核；如不符合，则退回申报人处要求重新填报。审核主要是对申报的正确性、真实性的审核，主要集中于归类、价格、原产地、贸易性质及进出口管理条件，并计算相应税费；审核中如发现存在不符合要求时，海关可以要求申报人重新申报或者做出补充说明。

（3）现场交单

经人工审单合格通过后，海关发出电子通知，申报人持打印出的纸质报关单到口岸现场办理交验报关单、海关要求的随附单证以及进出口的许可证件，并缴纳关税、进出口环节增值税或其他费用，方式可以采用银行交付、网上支付等。如海关确定查验的，申报人应按海关要求搬移、开拆货物，查验结束后，双方共同在查验记录上签字，如海关认为必要，也可径行查验。

（4）海关放行，提取货物

海关收到税费缴纳完毕的证明后，签发货物放行单交给申报人，申报人可以到码头或仓库提取货物，安排运输。

（5）转关运输

如申报人希望在内地或者企业所在地的海关就近办理海关手续，可以在申报时提出转关申报（填制转关运输申报单），经海关审核同意，办理转关运输的手续，口岸海关将有关运输、货物等数据通过计算机网络传至主管地海关，待货物运至指定运地后再办理审单、交单、征税等手续。

2. 通关业务流程

（1）报关

第三方物流企业报关部门的首要工作是报关作业。配送部按照市场部合约执行单的规定，通知司机和报关员领取报关单证到海关报关并进行书面审单，报关员再次对报关单证进行复查，确保单证准确无误，并通知配送部相关人员开始通关。报关业务流程如图4-8所示。

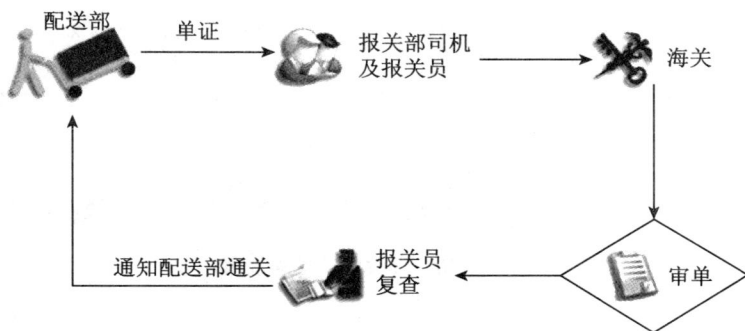

图4-8 报关业务流程

（2）查车

报关部门的另一项工作就是查车。当海关要求进行查车并发出查车指令后，报关部门要及时通知配送部提供货物明细表，并配合海关查车；海关查车一般分为计算机自动布控和海关人员布控两种形式，并且这两种形式经常结合运用。查车业务流程如图 4-9 所示。

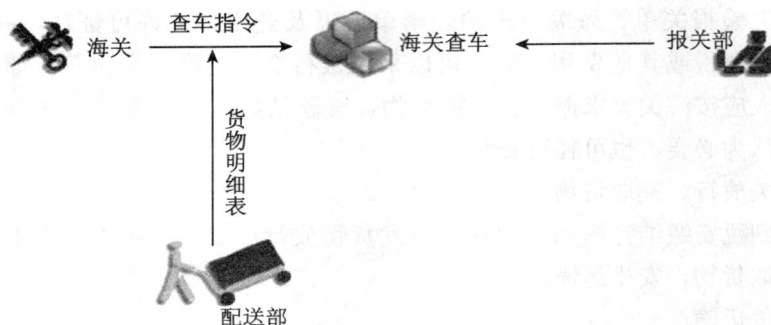

图 4-9　查车业务流程

（3）报检

报关部门还要在接到海关的报检指令后按海关的要求进行报检工作。报检费用的相关凭证由报关部送至配送部，再由配送部汇集后送至商务部，并定期与检验部对账核实后，与客户对账报销（财务结算）。海关报检业务流程如图 4-10 所示。

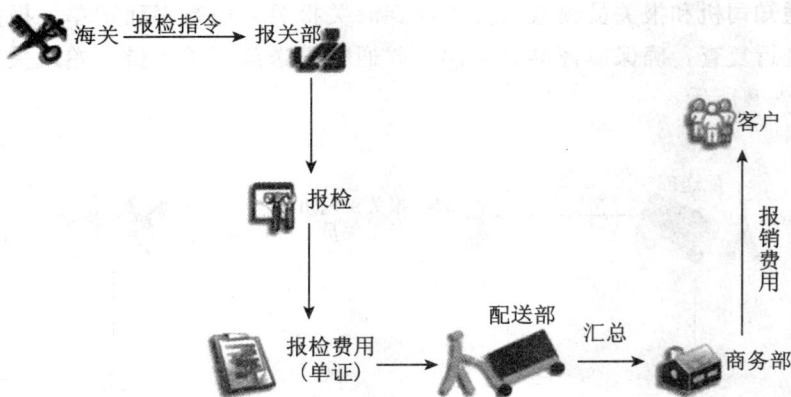

图 4-10　海关报检业务流程

4.2.6 结算作业流程

1. 结算方式

物流企业在物流活动中由于采购物资、物资配送、发放工资、上缴税金以及其他款项的结算而发生的货币收付行为，称为结算业务。

结算业务按照付款方式的不同，可分为现金结算和非现金结算两种方式。现金结算就是以现金收付方式结清往来款项的业务。这种结算业务必须在现金管理条例规定的范围内进行。非现金结算是收付双方通过银行划拨款项实现货币收付的业务，也称转账结算。现行物流企业的银行转账结算方式主要有汇票（包括商业汇票和银行汇票）、本票、支票、委托收款、汇兑、托收承付、信用证等结算方式。

采用银行转账结算方式有利于加强银行对物流企业货币资金的监督，促进购销双方认真履行合同，维护购销双方的正当权益，加强结算纪律，及时结算货款，加速资金周转。现将几种典型结算方式分述如下：

（1）支票

支票是单位或个人签发的，由委托办理支票存款业务的银行在见票时无条件支付确定的金额给收款人或持票人的票据。支票结算是同城结算中应用比较广泛的一种结算方式。单位和个人在同一票据交换区域内的各种款项，均可使用支票。

支票上印有"现金"字样的为现金支票，现金支票只能用于支取现金。支票上印有"转账"字样的为转账支票，转账支票只能用于转账。支票上未印有"现金"或"转账"字样的为普通支票。普通支票可以用于支取现金，也可以用于转账。普通支票左上角划两条平行斜线的为划线支票，划线支票只能用于转账，不能支取现金。

支票的结算程序是：

①经济业务发生后，由付款单位签发支票递交收款单位，或委托开户银行将款项转入收款单位。

②收款单位收到转账支票后，连同填制的进账单一并送交开户银行，根据进账单上加盖有银行受理章的回单联入账。

支票结算方式适用于企业或个人间在同城或同一票据交换地区的商品交易和劳务供应以及其他款项的结算。支票结算具有手续简便、结算迅速、使用灵活的特点。

（2）银行本票

银行本票是银行签发的，承诺自己在见票时无条件支付确定的金额给收款人或者持票人的票据。无论单位或个人，在同一票据交换区域内支付各种款项，都可以使用银行本票。

银行本票分为定额本票和不定额本票。定额本票面值分别为 1000 元、5000 元、10000 元和 50000 元。银行本票可以用于转账，注明"现金"字样的银行本票只能向出票银行支取现金，且可以作成"委托收款"背书，委托他人向出票银行提示付款。

银行本票的结算程序是：

①使用银行本票结算方式时，付款人向银行填写"银行本票申请书"并取得回单，据以填制付款凭证。

②银行受理申请书并办理转账或收取现金后，据以签发银行本票，交给付款人向收款人办理结算。

③收款单位按照规定接受银行本票后，应将本票连同进账单送交银行办理转账，根据退回的进账单第一联和有关原始凭证填制收款凭证。

（3）托收承付

托收承付结算是指根据购销合同由收款人发货后委托银行向异地购货单位收取货款，购货单位根据合同核对单证或验货后，向银行承认付款的一种结算方式。

①托收承付的种类。异地托收承付结算款项的划回方法有邮寄和电报两种方式供收款人选用。邮寄和电报两种结算凭证均为一式五联。第一联回单是收款人开户行给收款人的回单；第二联委托凭证是收款人委托开户行办理托收款项后的收款凭证；第三联支票凭证是付款人向开户行支付货款的支款凭证。第四联收款通知是收款人开户行在款项收妥后给收款人的收款通知；第五联承付（支款）通知是付款人开户行通知付款人按期承付货款的承付（支款）通知。

②托收承付的适用范围。托收承付结算方式只适用于异地订有经济合同的商品交易及相关劳务款项的结算。代销、寄销、赊销商品的款项，不得办理异地托收承付结算。

2. 结算作业流程

业务结算是指依合约规定，在每笔业务完成后，各具体作业业务部门（如配送部、仓管部和运输部等）依据客户提供的服务单据（如装卸作业单或运输单）进行财务汇总处理，由相关工作人员将汇总结果按期传递到结算中心，由结算中心打印账单与客户进行对账并定期进行账务结算。结算业务流程如图 4－11 所示。

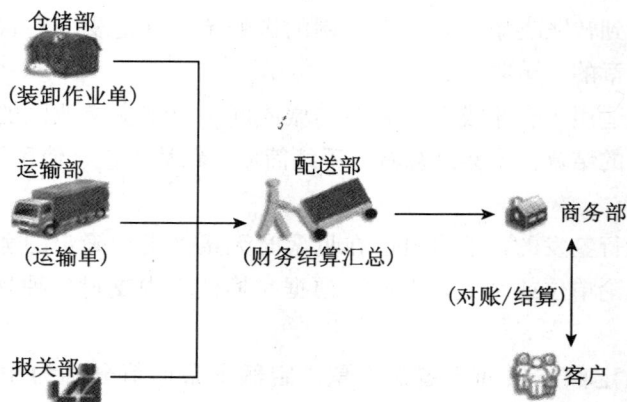

图 4－11 结算业务流程

4.3　物流运作案例

1. 全球采购与零库存工厂的 JIT 配送
- 客户：IBM 全球采购与零库存工厂的 JIT 配送（如图 4-12 所示）。
- 产品种类：IT 产品（PC 机、手提电脑、服务器）。
- 工厂驻地：深圳。
- 供应商：分布在东南亚、欧美地区及珠三角地区。
- 料件种类：近 8000 种不同规格的电子料件。
- 配送单位：以单个料件为最小配送单位。
- 服务时效：香港集货中心 24 小时收货，料件配送，到达时间要求零误差。
- 货物类别：保税货物及一般贸易征税货物。
- 海关监管：深圳关区内。

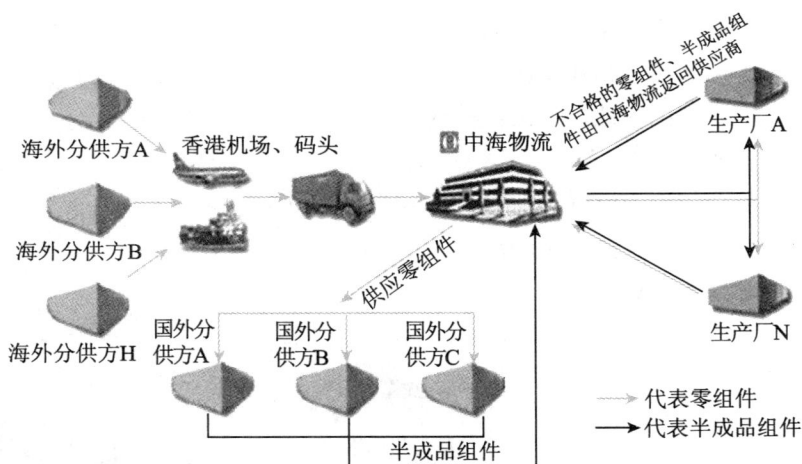

图 4-12　IBM 全球采购与零库存工厂的 JIT 配送示意

2. 全球采购营销配送

全球采购营销配送如图 4-13 所示。
- 产品：家私、家电、服装。
- 营销区域：欧美、澳洲、日本。
- 供应商：东南亚、中国内地。
- 服务内容：从香港或深圳盐田码头收货，配合国内收货，集中在中海配送中心理货、配货、拼柜，直接送达客户。
- 海关监管：多个海关监管下的跨关区作业。

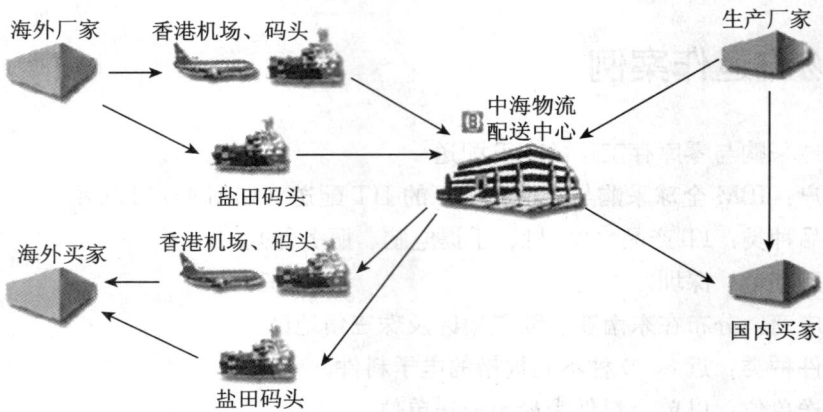

图 4 - 13　全球采购营销配送示意

3. 商业分销配送

商业分销配送如图 4 - 14 所示。

- 产品：家电，生活用品，食品。
- 客户：连锁商店，物业小区。
- 配送区域：中国内地，地区，社区。
- 供应商：初步 1000 多家。
- 商品品种：超过 10000 种。
- 配送形式：集中采购，拉动配送。
- 电子商务：B to C。

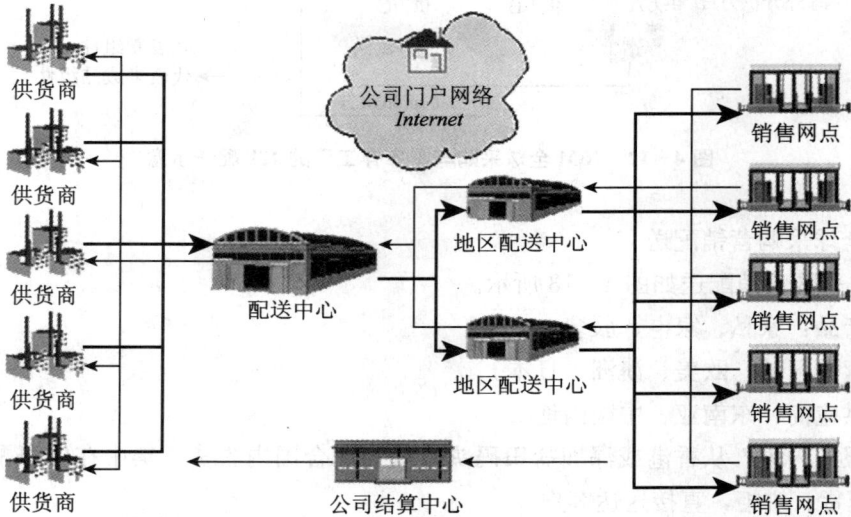

图 4 - 14　商业分销配送示意

4. 制造业供应链管理

制造业供应链管理如图 4 - 15 所示。

- 产品：汽车发动机。
- 客户：大型制造厂。
- 供应商：250 家。
- 商品品种：1300 种。
- 采购范围：全国，部分境外。
- 配送形式：集中采购，配送到工位。

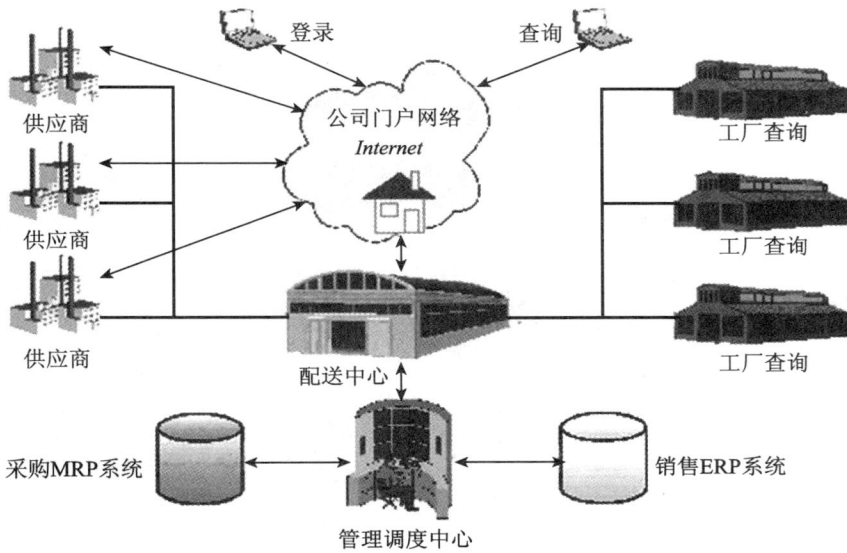

图 4 - 15　制造业供应链管理示意

第二部分

第三方物流信息系统实训

5 基础数据

5.1　中海 2000 物流实验室仿真教学系统

中海资讯科技公司根据中海物流集团长期从事国际第三方物流业务的实际操作经验，结合物流信息管理开发案例，归纳出具有知识性、实用化、代表性等特点的物流实验室仿真教学系统。希望通过教学软件的使用，使学生了解现代物流的实际运作模式，掌握物流基础操作流程，为培养理论与实践相结合的实用型的现代物流人才提供有效的工具。

1. 系统介绍

系统以模拟第三方物流企业的各部门业务为范例，按照符合国际惯例的操作流程详细描述了仓储、配送、运输、报关、调度及客户管理 6 个主要业务环节的实际操作过程，通过对客户需求分析、货品的入库、出库及在库操作、配送作业操作以及车辆调度操作等流程的实际演练，理解物流各个环节的操作原理和相互之间的关系。同时系统还为每个业务环节安排了演示过程，帮助学员加深对业务流程的理解。软件内设有一定数量的真实数据，为教学创造了一个逼真的环境。

2. 内容说明

系统设置：对操作流程、用户、权限和数据的初始维护，以方便教师为教学实验做准备，确保试验内容与教学进度同步。

客户管理系统：包括客户维护、客户管理和合同管理三部分，主要是对预备客户、正式客户和历史客户的基本资料、合同条款、业务状态、支付情况等方面的信息管理。

仓储管理系统：实现仓库内部活动信息管理，包括仓位的设置、修改、入仓、出仓和在库物品的管理以及物品盘点、仓储计算等，并可实现远程库存查询、账单查询和作业统计分析等。

运输管理系统：实现货物运输过程信息管理，包括对运输路线的管理、车辆调度管理以及运输各种费用的管理。

结算管理系统：系统根据客户信息、合同条款、作业类型和作业量自动生成结算报表，包括仓租费用、装卸费用、运输费用等。

   3. 主要特点

- 融合国内外现代物流先进的运作和管理模式。
- 第三方物流企业实际业务模拟的提炼和总结。
- 国际规范业务流程设计，支持流程优化重组。
- 操作环境简单，全部采用浏览器，适合教学。

5.2　密码修改

登录中海 2000 物流教学软件时，每个学生都会有一个对应的账号。在第一次登录的时候是不需要密码的，但为了方便以后对学生的管理和学生对自己学习资料的维护，应该尽快修改密码。在修改密码栏目下，需要输入学生的真实姓名、性别、新密码、新密码确认和备注（可不填）。密码的设定是为了便于日后对学生的作业、考试完成情况进行管理，设置密码后，每一位同学在登录系统时凭密码进入，有利于保护自己的作业成果，以防盗用或被恶意修改，避免影响作业及考试的评分结果。修改完毕后点击【修改】即可。中海 2000 物流教学软件登录界面如图 5-1 所示。

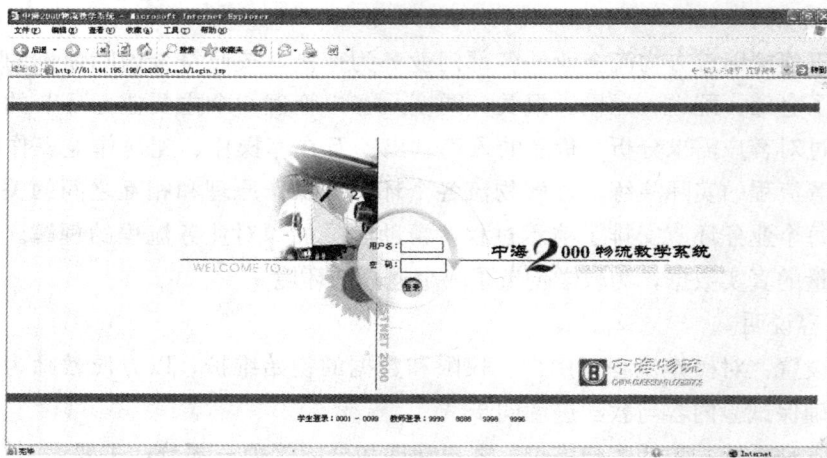

图 5-1　中海 2000 物流教学软件登录

5.3　仓位设置

5.3.1　实训目的

通过仓位设置的实训，学生能够学会对仓位的规划，按系统要求设定仓库编号、仓位编号，正确、快速录入仓位信息，提高对仓库、仓位的认识。

5.3.2　时间安排

4课时。

5.3.3　相关知识

1. 仓位设置要求

仓位编号一般为8位，可以是数字、字母（系统不区分大小写字母），仓位编号示例如图5-2所示。

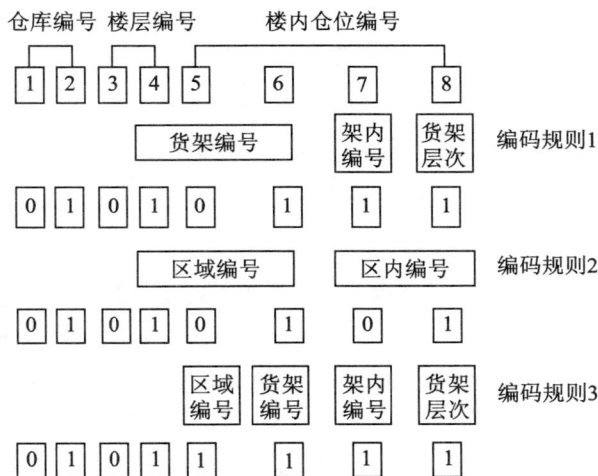

图5-2　仓位编号示例

2. 仓位设置操作提示

● 仓位清单包括仓库性质、仓位编号、仓租性质、总数量、使用数量等项内容，如图5-3所示。

● 在整个系统中，仓位编号是唯一的。

● 仓位性质分为"包租"仓位和"散租"仓位，系统设置时所有的仓位均默认为"散租"仓位，如包租合同需要将仓位性质修改为"包租"，合同终止后系统会自动修改为"散租"。

● 在仓位分配时，只能对仓租性质为"包租"的仓位进行分配，而"散租"性质的合同是不能分配仓位的。

● 设置仓库系统的所有仓位信息，新增时仓租性质默认为"散租"、使用面积为0。

● 在设置时，仓位的使用数量应为0，入仓分配仓位时，其使用数量会增加；出仓选货时，其使用数量会减少。

图 5-3　仓位清单

5.3.4　实训内容

1. 要求

先由教师对要操作或演示的对象进行总体介绍，使学生在观摩、了解、认识实训内容的基础上进行实际操作，并在操作过程中理解各参数之间的内在联系及操作流程步骤。

2. 实训内容

仓库是物流公司的基础设施之一，因此仓库的设置尤为重要，仓位设置如图 5-4 所示。如某物流公司有 2 栋仓库，每栋仓库有 3 层，每层有 6 个仓位，仓位可参考仓位编号示例图 5-2 进行设置。

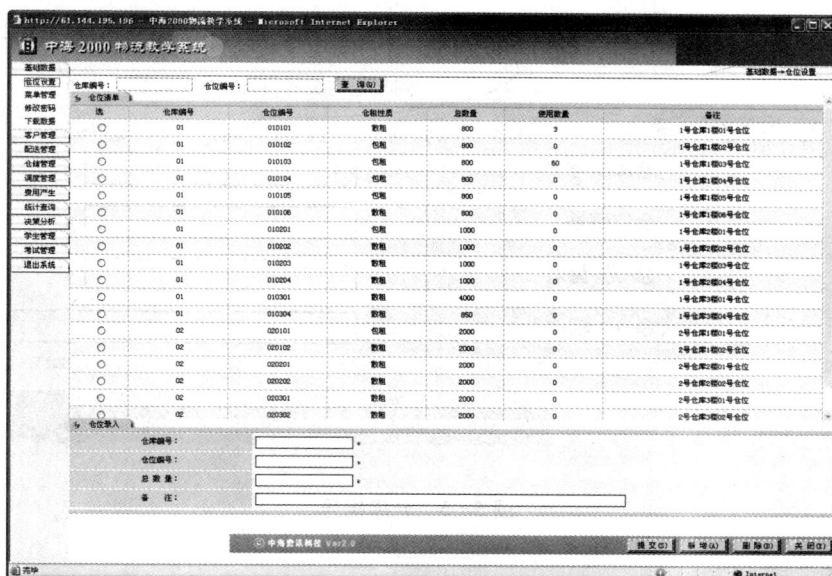

图 5-4 仓位设置

5.3.5 实训步骤

1. 仓库编号的录入

一般一个物流企业会拥有多个仓库，因此要对其仓库进行一一编号。在编号的时候可以采用多种形式，如文字、数字、字母等。同时也可采用字母和数字相结合，分别代表不同的含义。如不同的仓库类型可以用不同的字母将其区分表示，仓库类型参考如下表所示。

仓库类型参考

仓库类型	编号缩写
平面仓库	F（Flat）
多层仓库	M（Multistoried）
立体仓库	S（Stereoscopic）
冷藏仓库	R（Refrigeration）
危险品仓库	D（Dangerous）

通过科学的编码方法和编号可以得出很多相关的信息，例如，"F1"表示一号平面仓库，如图 5-5 所示。

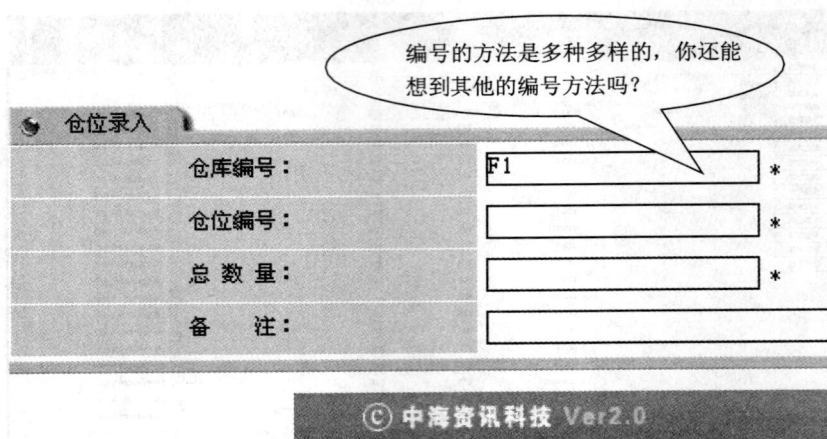

图 5-5　仓库编号

2. 仓位编号的录入

仓位编号录入前，要对仓位编号进行合理的编制，例如，如图 5-6 所示，某多层仓库一共有 3 层，每一层有 12 个仓位，对 2 层的仓位编号。

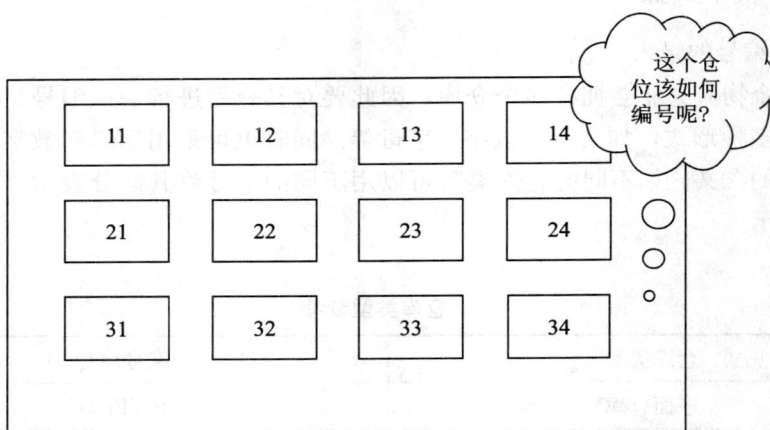

图 5-6　仓位编号示例

仓位编号工作完成后，将仓位编号录入，如图 5-7 所示。

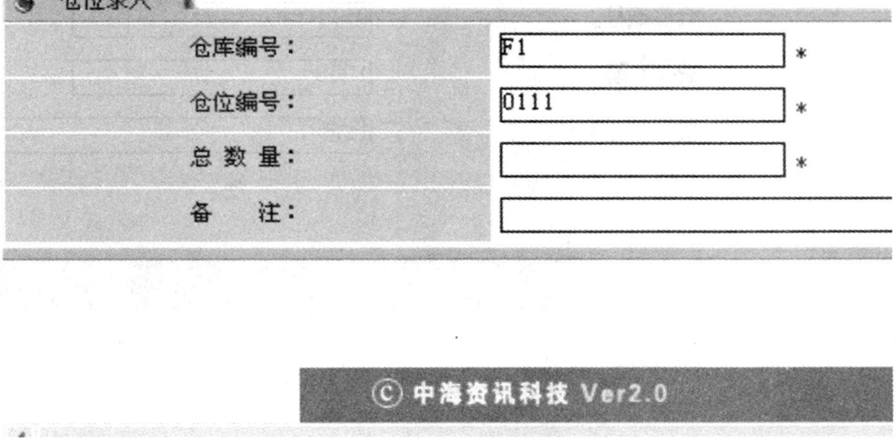

图 5-7 仓位录入

3. 总数量的录入

总数量是该仓位的总的数量（体积或重量），具体是体积还是重量没有规定，但只能采用其中一种。每个仓位的总数量是没有规定的，可以根据具体需要来设定，但是有一点要注意的是同一仓库每一层楼的全部仓位总数量应该相等。不能出现一楼总数量是4000，二楼的总数量是5000，三楼的总数量是2000这样的逻辑错误，仓位总数量录入如图 5-8 所示。

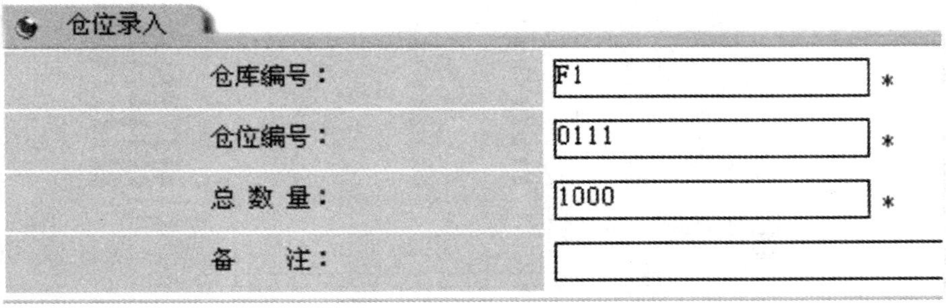

图 5-8 仓位总数量录入

4. 备注的录入

备注是用来注明一些仓位的特殊信息，例如，仓位编码是数目仓位的中文名称。仓位备注录入如图 5-9 所示。

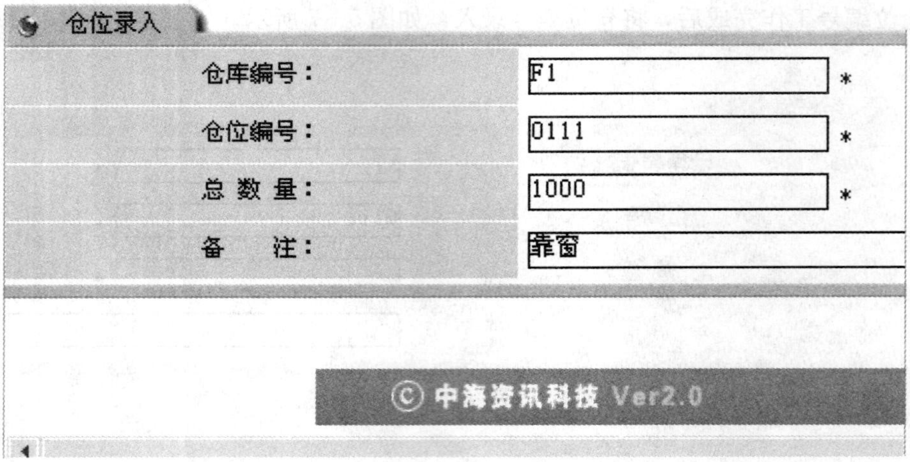

图 5-9 仓位备注录入

5. 录入资料的维护

仓位资料录入完毕后点击【提交】即可生成一条新的记录（如图 5-10 所示）。

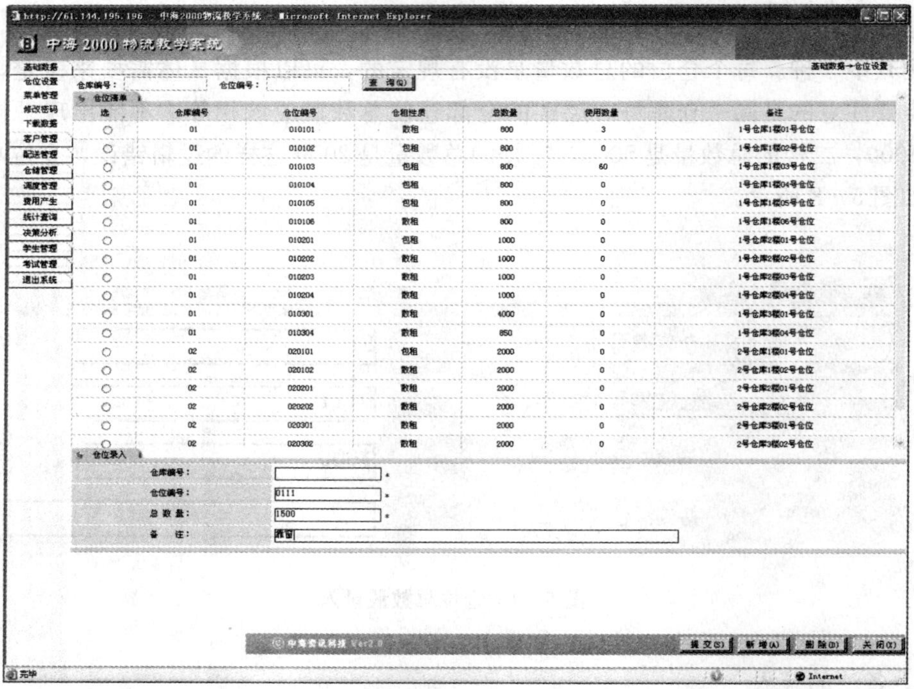

图 5-10 新增仓位

　　如果已经生成的仓位资料有误，可通过选中该记录然后在相应的信息窗口修改资料（仓库编号不能改），修改完毕后点击【提交】即完成修改。

　　对于错误的仓位记录可以通过点击【删除】再生成新的记录来修改（如图 5-10 所示），但要注意的是记录一旦删除就不能再恢复。

5.3.6　思考与练习

　　现在某物流公司有 2 个仓库，其中一个是平仓，面积为 4000 平方米，分 10 个仓位；另一个仓库为 3 层的多层仓库，每层面积为 4000 平方米，分 8 个仓位。请为这个物流公司的两个仓库的仓位进行编号并录入仓位信息。

6 客户管理系统

6.1 实训目的

● 了解获取客户资料的途径、方法，并掌握对客户资料的建立和维护，能够快速、准确地录入客户资料，明确各个报价费用项目的含义，掌握报价操作流程，并正确、熟练地操作。

● 能熟练地对合同的报价时间和仓位进行修改，明确合同表头各项目的含义。

● 熟识工厂资料、运输资料的建立和维护。

6.2 时间安排

共需 16～18 课时，其中，用 6～8 课时让学生进行客户调查，以获取客户资料，可采用电话、上网等形式进行；用 4 课时对客户资料进行录入；2 课时完成对合同管理的操作；2 课时建立工厂资料、运输资料；2 课时教师总结。

6.3 相关知识

6.3.1 客户

客户，就是指公司所有的服务对象。物流客户则是指与物流公司发生业务关系的单位或个人。在实际工作中，客户的相关业务主要是由商务部（也叫市场部）负责，其基本业务流程如图 6-1 所示。

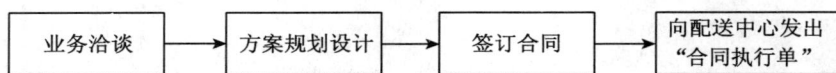

业务洽谈 → 方案规划设计 → 签订合同 → 向配送中心发出"合同执行单"

图 6-1 客户开发流程

6.3.2　客户信息的收集

充分、及时、全面而又准确地收集客户信息并加以整理，是客户服务管理的基础。它不仅能帮助企业更加有针对性地开展物流运作，还能提高企业的竞争能力和赢利能力。具体的物流客户信息产生于市场调查、订货、库存、发货、售后等各个环节，可以通过实地调研和查找文献资料两种途径获得。客户资料调查表如表 6 - 1 所示。

表 6 - 1　　　　　　　　　　　　　　**客户资料调查表**

地区：	名称：	简称：
地址：	网址：	E-mail：
成立日期：	行业性质：	业务规模：
运行情况：	联系人：	职务：
联系电话：	备注：	

6.3.3　客户的分类

对客户进行科学分类，有助于提高服务效率，促进服务工作更好地展开。客户的分类方法有多种，根据客户的需求分为运输、仓储、流通加工、包装等方面的客户；根据客户性质和业务分为制造业、销售业、建筑业等类型的客户；根据客户关系分为潜在、一般、重点、忠诚、战略联盟型等类型的客户；根据客户的作业内容可分为报关、客户、运输、装卸等类型的客户。另外，还可按物流路径和客户所处的区域对客户进行划分。

6.4　实训内容与步骤

客户管理系统包括客户资料、合同管理、工厂资料及运输资料四个模块，如图 6 - 2所示，其中最为关键的是客户资料部分。

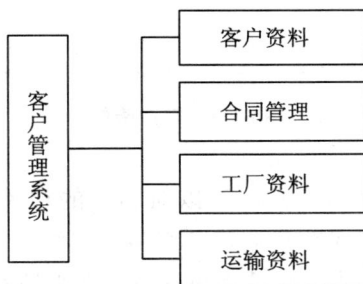

图 6 - 2　客户关系管理

6.4.1 客户资料

客户资料模块主要是对客户本身的资料进行维护。

中海 2000 物流教学软件系统将客户资料分为两个等级：第一个等级是客户本身的资料；第二个等级是客户下的工厂资料，属于相关客户。

客户本身的资料包括客户名称、编号、联系方式、行业性质、成立日期、业务规模、运行情况等基本资料，还包括客户的报价资料等内容。

操作步骤：

选择菜单中【客户管理】菜单项，进入客户清单界面，对已有客户资料进行修改或通过新增添加新客户资料，如图 6-3 所示。

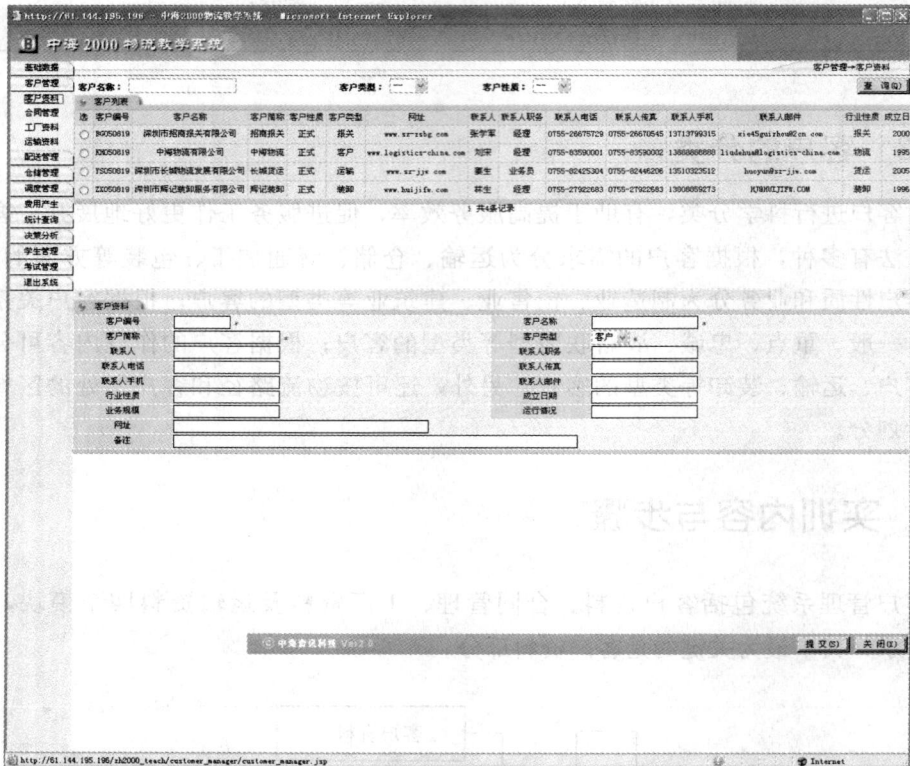

图 6-3 客户清单

在【客户清单】中选定某一客户，可以对客户的相关信息进行修改，如联系人、网址等，但是客户一旦转为正式客户后，其编号、名称则不能再作修改。修改后直接提交即可。如要新增客户，则直接在【客户资料】框中填写所要增加的客户详细资料，然后提交，如图 6-4 所示。

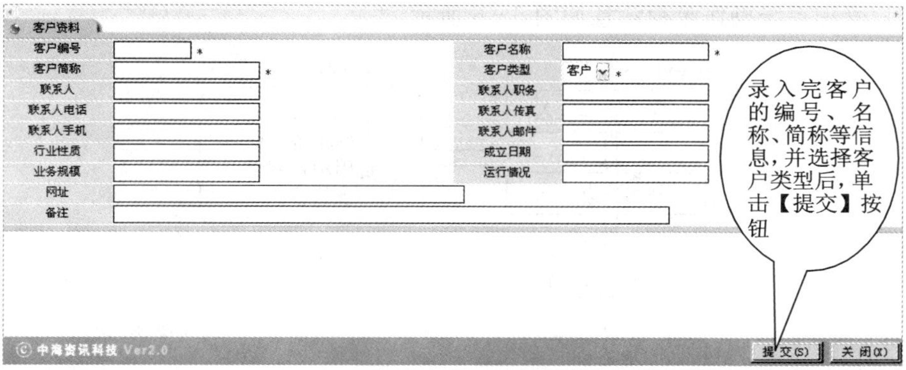

图 6-4　客户信息修改

提交后会在客户列表中生成一个新的客户，如图 6-5 所示。

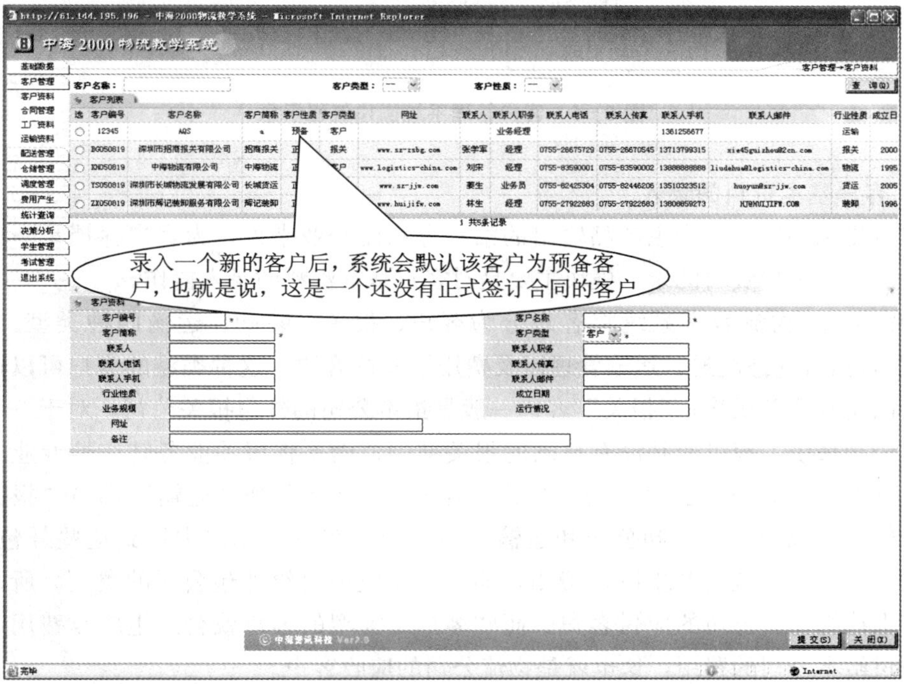

图 6-5　新增客户

客户管理系统操作流程示意如图6-6所示。

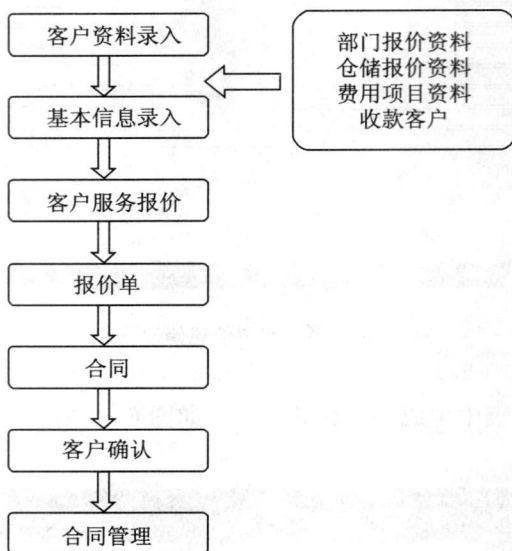

图6-6　客户管理系统操作流程示意

1. 客户基本资料的录入

对以提供物流服务为主产品输出的第三方物流企业来说，为客户存档是一项非常重要的工作，客户资料的录入模块主要是对客户基本资料的录入操作。

中海2000物流教学系统将客户分为客户、报关、装卸、运输四种类型。其中，"客户"是指有仓储配送、运输管理以及费用结算的客户，这种类型的客户可以进行系统支持的所有业务操作；"报关"客户一般是指本公司的外包报关公司，对于一个第三方物流公司来说，很可能并没有自己的报关部门，而是将报关业务转交给专业的报关公司，这种专业的报关公司就是"报关"客户；"装卸"和"运输"都与"报关"一样，指的是外包专业的装卸公司和运输公司。如果在业务操作中用到这些外包公司，在费用结算的时候就会产生应付费用，即本公司应该付给外包公司的费用。所以，这些客户也称为物流公司的应付客户。而"客户"类型的客户就会产生应收费用，即客户应该付给本公司的费用，这也就是物流公司的应收客户。

操作步骤：

点击【客户管理】→【客户资料】，进入客户基本资料的维护界面（如图6-7所示）。界面分为列表区和编辑区两个部分。上部为列表区，列出了所有目前已经录入过的客户的基本资料；下部为编辑区，主要是对客户资料进行维护。

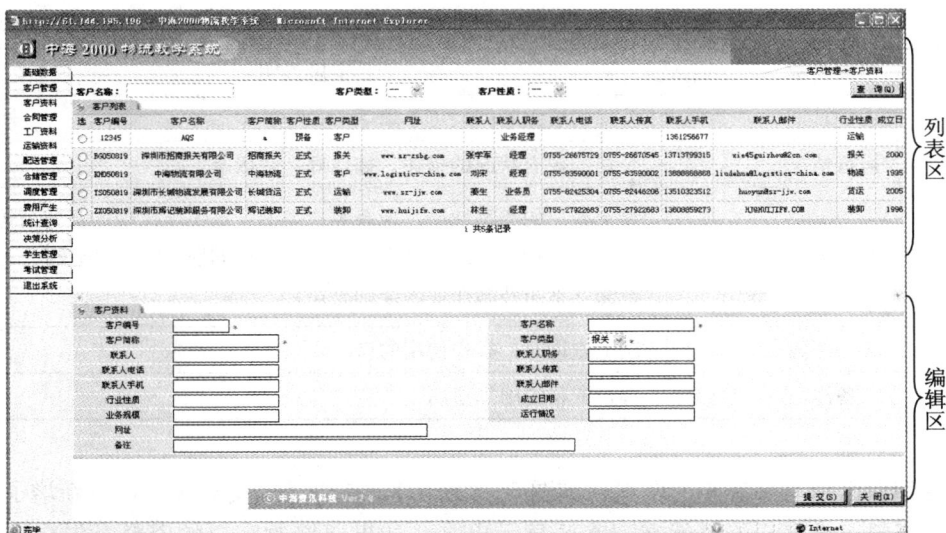

图 6-7 客户资料维护

客户基本资料包括客户编号、客户名称、客户简称、网站地址、联系人、联系人职务、联系人电话、联系人手机、联系人 E-mail、联系人传真、行业性质、成立日期、业务规模、运行情况、客户类型等，如表 6-2 所示。

表 6-2 客户基本资料

字段名称	字段说明
客户编号	客户的系统内部编号
客户名称	客户的完整公司名称
客户简称	公司名称的缩写
网 址	公司的网站 URL 地址
联系人	业务联系人的姓名
联系人职务	业务联系人的职务
联系人电话	业务联系人的办公电话
联系人传真	业务联系的传真号码
联系人手机	业务联系人的手机联系电话
联系人邮件	业务联系人的 E-mail 地址
行业性质	所属行业的特性描述，如电子、工厂等
业务规模	公司的人员规模描述

续　表

字段名称	字段说明
成立日期	公司的成立时间，可不填
运行情况	公司的现有状况的描述，如良好、一般等
客户类型	设定客户的类型性质，现有客户类型：报关（代理的报关公司）、客户（有货物存放的客户）、运输（承担运输作业的运输公司）、装卸（承担装卸作业的装卸公司）
客户密码	网上查询时，客户使用的口令
备注	客户资料的附加说明

在编辑区填写好客户的资料（如图6-8所示），点击【提交】按钮，就新增了一个客户的资料。该客户资料就在列表区显示出来。如果要修改客户的资料，先在列表区选中需要修改的客户，然后在编辑区进行修改，修改完毕，点击【提交】按钮即可。

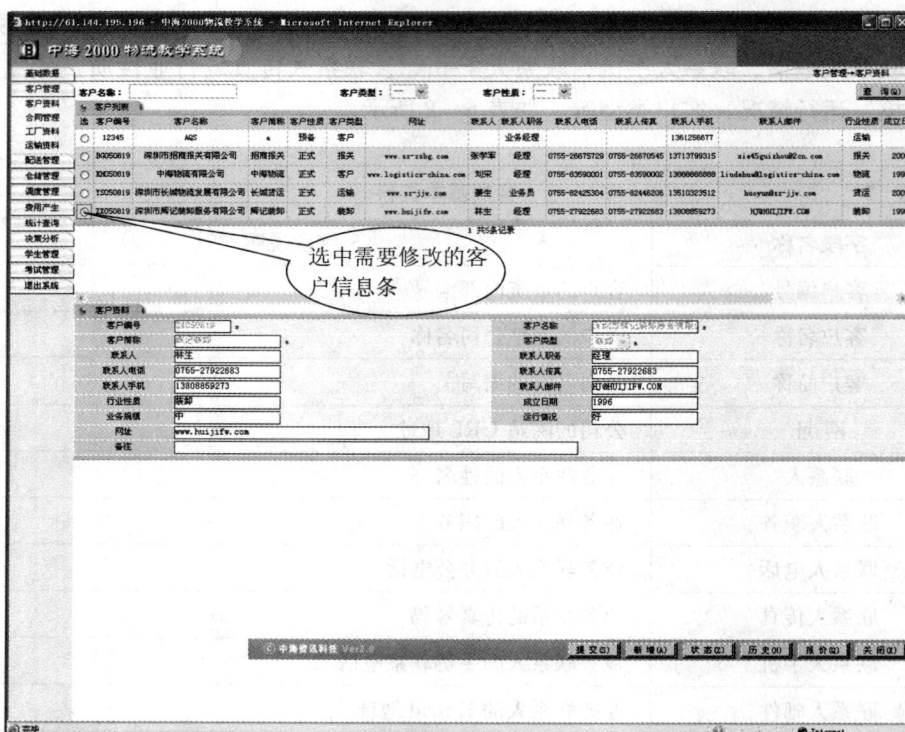

图6-8　修改客户资料

2. 客户报价

客户合同中报价是一项非常重要的内容，所有的报价最终以报价单的形式集合在一起。本模块就是在系统中产生一份报价单，并根据报价单号进行查询，从而调出对应的报价进行计费。报价单的具体报价内容是根据报价设置而定的。

打开【客户资料】，选择新增一个客户，点击【报价】，即可进入报价的操作界面。

操作步骤：

点击菜单【客户管理】→【客户资料】，进入客户基本资料管理界面，选择界面上半部分中的【客户列表】中的某项客户资料，然后点击界面的下半部分中出现的【报价】按钮，进入客户报价单界面（如图6-9所示）。该界面分为列表区和编辑区两部分，列表区会列出所有属于这个公司的报价单（有效的、无效的）；编辑区主要是对报价单进行维护（新增、删除、确认等）。

如果要新增一份报价单，点击【新增】按钮，进入新增报价单状态，在编辑区录入相关的资料（如表6-3所示），然后点击【提交】即可。

注意：新增模式下，只有【提交】、【新增】、【关闭】三个按钮。

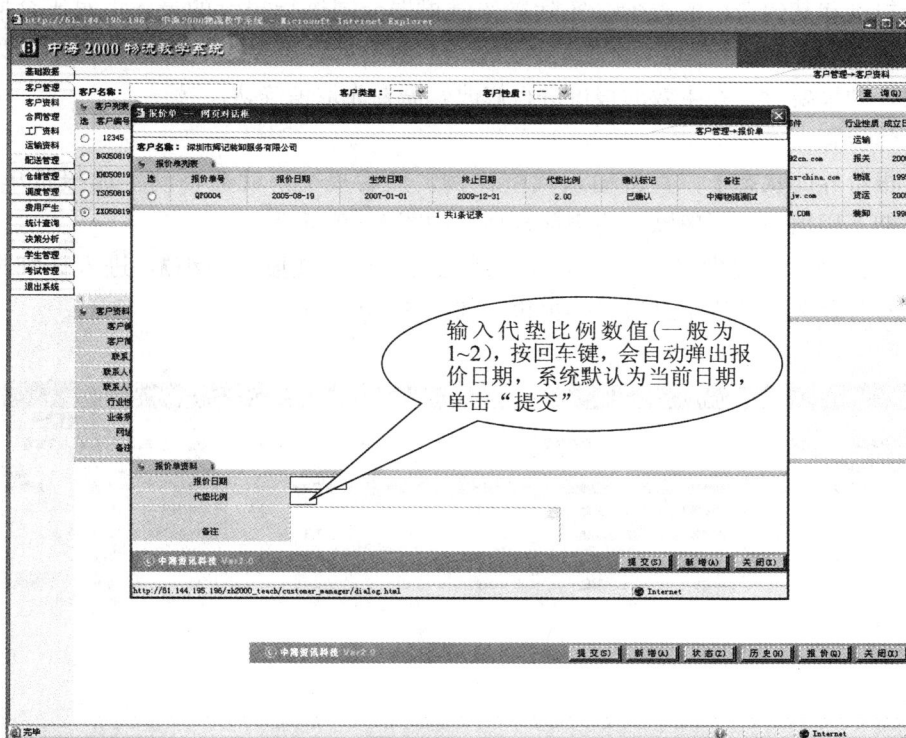

图6-9 客户报价单

表 6-3 报 价 单

字段名称	字段说明
报价日期	报价清单的报价日期
代垫比例	代垫费用的加收比例，如果比例不为0，代垫加收费用＝代垫费用×代垫比例（一般为1或2，即1%或2%，不需要输入"%"）
备注	报价清单的附加说明

注：代垫费用一般是指由提供物流服务的一方为客户代为垫付的一部分额外费用，如路桥费、查车费等。

3. 报价明细

报价是系统计算费用的主要根据之一，一段时间内只能有一个有效的报价，否则系统会出现错误，不知道应该选择哪一个报价来计算费用。系统将费用分成了七种类型，报价的时候按照费用类型录入报价。不同的客户有不同的报价费用类型，"客户"性质的客户报价包括所有的费用类型（仓租费用、装卸费用、运输费用、加班费用、处理费用、报关费用和其他费用）；"装卸"性质的客户只有装卸费用和其他费用的报价；"报关"性质的客户只有报关费用和其他费用的报价；"运输"性质的客户只有运输费用报价和其他费用的报价。实际操作时根据合同进行报价的录入，对于合同中没有而系统中却存在的费用，可以直接跳过，不用录入。已经生效的报价是不可以随便修改的，如果要对正在生效的报价进行修改，需要先取消确认。

操作步骤：

在报价界面状态下，直接输入代垫比例，然后提交，就会自动生成报价单列表，报价日期不用填写，一般默认为当前日期，如图6-9所示。

选中报价单列表中需要具体报价的信息条，点击【报价明细】，进入详细报价界面，并对各业务选项逐个进行具体报价，如图6-10所示。

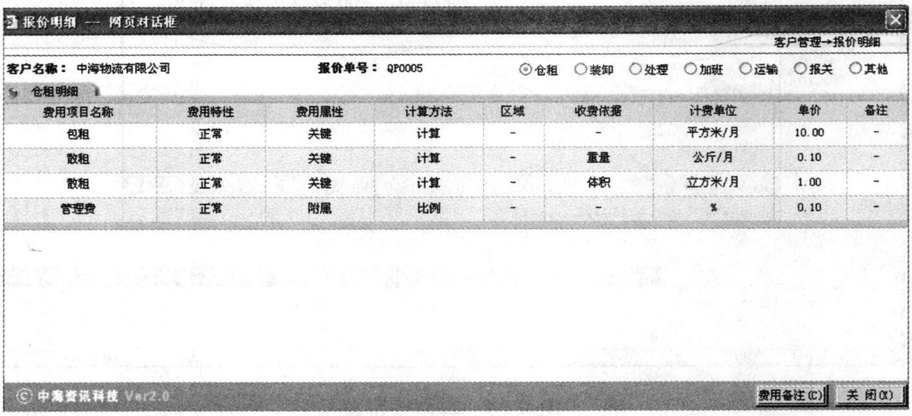

图 6-10 报价明细

需要进行明细报价的项目包括仓租、装卸、处理、加班、运输、报关、其他。

（1）仓租报价

本模块是对仓租的报价进行维护，只对"客户类型"为"客户"的客户有用，"装卸"、"报关"、"运输"客户则没有此报价。根据仓租的不同计费标准，将仓租分为包租、散租、管理费用三种，散租又可以有体积报价和重量报价两种。

"包租"指的是根据合同分配一定面积的仓位给客户，如果包租开始时间大于30天，按月计算仓租；如果包租开始时间小于30天，按天计算仓租，当前系统只考虑按月计算仓租。

"散租"指的是按照客户存货量灵活安排仓位，根据货物存放的时间和体积（或重量）进行计费，如果体积报价和重量报价都存在，系统将分别计算，然后选取费用多的一个作为收费标准。

"管理费用"是伴随仓租产生的费用，按照仓租的比例计算。

操作步骤：

在报价明细界面中（如图6-10所示），点击"仓租"选项进入仓租报价界面（如图6-11所示），根据合同录入相关报价的计费单位、单价等详细的仓租报价信息，录入完成后点击【提交】按钮即可。

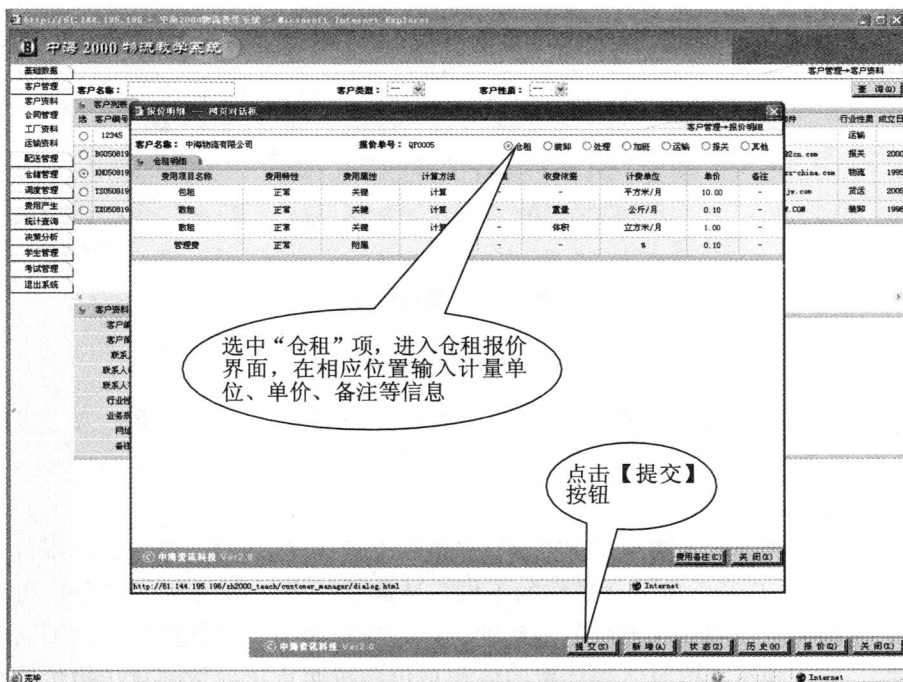

图6-11 仓租报价明细

注：录入的单价只有数字，报价的币种在"费用备注"里面设定（如图6-12所示）。

因为报价明细中只录入了报价的数值，没有给出报价的单位是美元、人民币还是其他币种，报价是针对哪个客户也没有很清楚地说明。所以，系统设置了"费用备注"模块对报价的币种、客户以及其他的一些附加信息进行说明。

在仓租报价界面（如图6-11所示）点击【费用备注】，进入费用备注界面（如图6-12所示）。在弹出来的窗口选择币种编号（人民币、港币、美元等），客户名称默认为当前客户，序号、标题、备注都可以填写比较容易记忆的资料。

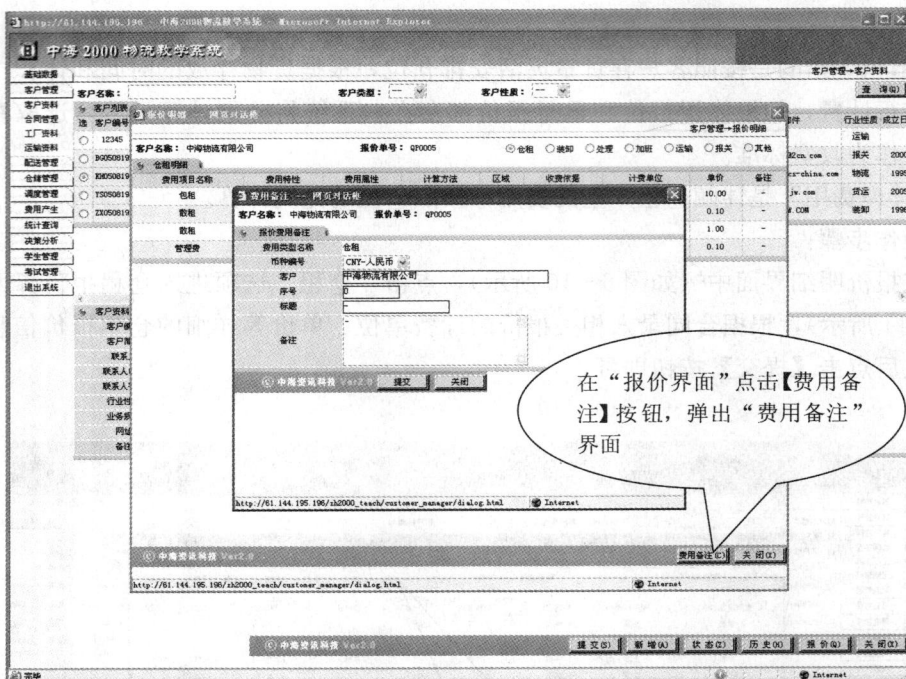

图6-12　费用备注

（2）装卸报价

本模块主要是对装卸报价进行维护。装卸报价只对"客户性质"为"客户"和"装卸"的公司有效。

操作步骤：

在报价明细界面（如图6-10所示）点击右上角的【装卸】，进入装卸报价（如图6-13所示）。由于入仓和出仓操作的不同，装卸费用分为装货费（出仓）和卸货费（入仓），这两种费用的计算方法是一致的。以卸货费为例，卸货费是按照不同的车型来计算的，对于吨车有按照体积计费的体积报价和按照重量计费的重量报价两种；对于柜车，每一种尺寸的柜车有不同的单价。操作时按照合同在相应的位置填写好计费单位和报价，然后点击【提交】即可。

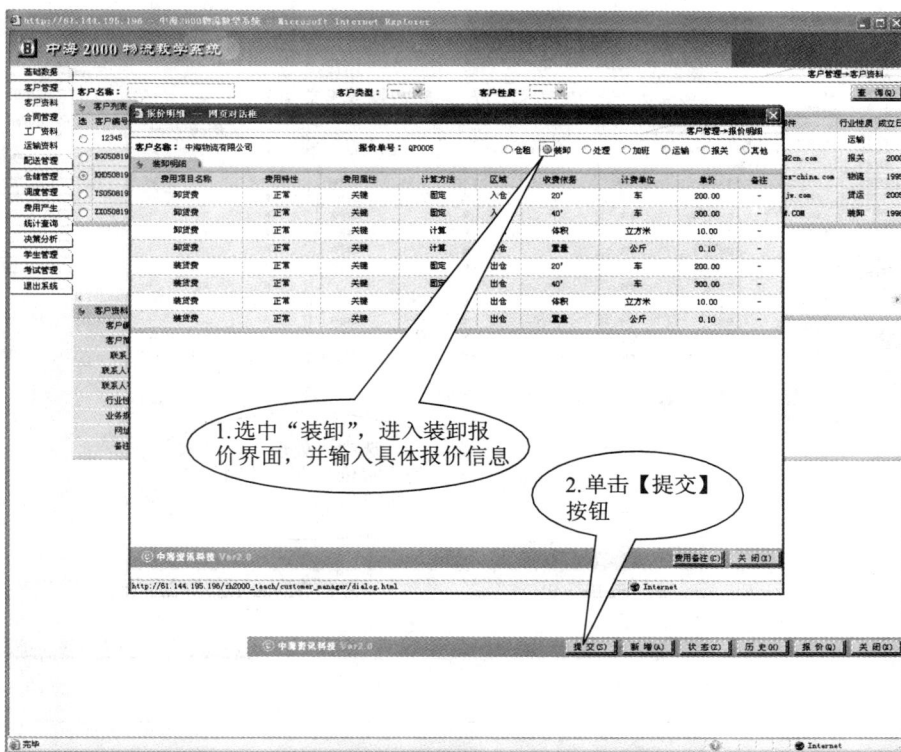

图 6-13 装卸报价

（3）处理报价

本模块主要是对处理费用进行报价。本报价只对"客户性质"为"客户"的客户有效。在出入仓或者仓库管理的过程中会产生一些加工处理的费用，如打托、拆箱等。

操作步骤：

在报价明细界面（如图 6-10 所示）点击【处理】进入处理报价界面（如图6-14所示）。

操作员根据合同在相应的位置填写计费单位和报价，然后点击【提交】按钮，系统将自动计算处理费用。

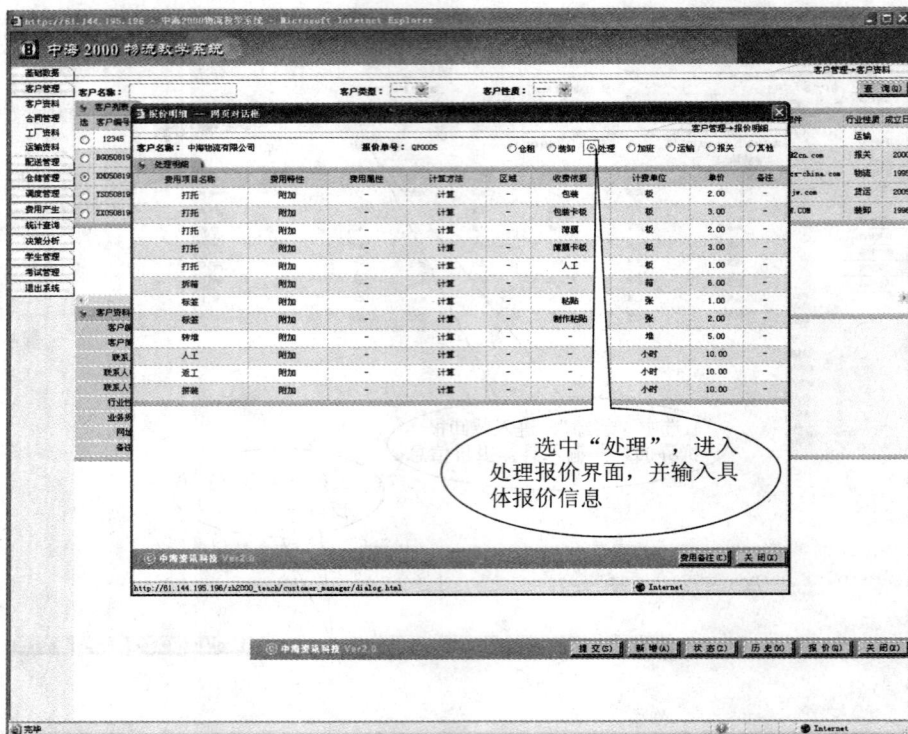

图 6 - 14　处理报价

（4）加班报价

主要是对加班费用进行报价维护，此报价只对"客户性质"为"客户"的客户有效。有时候为了满足客户的要求，工人需要加班，如果合同上注明这些加班费由客户支付，就需要对加班费用进行报价。本系统将加班分为应急加班、延时加班、休息加班以及节日加班四种分别报价。

加班费用的产生和处理费用一样，都是由操作员录入加班时间，然后系统按照时间乘以单价计算加班费用。

操作步骤：

在报价明细界面（如图 6 - 10 所示）点击【加班】，进入加班报价界面（如图6 - 15所示），加班费用分为延时、休息、节日和应急四种。操作员根据合同填写相应的报价资料，然后点击【提交】保存新增的报价资料。

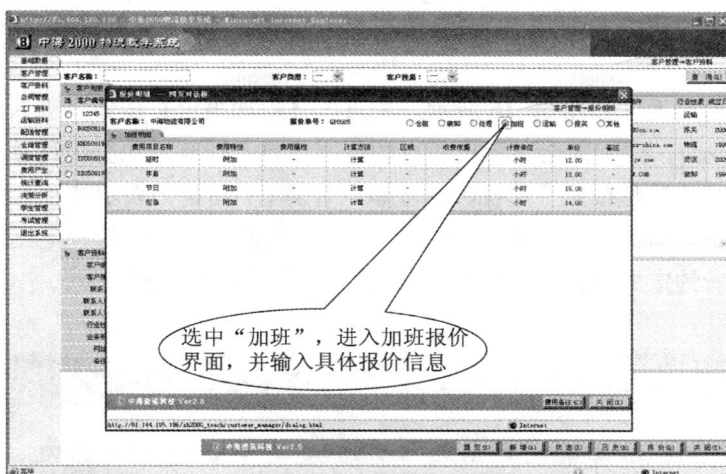

图 6-15　加班报价

（5）运输报价

本模块主要是对不同线路的报价进行维护，只对"客户性质"为"客户"和"运输"的客户有效。运输费用包括正常的运输费用和附加费用。

操作步骤：

进入报价明细界面（如图 6-10 所示），点击【运输】，进入运输报价界面（默认为线路报价界面，如图 6-16 所示）。在"运输线路"下拉列表框中选择线路（比如福保—东莞），列表区会显示出所有这条路线的车型。根据合同在相应的车型后面填写报价，选择报价的币种，如果有附加信息，填写到"备注"框，填写完毕点击【提交】即可。

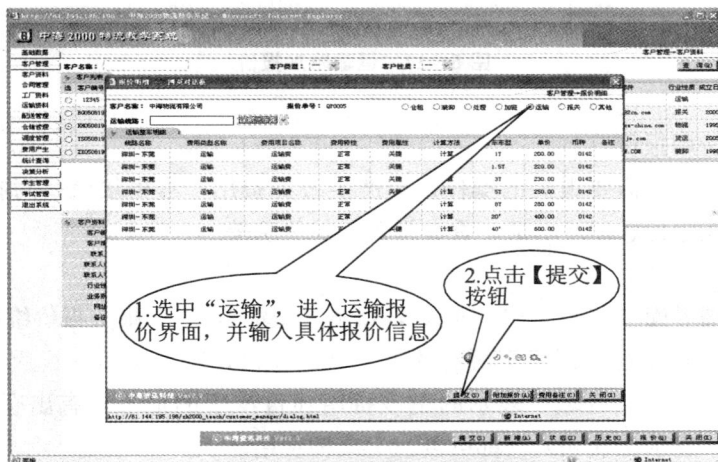

图 6-16　运输报价

注：每一条线路的报价录入完毕，一定要点击【提交】保存，否则输入无效。

运输过程中会产生一些正常运输费用以外的附加费用，如空返、停车、压车等费用。

在运输报价界面（如图6-16所示）中点击【附加报价】按钮，进入附加报价界面（如图6-17所示）。列表区会显示出所有的费用项目，计算方法分为计算、固定和比例三种。其中"计算"是按照"单价×作业量"计算；"固定"表示按预先约好的固定收费标准进行收费，与作业量无关；"比例"则表示按照运输费用的一定比例计算附加费用。按照合同所约定的计算方法和报价填写，然后点击【提交】即可。

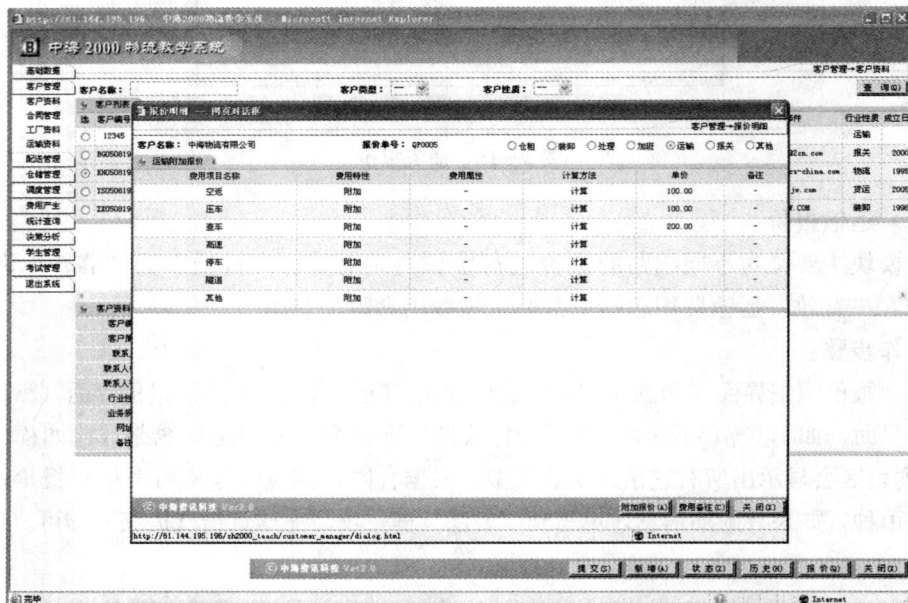

图6-17　运输附加报价

（6）报关费用报价

有进出口环节及需要报关的操作，会产生报关费用。本模块就是对报关费用进行报价，包括报关报检、EDI单证、香港报关、封关费等。

操作步骤：

在报价明细界面（如图6-10所示），点击【报关】，进入报关报价维护界面（如图6-18所示）。界面上已经列举出所有的报关费用项目，每个费用项目后面会有相应的资料需要填写。其中"区域"表示的是该费用项目产生的地方，有出仓和入仓之分，如果没有选择，表示出仓和入仓都可以产生该种费用。

在操作过程中只需要输入报关工作量，系统就可以根据该工作量联系报价来计算出本单业务产生的报关费用。根据合同填写相关的报价资料，然后点击【提交】即可。

图 6‑18 报关报价

（7）其他费用报价

在客户运作的过程中会产生很多的费用，有些费用是前面六种类型的费用都不能包含的，为了解决这个问题，系统设定了其他费用类型。即由人工录入作业量，然后系统再将作业量与报价的乘积作为其他费用。

操作步骤：

在报价明细界面（如图 6‑10 所示），点击【其他】，进入其他费用报价界面（如图 6‑19 所示），然后根据合同填写计费单位和报价，点击【提交】即可。

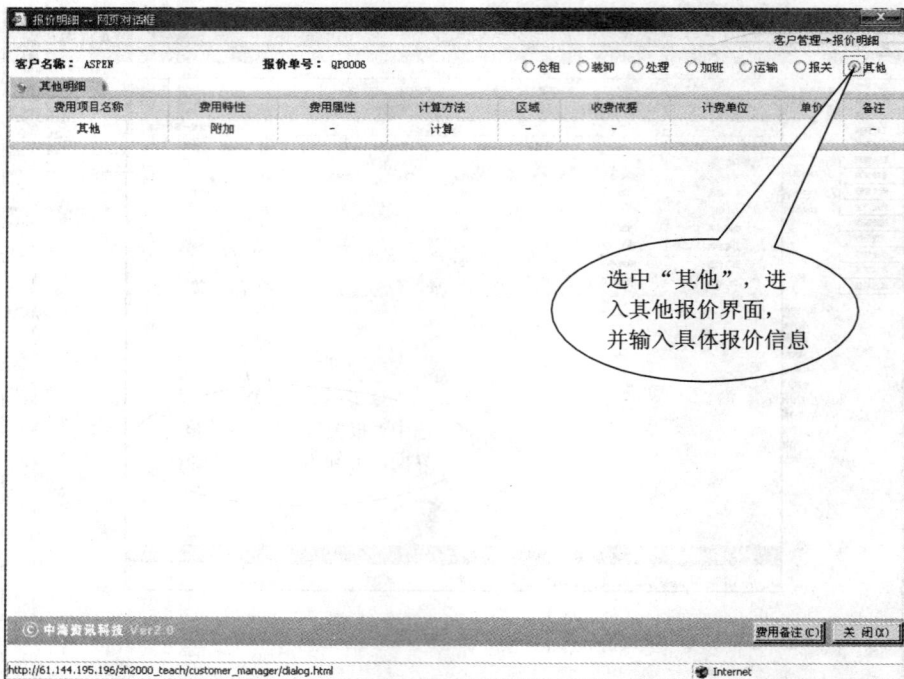

图 6 - 19 其他报价

注：其他报价是指除综合业务客户必有的仓租、装卸、处理、加班、运输、报关等的报价信息之外，还有的其他报价内容，有资料就需要录入，没有就可以直接跳过。

4. 客户性质的转换

客户性质是指客户在系统中所处的状态，在中海软件系统中将客户分为：预备客户、正式客户、历史客户三种。

预备客户：指的是当前还没有签订合同或者是还没有进入合同有效期的客户，这种客户可以进行基本资料的录入，但不能进行实际的业务操作，即不可以进行仓储配送、运输以及结算等实际操作，只有处于预备状态的客户才可以删除。

正式客户：指的是当前正处于合同有效期的客户，这种类型的客户是唯一可以在系统中进行业务操作的客户。

历史客户：是指原来可以进行业务操作，当前合同已经过期，所有的业务（包括费用结算等）都已经结束，而且以后相当长一段时间内没有业务操作的客户。这种类型的客户也不可以进行任何的业务操作，只是处于一种存档的状态。

预备客户、正式客户、历史客户是可以相互转换的。当预备客户的资料全部录入系统，而且进入合同有效期后，预备客户就转为正式客户。

操作步骤：

点击【客户管理】→【客户资料】，进入客户列表界面（如图 6 - 20 所示）。

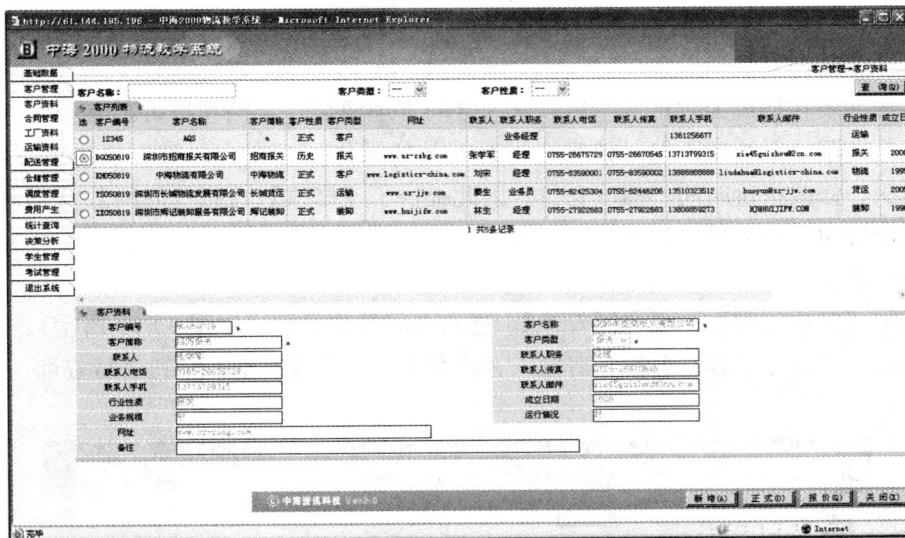

图 6-20　客户列表

选中需要转换的客户信息条，单击右下角的【正式】按钮，弹出"合同表头"对话框即进入客户性质转换界面，如图 6-21 所示，在合同表头中录入开始和结束日期、合同提醒天数、报价提醒天数、包租面积的数量、已结算日期、签约日期、备注，并选择仓租性质（一般选择包租）和收费标记（滞后或超前），点击【提交】按钮，客户即变为"正式"状态。

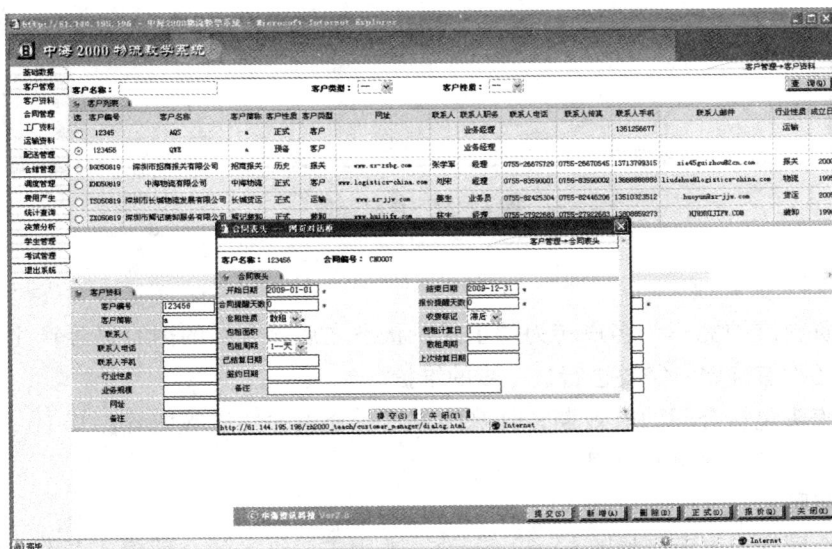

图 6-21　客户性质转换

6.4.2 合同管理

客户性质转换成为"正式"后，进入合同管理模块。合同和报价都有一个有效期，过了这个期限，系统就不能对该客户进行有效的操作了。在合同管理模块里可以修改合同表头、修改报价时间、修改仓位。因此提供了【修改】、【报价时间】、【修改仓位】三个功能按钮。具体操作如下：

操作步骤：

点击【客户管理】→【合同管理】，进入合同管理界面（如图 6-22 所示）。如果要查询合同，可以在"客户名称"后输入客户名称，点击【查询】按钮进行查询。

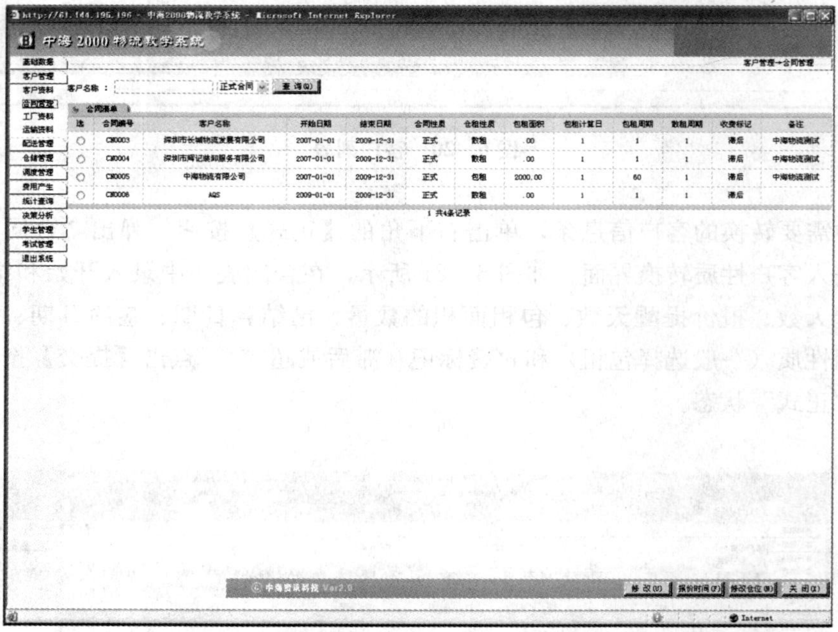

图 6-22 合同管理

1. 合同表头修改

客户资料维护完毕，客户转为"正式"状态之后，合同的内容已经产生，但是合同的表头还没有确定，需要进行进一步的维护。

合同表头包括合同的有效期、收费的方式、仓租的性质等内容。其中，包租合同还需要在这里记录包租的面积。

操作步骤：

进入合同管理界面（如图 6-22 所示），选中需要维护的合同项，点击【修改】按钮，进入合同修改界面（如图 6-23 所示）。

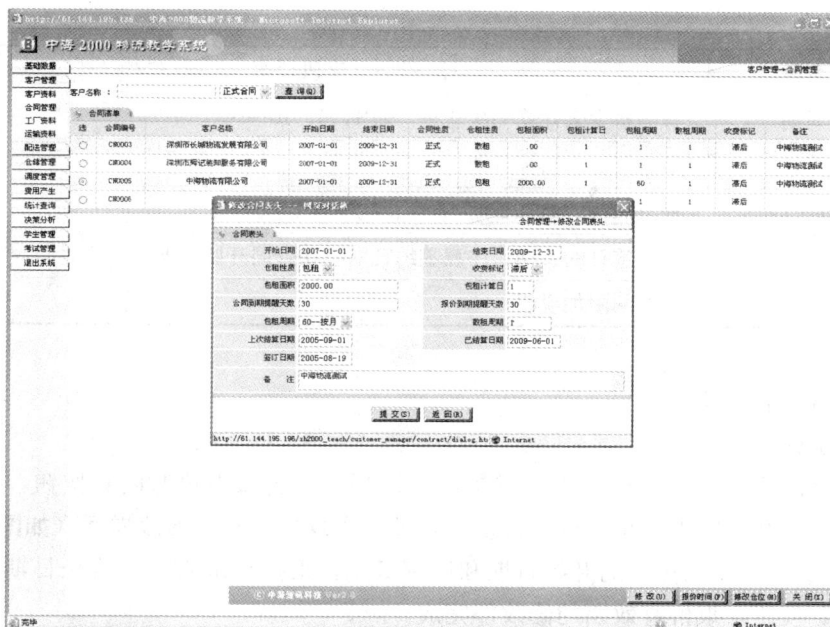

图 6-23 合同表头修改

根据要求对相关资料进行修改（见表 6-4），然后点击【提交】，合同表头修改完成。所选择的合同单将转为正式合同。

表 6-4 合同修改表头

字段名称	字段说明
开始日期	当前客户最近执行合同的合同有限期的开始日期
结束日期	当前客户最近执行合同的合同有限期的结束日期
仓租性质	租用仓库的性质：包租、散租。包租：租用固定的仓库面积，费用按照单价×包租面积；散租：按照每天的实际存放货物量计算，可以选择体积、面积或重量作为计量单位计价，一般选择最大者
收费标记	分为滞后、超前。滞后：仓租费用滞后收取；超前：仓租费用超前收取
包租面积	实际租用仓库的建筑面积
包租计算日	系统自动计算包租费用
合同到期提醒天数	合同到期前多少天开始提醒。如 30 天
报价到期提醒天数	报价到期前多少天开始提醒。如 60 天，一般比合同到期提醒天数多些
包租周期	"仓租性质"为包租时有效，分为按天和按月两种。按天：仓租费用单价为×元/每天/每平方米；按月：仓租费用单价为×元/每月/每平方米

字段名称	字段说明
散租周期	每隔多少天计算一次仓租，如 1，5，10……
上次结算日期	最近第二次结算日期
已结算日期	最近一次的结算日期
签约日期	合同签订的日期。注意签约日期应在合同开始日期前一段时间
备　注	合同的附加说明

2. 报价时间修改

操作步骤：

进入合同管理界面，选中需要维护的合同项，点击【报价时间】按钮，此时界面上会显示出该客户的报价单，选中报价单，即会出现报价时间修改界面（如图6-24所示）。界面上会显示出报价的开始日期和结束日期，根据要求修改这两个日期，然后点击【提交】按钮，报价有效期的修改即完成。

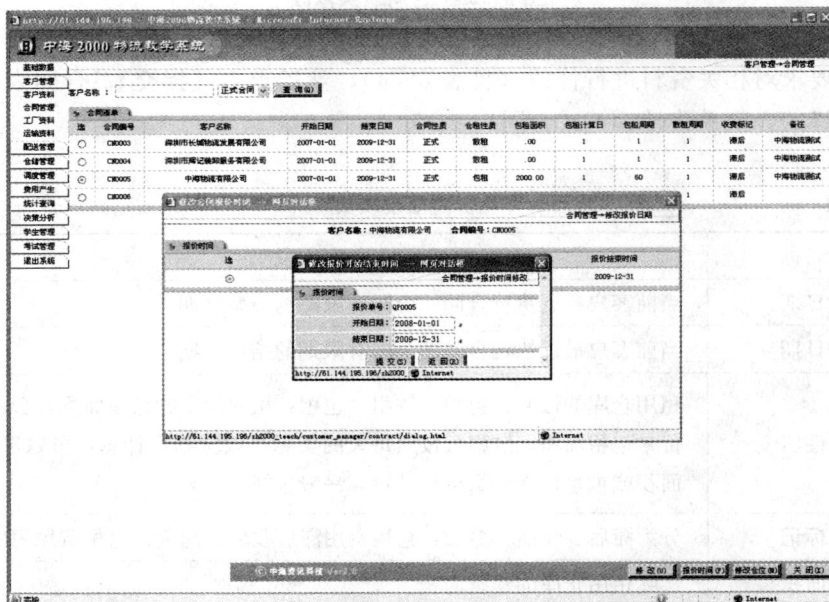

图6-24　修改报价时间

3. 仓位修改

操作步骤：

进入合同管理界面，选中属于"包租"的客户，然后点击【修改仓位】按钮，即可进入仓位修改界面（如图 6‑25 所示）。界面分为三个部分：左上角的"仓库列表"区列出现在所有的物理仓库；左下角的"仓位列表"区列出所有当前可以选择的仓位信息；左上角的"包租仓位"区则列出所有已经分配给客户的仓位信息。

根据客户的包租面积和仓库实际，在"仓位列表"区选择分配给该客户的仓位，然后双击该仓位前的"○"，该仓位即自动转到"包租仓位"区。如果要修改已经分配的仓位，在"包租仓位"区双击仓位，该仓位又会回到"仓位列表"区。修改完毕，点击【提交】按钮保存修改过的仓位信息即可。

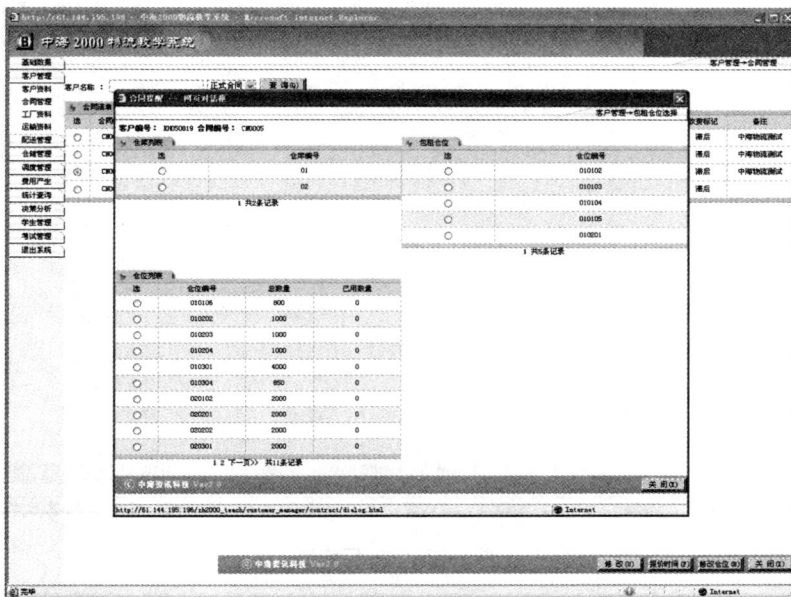

图 6‑25 修改仓位

6.4.3 工厂资料

在物流管理系统中，工厂分为三种不同的类型：供应商、购买商和供应购买商。其中，供应商就是货物发出方的工厂（即工厂A）；购买商就是货物接收方的工厂（即工厂B）；供应购买商既可以作为供应商又可以作为购买商。供应商和供应购买商（作为供应商时）又可以分为独立和非独立两种性质，独立供应商（供应购买商）有可能需要自己支付相关的费用，非独立供应商（供应购买商）不需要支付费用。

供应购买商是指在向其供应商购买产品的同时，又向该供应商供应自己生产的零配件，如A工厂向B工厂购买某一产品（A工厂为购买商），生产该产品的B工厂又需要购买A工厂为其供应的生产零部件（A工厂为供应商）——A工厂的类型就是供应购买商。

操作步骤：

点击【客户管理】→【工厂资料】，进入工厂资料界面（如图 6 - 26 所示），在"客户名称"栏录入需要进行维护的客户，然后点击【查询】按钮，就可以找到该客户。

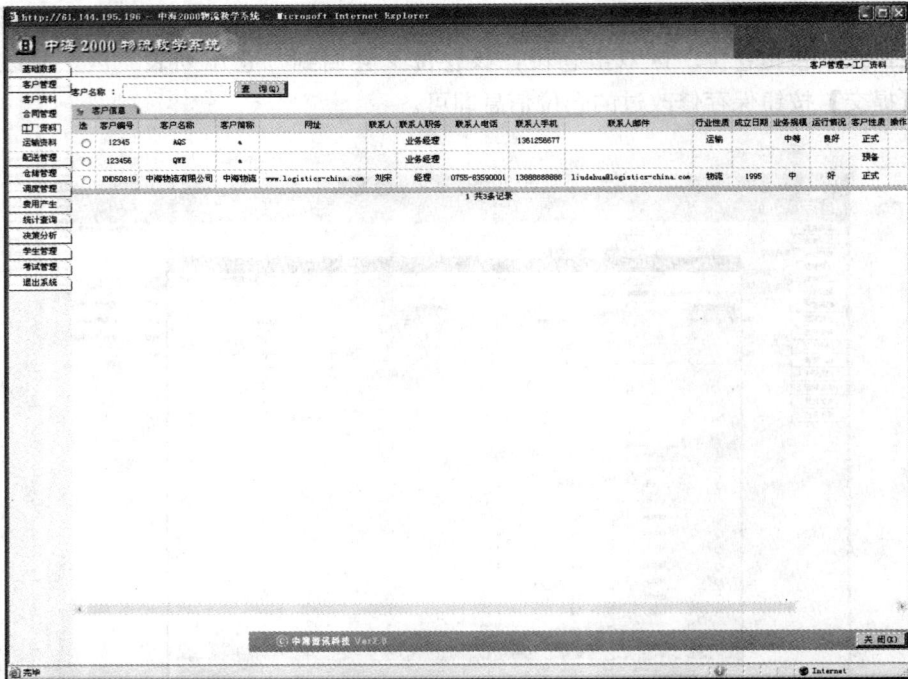

图 6 - 26　工厂资料

选中需要维护的客户，即可进入工厂资料维护界面（如图 6 - 27 所示）。界面分为列表区和编辑区两个部分。其中，列表区会列举出所有属于该客户的工厂资料；编辑区是进行工厂资料维护的界面，包括新增、修改或者删除工厂资料。

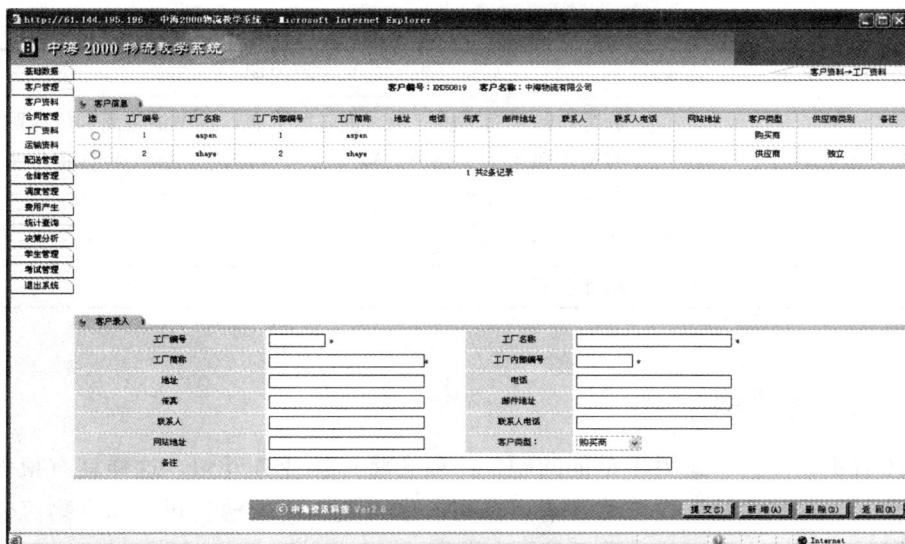

图 6-27 工厂资料维护

如果要新增资料，点击【新增】按钮，进入新增模式，在列表区填写相关资料（如表6-5所示），填写完毕，点击【提交】保存新增的资料；如果是修改某个工厂资料，先在列表区选中该资料，然后在编辑区进行修改，修改完毕，需点击【提交】保存修改过的资料；如果是删除操作，在列表区选中工厂资料，然后点击【删除】即可完成。

表 6-5 工厂资料维护

字段名称	字段说明
工厂编号	每个工厂有不同的编号，该编号不可以为中文，最多为10个字符。必填项
工厂名称	该工厂的确切名称，必填项
工厂简称	该工厂的简称，不能重复，必填项
工厂内部编号	工厂的内部编号，必填项
地址	工厂的准确地址
电话	工厂的联系电话
传真	工厂的传真号码
邮件地址	工厂的联系 E-mail
联系人	该工厂的联系人姓名
联系人电话	联系人的电话号码
网站地址	该工厂的网站地址

字段名称	字段说明
客户类型	分为：购买商、供应商、供应购买商，其中供应商和供应购买商有独立和非独立之分。独立表示可能需要由该供应商付费；非独立表示由客户付费
密码	该工厂的查询密码
备注	附加资料的说明

6.4.4　运输资料

为了解决物流公司运力不足的问题，一般会将运输业务外包，这样就有很多的外包运输公司，这些运输公司统称为承运公司，也可直接叫运输公司。如果物流公司本身也有运输车辆，也可以作为承运公司来操作。

如果要调度各运输公司的车辆，必须先将这些承运公司的基本资料和车辆信息等在系统里面备案，系统才可以根据操作员的操作判断车辆的当前状况如何，是否可以进行调度使用；才可以计算出应该付给承运公司多少运输费用。

操作步骤：

点击【客户管理】→【运输资料】，进入运输公司基本资料维护界面（如图6-28所示）。列表区列出所有已经维护（即输入）过的运输公司资料；在"客户名称"栏录入需要进行维护的客户，然后点击【查询】按钮，就可以找到该客户。

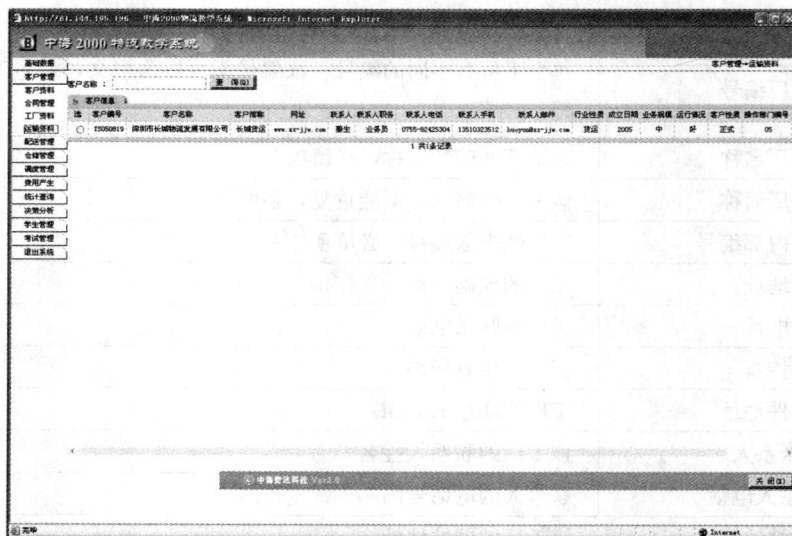

图6-28　运输资料维护

选中新增的公司，进入车辆资料维护界面（如图6-29所示）。此界面分为列表区和编辑区两个部分，列表区列出所有属于该公司的车辆信息；编辑区主要是对车辆信息进行维护，包括增加、修改、删除车辆信息等操作。

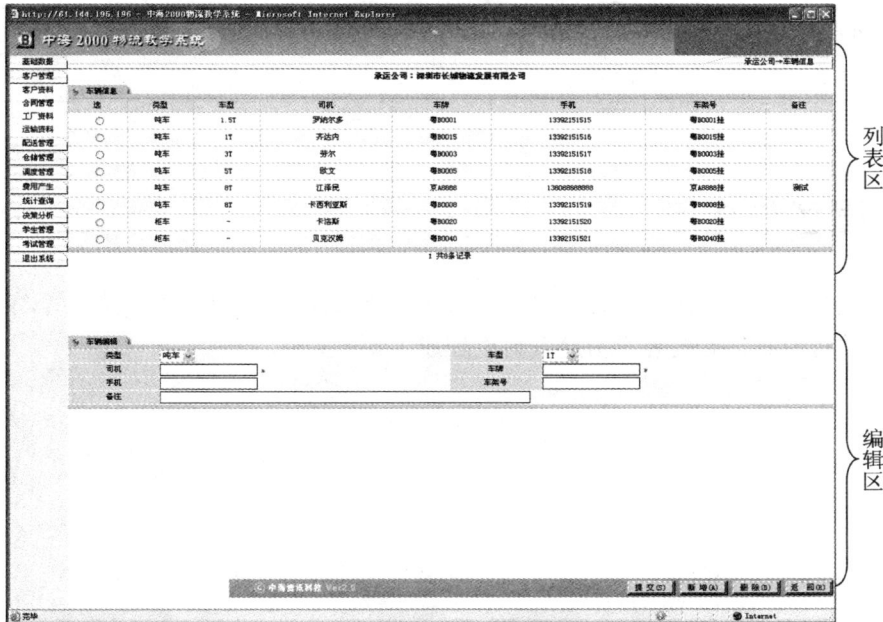

图6-29　车辆资料维护

如果是要修改某辆车的资料，首先在列表区选中该车，其次在编辑区修改相关资料，修改完毕点击【提交】，修改完成；如果是新增，点击【新增】按钮，然后在编辑区填入相关的资料（如表6-6所示），点击【提交】即可。

表6-6　　　　　　　　　　　　　　　　车辆信息

字段名称	字段说明
类　型	车的类型分为吨车和柜车两种
车　型	吨车有N种车型（1T、1.5T等），柜车没有车型项目，只有车头
司　机	驾驶该车的司机姓名
车　牌	必填项目，该车的国内车牌号
手　机	司机的手机号码
香港车牌	该车的香港车牌号
香港手机	司机的香港手机号

续　表

字段名称	字段说明
IC 卡号	该车的 IC 号码
海关编码	该车在海关的号码
车架号	该车的车架号
备　注	附加说明

6.5　思考与练习

以小组为单位，采用电话询问或网上查找的形式，每小组最少完成 5 个客户的资料收集，并将所收集到的客户信息资料整理成 Word 文档。

7 配送管理

配送是第三方物流的核心业务，涉及出入库货物基本资料信息的建档与维护、出入仓的管理、库存的控制以及报关、运输配车等。在第三方物流配送管理系统中分为部件维护、入仓管理、出仓管理、修改仓位、费用处理、盘点处理等十个模块。

7.1　部件维护

7.1.1　实训目的

对货物所需的原材料部件的各项资料进行录入和更新维护，针对不同的客户建立完善的货物与物料资料库，要求学生准确把握录入项目的意思，熟悉部件料件资料与客户之间的关系，掌握应用技巧。

7.1.2　时间安排

4 课时。

7.1.3　相关知识

1. 客户资料

在物流领域中客户包括了供应商、购买商以及物流公司。目前，物流公司的生存关键在于为客户提供最优质的服务。利用物流信息技术能存储和处理大量的客户信息。物流企业通过建立客户资料信息库，将客户与货物资料建立关联，为客户提供专业化的物流服务，提高企业竞争力。

2. 货物资料

当前货物种类的多元化方便了人们的日常生活。传统的物流管理模式难以满足当今庞大的物流信息运转，必须采用先进的物流信息处理技术和存储技术，才能有效提高物流运营效率和物流服务水平，节省企业的物流成本，使物流企业具有核心竞争力。

根据客户建立专门的数据库，不仅能加快信息的处理能力，更能帮助企业使用 ABC 客户分类管理法优化客户管理。ABC 客户分类管理法以消费额或利润贡献等重要指标为基准，把客户群分为关键客户（A 类客户）、主要客户（B 类客户）、普通客户（C 类客户）三个类别。在充分了解不同客户层级的分布之后，即可依据客户价值来制定对应的客户服务项目，针对不同客户的需求特征、消费行为、期望值、信誉度等方面制定不同的营销策略，配置不同的市场销售、服务和管理资源，对关键客户进行定期拜访和交流，确保关键客户的满意程度，在此基础上扩大客户群，使企业在维持成本不变的情况下，创造出更多的价值和效益。

7.1.4　实训内容与步骤

1. 实训内容

实训参考资料如表 7-1 所示。

表 7-1　　　　　　　　　　　　参考资料

客户名称	中海物流（深圳）有限公司	
供应商	IBM	英特尔
购买商	联想	三星
部件编号	KH050921-01-01	KH050921-02-01
中文名称	芯片	处理器
英文名称	CMOS chip	CPU
单位 1	个	个
单位 2	盒	盒
部件编号 2	050921-01-01	050921-02-01
国家	中国	中国
币种	人民币	人民币
部件体积	0.001	0.008
部件毛重	0.10	0.2
部件净重	0.05	0.1
部件价值	100	1000
部件规格	DAA：MD172411VC-B	ES56-X
生产批次	批 2005-8-15	批 2005-8-15
海关编码	HG001-01-01	HG 处理器
报关名称	IBM 芯片	英特尔处理器
备注		

（1）客户资料

基于之前输入的客户资料（包括客户、供应商、购买商），录入客户所需产品的物料部件资料，建立客户与货物物料之间的关联关系。

（2）部件资料

输入内容包括部件编号、部件编号2、部件的中文名称、部件的英文名称、单位1、单位2、部件毛重、部件净重、部件价值、部件规格、生产批次、标准包装、海关编码、报关名称。

2. 实训步骤

（1）客户资料

点击【新增】按钮→输入"客户名称"→会自动出现相对应的"供应商"和"购买商"（如图7-1所示），因为之前在客户管理中已经建立了客户与供应商和购买商的关联关系。

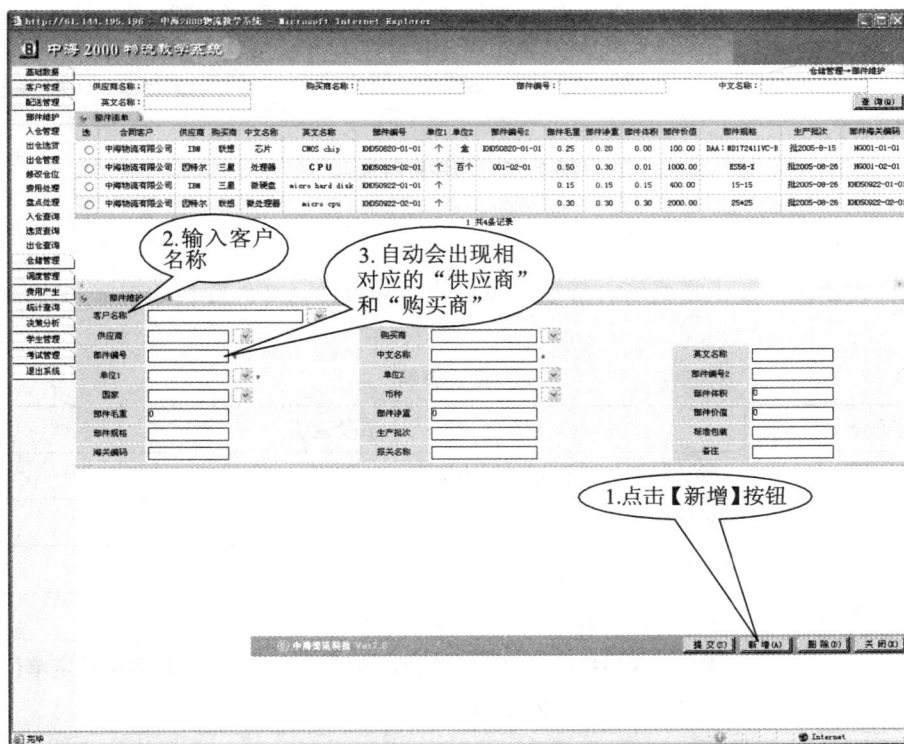

图7-1　部件维护

将事前准备好的部件资料逐一输入相应位置，之后点击【提交】按钮，确认内容的输入（如图7-2所示）。

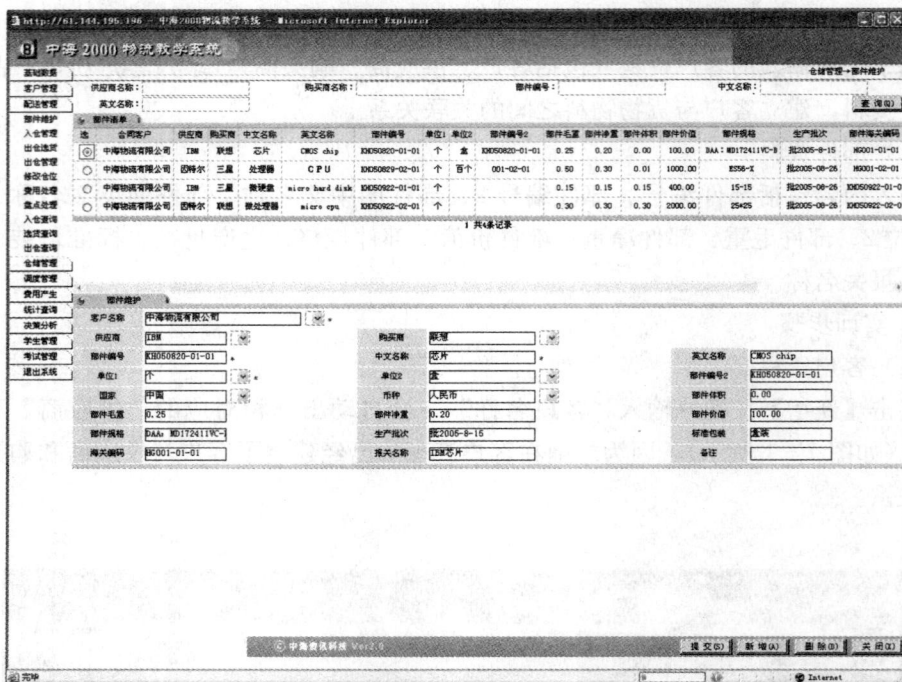

图 7-2　部件资料录入

（2）部件资料

部件在物流行业中是指所有货物，包括成品和料件，部件资料如表 7-2 所示。

表 7-2　　　　　　　　　　　　　　　　　部件资料

字段名称	字段说明
A. 部件编号 1	供货客户给货物起的标识编号，必填
B. 部件编号 2	收货客户内部给货物起的货物标识
C. 部件的中文名称	货物的中文名称，必填
D. 部件的英文名称	货物的英文名称
E. 单位 1	是指海关申报使用的法定单位，海关申报中有可能是多个法定单位，这里通常是指第一法定单位
F. 单位 2	是指包装单位，如果申报中有第二法定单位，就填第二法定单位
G. 部件毛重	是指部件的重量和包装该产品所需的包装用品的重量之和，这里指单个货物的毛重
H. 部件净重	是单指单个部件的重量

字段名称	字段说明
I. 部件价值	是指部件的总价值
J. 部件规格	货物的特殊类型标识，如显示器规格可能为 15 寸、17 寸
K. 生产批次	企业同一批投料、同一条生产线、同一班次的产品为 1 个生产批次，一般都由生产商自定
L. 标准包装	货物的包装种类
M. 海关编码	即 HS 编码，是编码协调制度的简称。编码协调制度由国际海关理事会制定，英文名称为 The Harmonization Code System（HS－Code）。HS 编码共有 22 大类 98 章。国际通行的 HS 编码由 2 位码、4 位码及 6 位码组成。6 位码以上的编码及对应商品由各国自定
N. 报关名称	货物在向海关申报时使用的名称，是具有法律效力的

7.1.5 思考与练习

根据已有的客户信息和客户的类型，对应每个客户不同的类型查找出与该客户相关的货物，并在系统中录入相关信息，完善客户的部件资料维护。

7.2 入仓管理与仓位修改

7.2.1 实训目的

- 让学生了解货物整个入仓的程序，并掌握各程序间的关系。
- 理解入仓资料中的项目与客户资料间的关联关系。
- 让学生掌握整个入仓程序中各信息的录入技巧。

7.2.2 时间安排

10 课时，其中重点内容包括入仓管理中的入仓资料、条形码制作和修改仓位，入仓管理中的其他项目可作简单的讲述。因此入仓管理 4 课时、条形码制作 4 课时、修改仓位 2 课时。

7.2.3 相关知识

入仓管理的流程和操作方法，如图 7－3 所示。

1. 物流公司商务部向物流公司配送中心发出"合约执行单"，同时配送中心也会收到由客户传送过来的"采购需求单"、"发票"和"装箱单",配送中心对这些单证进行确认后,制作订车单并传送到运输公司进行订车。

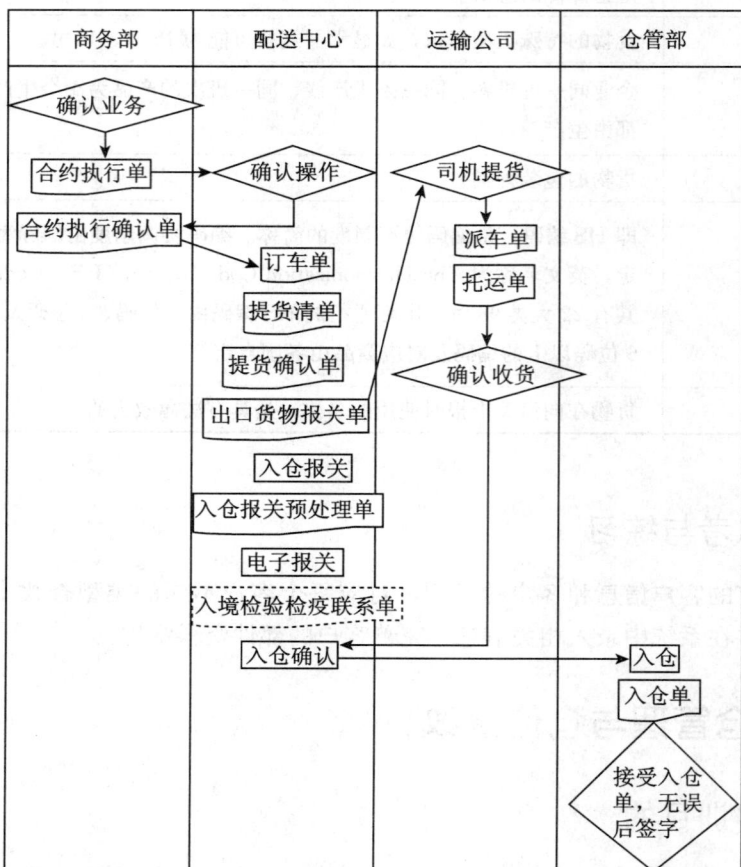

图 7-3 入仓流程

2. 车辆备好后,运输公司就会立即通知物流公司的配送中心。供应商进行备货,物流公司配送中心根据客户提供的"采购需求单"制作提货单和提货确认单交运输公司的司机作提货凭证。

3. 运输公司的司机按照约定的时间凭提货单、提货确认单、派车单和托运单到指定的地点进行提货。装车前,发货人(供应商)要向当地海关递交出口货物报关单和出境货物载货清单进行报关,报关放行后,发货人(供应商)需在提货确认单上签字确认,司机也需要在供应商的交货确认单上签字确认,接着司机就可以从装货地向目的地出发。同时,供应商要通知物流公司车辆已经放行出境,并向物流公司配送中心发送一份出境的报关资料(该资料可选由司机亲自拿到物流公司,或选择利用传真)。

4. 物流公司配送中心在接到供应商发送过来的通知后，就可以进行入仓报关（预处理）和仓位的预分配，并制作入仓报关预处理单和入仓预处理单（单上的仓位为虚拟仓位，待仓储部门确定后修改）交仓管部做好收货准备。

5. 当装载货物的车辆进入关境时，运输公司的司机就会立即通知物流公司，物流公司配送中心就开始根据由供应商提供的发票、装箱单向海关发送电子申报数据。当海关接受电子申报数据后，如需申领检验检疫证明的，配送中心就需要打印入境检验检疫联系单（报检申请单）向检验检疫局提出报检申请。在报检完毕后，配送中心制作进境货物备案清单和进境货物载货清单，连同发票、装箱单和货物从香港出境时的出口货物报关单和出境货物载货清单一起向进境地海关进行现场递单。

6. 海关审核通过后，货车直接将货物运到物流公司的仓库进行卸货，卸货完成后，仓管部对货物进行查验并分配准确的仓位。货物摆放好后，仓管部就会将准确的仓位信息反馈给配送中心，配送中心修改仓位后制定正式的入仓单。

7. 提货并交货入仓完成之后，配送中心就可以核对相关的运输费用和附加费，制作运输费用单交运输公司核对，并交款。

7.2.4　实训内容与步骤

1. 入仓管理

入仓的过程比较复杂，首先收到客户的入仓部件清单和订车单，然后在系统里面打印出部件清单交给仓管员，同时将订车单转给运输部门，进行车辆的调度。如果需要报关，还要打印出报关单，在货物进关之前报关。货物到达后需要卸载货物及检查货物，确认无误之后才可以将货物放到指定仓位。一切处理完毕，入仓完成。

系统将入仓分为入仓资料、入仓配车、入仓报关、入仓卸车、入仓验货、分配仓位、报关确认和入仓确认八个步骤。

入仓资料主要是将本次入仓的部件资料录入系统，打印出部件清单，以供仓管员验货核对。

入仓配车是将客户的订车单传给运输部门，以便安排车辆（也可以客户自己安排车辆运输）。

入仓报关是为有报关要求的货物准备报关资料。

入仓卸车过程中，系统会自动计算出本批货物的总体积和总重量，然后计算出卸车的工作量，从而产生卸车费用。

入仓验货是用于记录货物入仓时的情况，操作员可以根据实际情况选择货物正常或者有损坏等。

由于分配仓位需要与实际的操作经验相结合，因此仓管员将货物分配到具体的仓位之后，操作员再负责将该仓位进行录入。

报关确认是产生报关费用的地方，根据实际操作录入报关工作量，系统即计算出本次入仓的报关费用。

入仓确认之后才可以在系统中查询或者操作本次入仓的货物。

(1) 入仓资料

操作步骤：

点击【配送管理】中的【入仓管理】，进入入仓管理界面，点击界面右下方的【新增】自动生成新的入仓单，然后可以进行信息的录入，如图 7-4 所示。

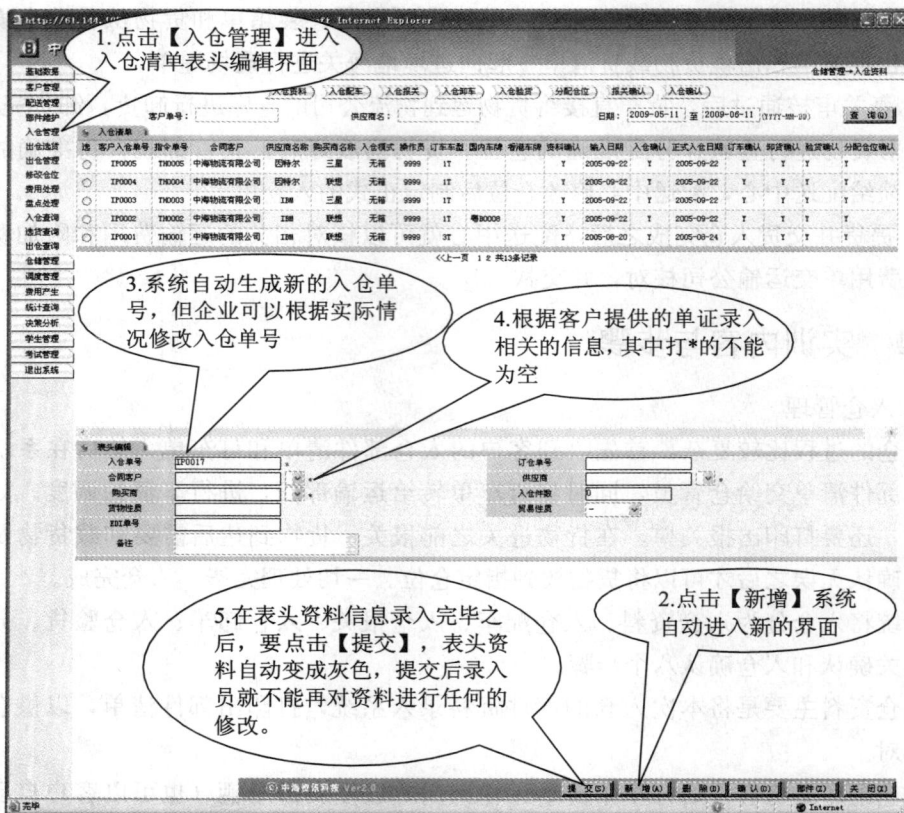

图 7-4 入仓资料录入

表头编辑提交确认后，点击界面右下方的【部件】进入部件编辑界面，界面上方显示入仓单号、供应商和购买商的名称。录入部件编号，系统自动将在部件维护中所输入的与客户匹配的部件信息调出供你选择，操作如图 7-5 所示。

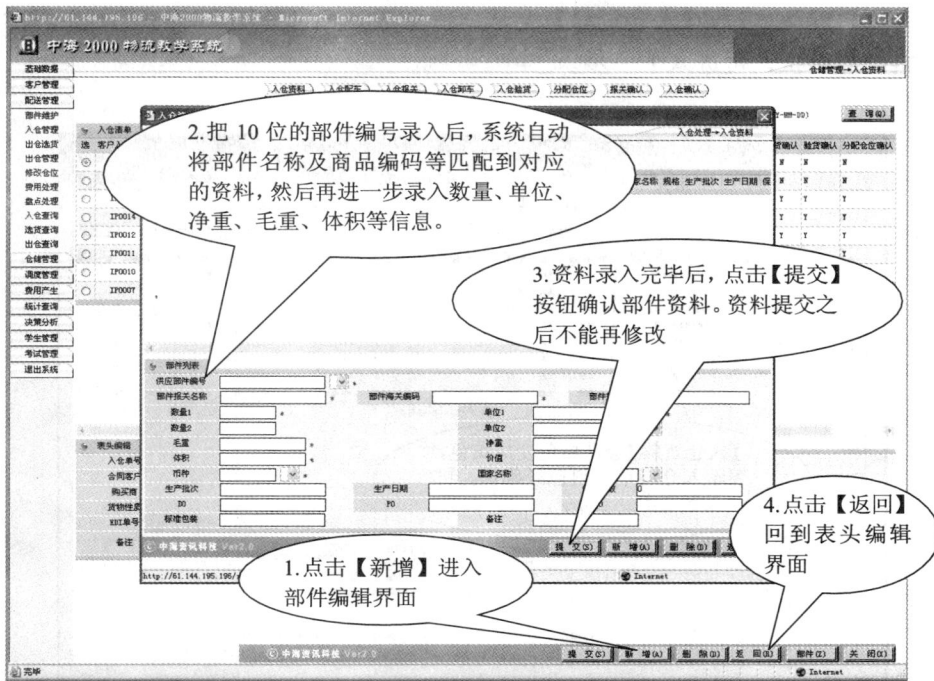

图 7-5 入仓部件维护

部件编辑完毕后，返回到表头编辑的界面，点击表头编辑界面右下方的【确认】，对入仓清单进行确认，如图 7-6 所示。

图 7-6 入仓资料确认

入仓资料确认之后，【入仓资料】会从白色变成黄色（如图7-7所示），表示入仓清单资料已经确认，可进入下一步。

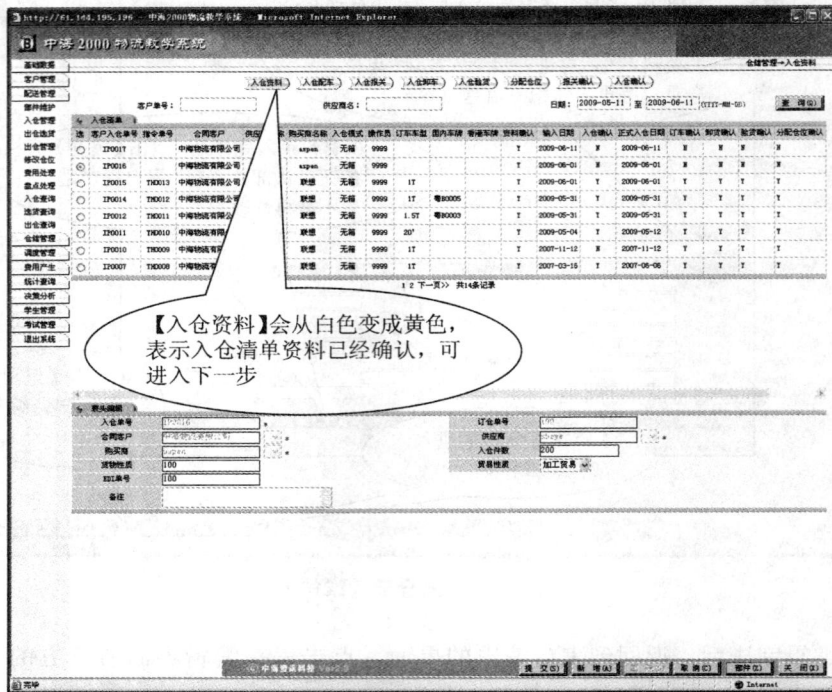

图7-7 入仓资料完成

（2）入仓配车

货物入仓前的运输有两种情况：第一种是客户提供订车单，委托本公司运输，公司可以安排自己的车辆承运或者选择外包的运输公司进行承运。第二种是客户自己运输。

系统根据货物的数量资料计算出本次入仓的总体积和总重量，根据计算出的数据安排车辆为多少吨位的车或者柜车，并将订车单传到运输部门进行具体的车辆调度操作。

操作步骤：

在入仓资料界面上选中相应的入仓清单，然后在界面的上方点击【入仓配车】进入入仓配车的界面，界面操作如图7-8所示。

图 7-8 入仓配车

进入入仓配车界面后，入仓配车资料的录入操作步骤如图 7-9 所示。

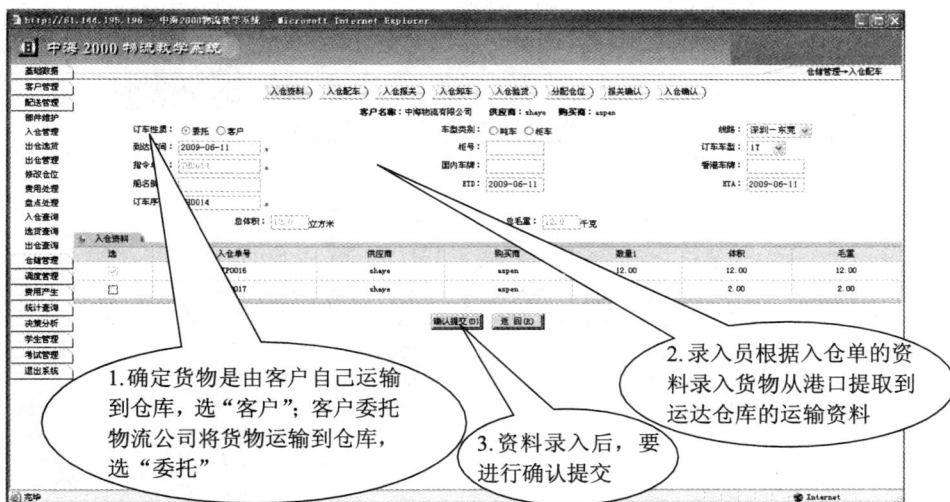

图 7-9 入仓配车资料录入

入仓配车资料录入完成以后，点击【提交】确认，如果提交材料需要修改，可以点击【取消】，对材料进行修改，入仓配车材料确认如图 7-10 所示。

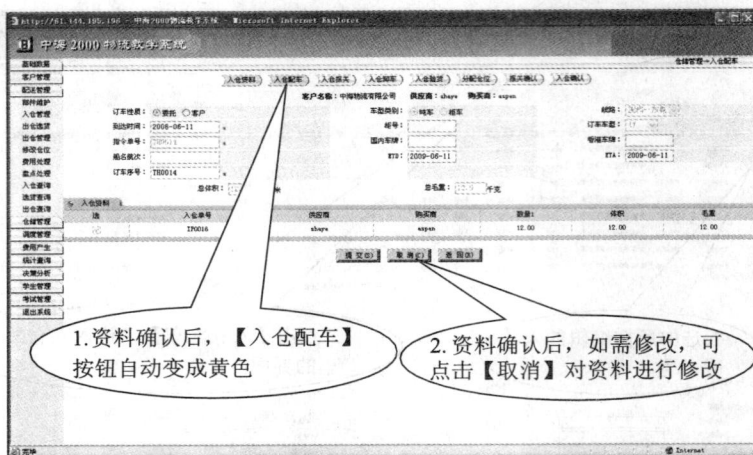

图 7 - 10 入仓配车材料确认

（3）入仓报关

对于有报关要求的入仓，需要准备报关资料。系统根据部件信息和货物的数量自动产生相关资料，避免了操作员自己制作报关资料的繁杂程序。

操作步骤:

在入仓配车界面上方点击【入仓报关】进入入仓报关的界面，入仓报关操作如图7 - 11所示。

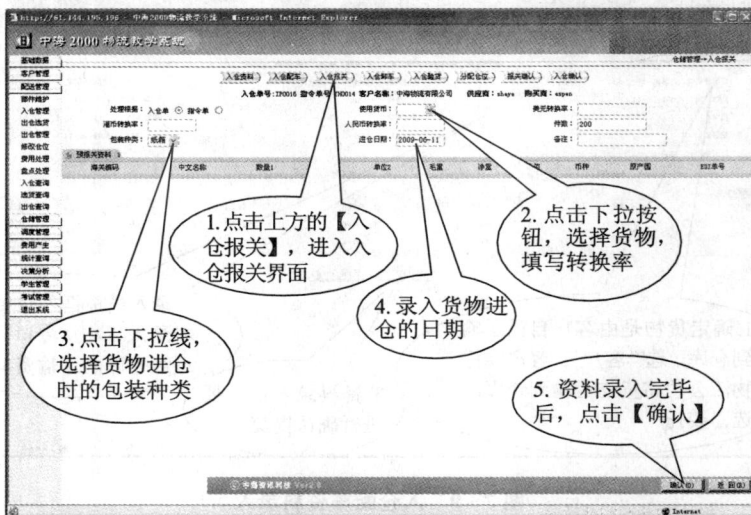

图 7 - 11 入仓报关

入仓报关确认后，【入仓报关】按钮变成黄色，如图 7 - 12 所示。

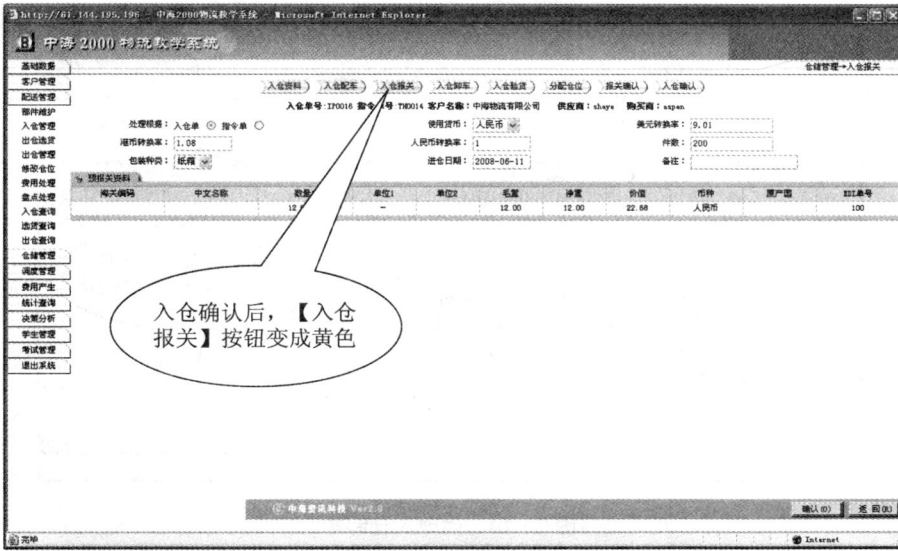

图 7 - 12　入仓报关确认

（4）入仓卸车

入仓报关确认后，点击【入仓卸车】进入入仓卸车界面，入仓卸车界面操作如图
7 - 13、图 7 - 14 和图 7 - 15 所示。

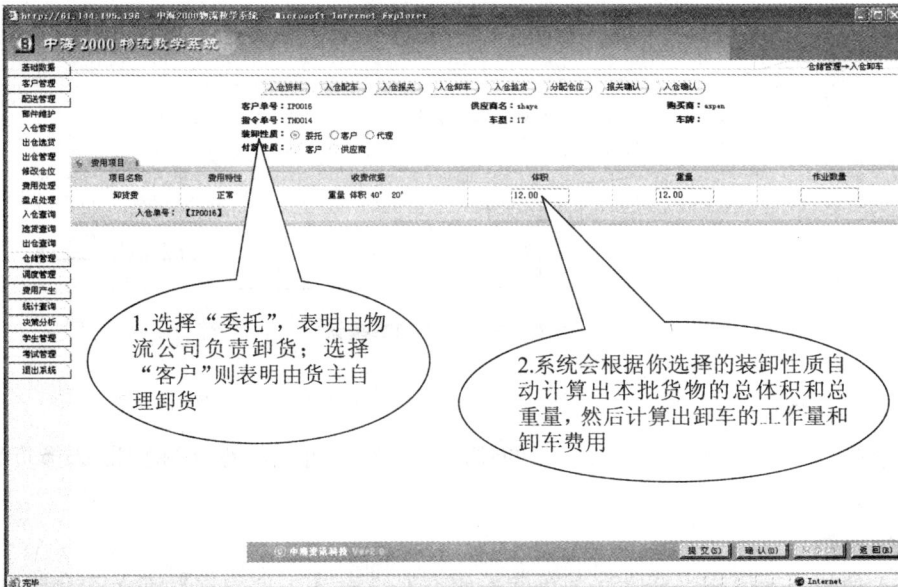

图 7 - 13　委托入仓卸车

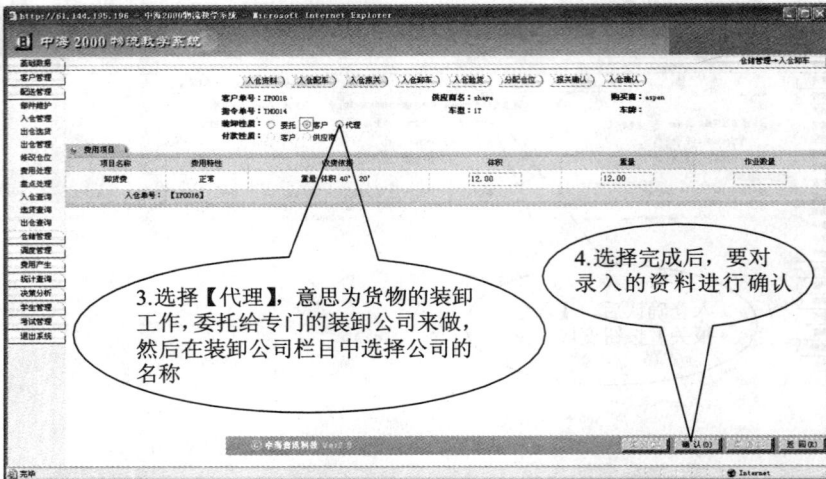

图 7-14　代理入仓卸车

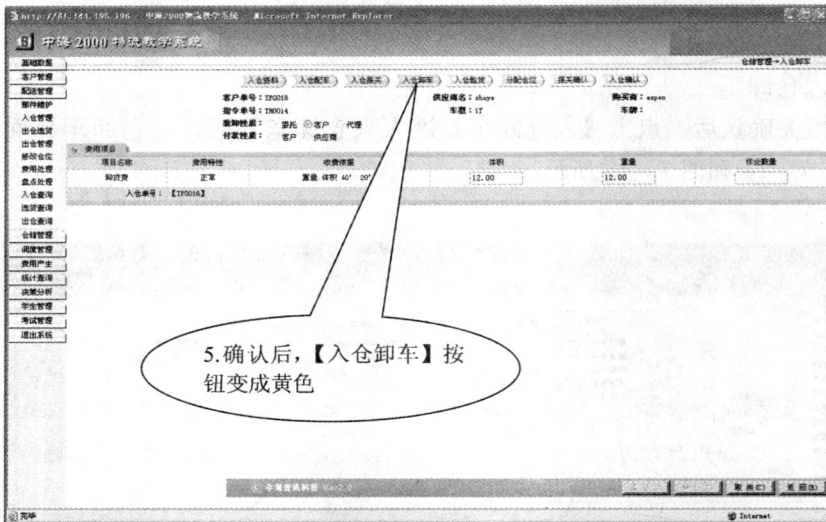

图 7-15　入仓卸车确认

（5）入仓验货

入仓验货是用于记录货物入仓时的情况，操作员可以根据实际情况选择货物正常或者有损坏等。

操作步骤：

在入仓卸车完成后，在入仓卸车的界面上方点击【入仓验货】进入入仓验货界面，入仓验货操作如图 7-16 所示。在货物卸货后，仓管人员首先要对货物进行检验，然后将货物检验得出的实际情况在入仓验货界面里准确录入。

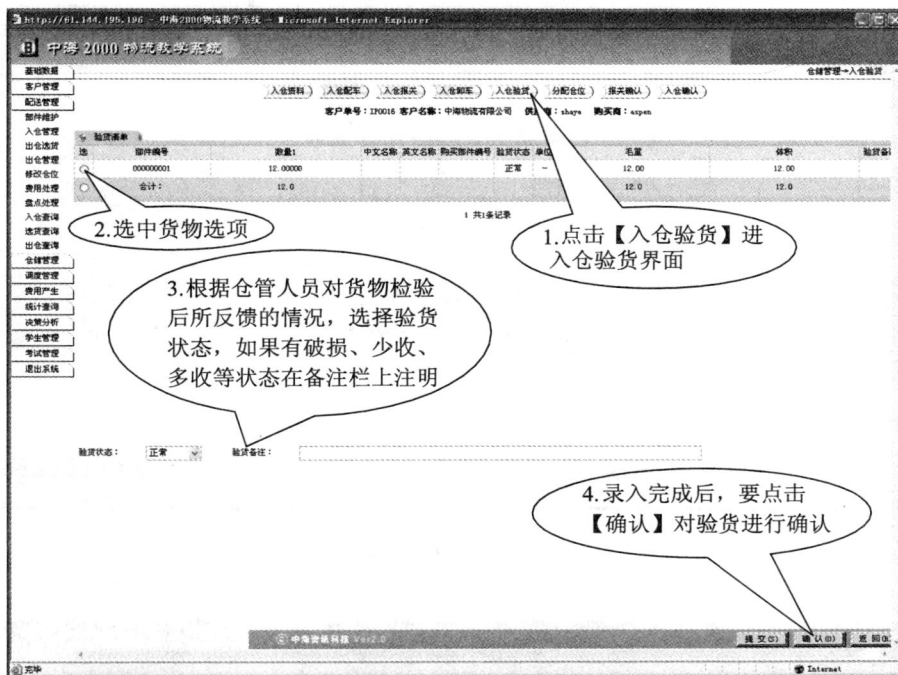

图 7 - 16　入仓验货

（6）分配仓位

验货完毕后应将货物放到仓库里面。由于货物的摆放需要仓库人员凭经验操作，一般来说，是由仓管员放置完毕之后通知操作员分配仓位。

操作步骤：

点击【分配仓位】即进入仓位分配操作界面，没有选择仓位之前，仓位编号和多仓位信息为空（如图 7 - 17 所示）。分配仓位界面分为三个部分（如图 7 - 18 所示），第一部分是左边的部件信息列表区，列举出所有本次入仓的部件清单，选择其中的一项或者全部进行仓位分配；第二部分是右上边的仓位信息列表区，在这里会显示出所有可供分配的仓位，即前面已设置好但还没有被分配的仓位，如果该客户是包租客户，这部分就会显示合同分配给他的仓位，也可以将仓位性质改为"散租"，就可以选择分配散租仓位；第三部分是右下边的仓位显示部分，表明这些仓位已经被当前客户所使用，选择仓位之后，这里会增加所选的仓位的信息条，而右上边的仓位列表区将不再显示该仓位的信息，也可以直接在这里输入所需要的仓位。

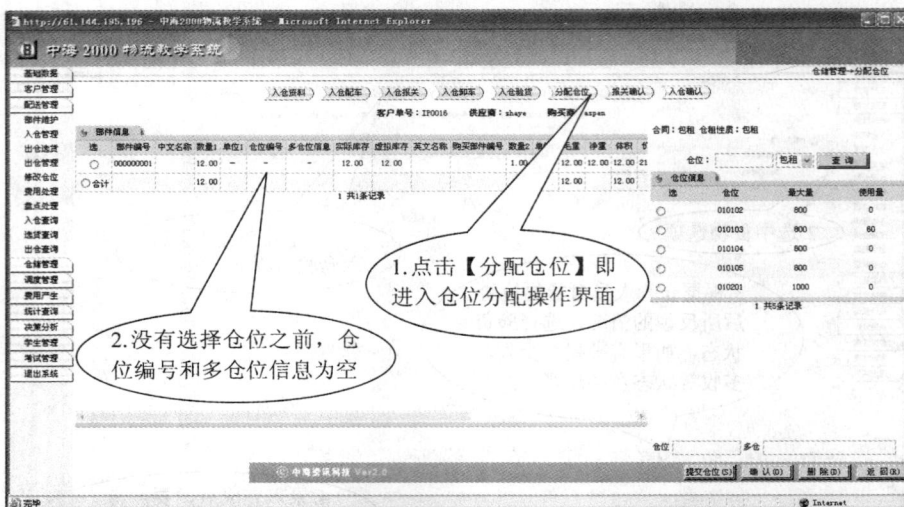

图 7-17 仓位分配 1

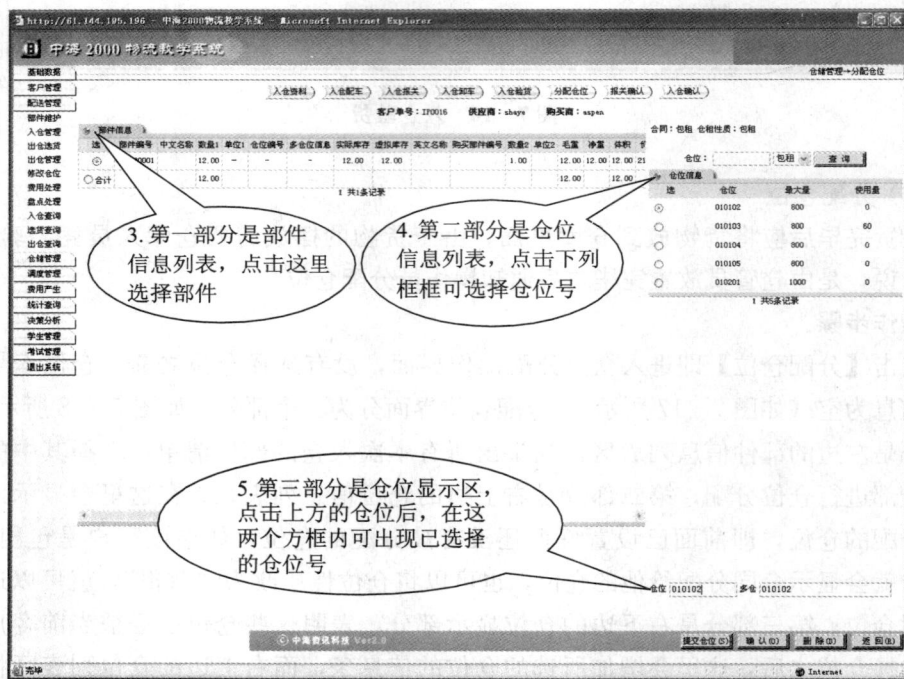

图 7-18 仓位分配 2

操作员需要先选择货物，然后选择或者填写货物存放的仓位，点击【提交仓位】，分配仓位成功。对于还没有出仓的货物，可以点击【删除】按钮，重新分配仓位（如图 7-19 所示）。

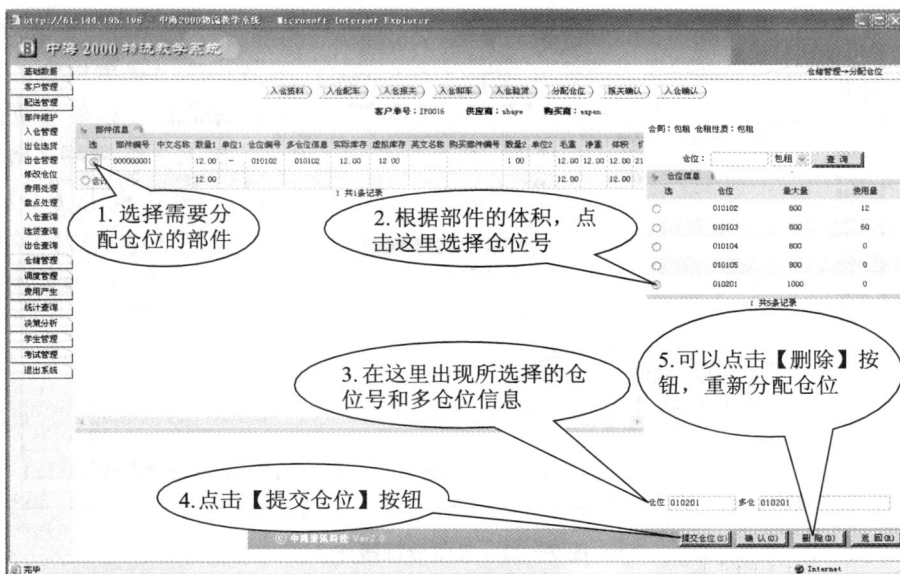

图 7 - 19　仓位分配操作 1

在选择仓位之后，仓位编号和多仓位信息就显示出所选择的内容。最后点击【确认】（如图 7 - 20 所示），出现确定对话框，点击【确定】，仓位分配完成（如图 7 - 21 所示），【分配仓位】按钮变成黄色（如图 7 - 22 所示）。

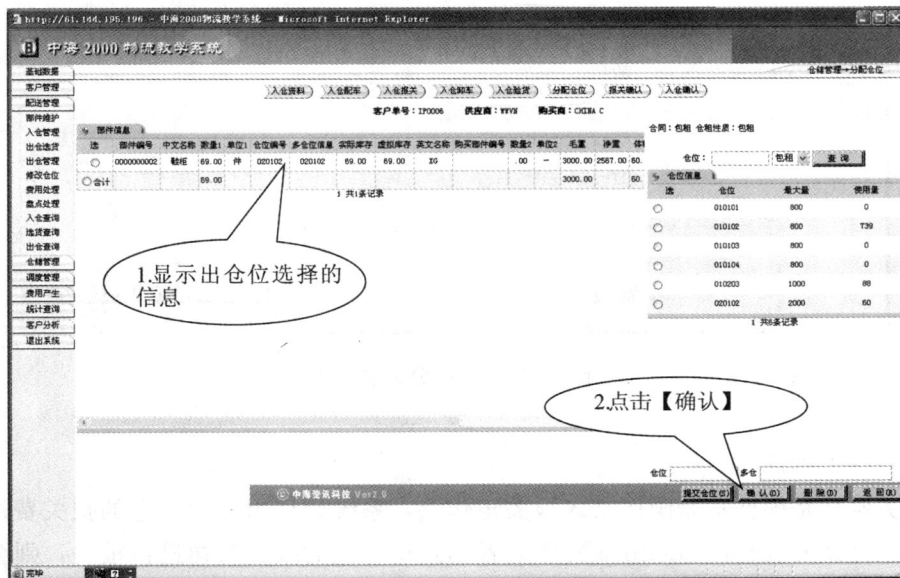

图 7 - 20　仓位分配操作 2

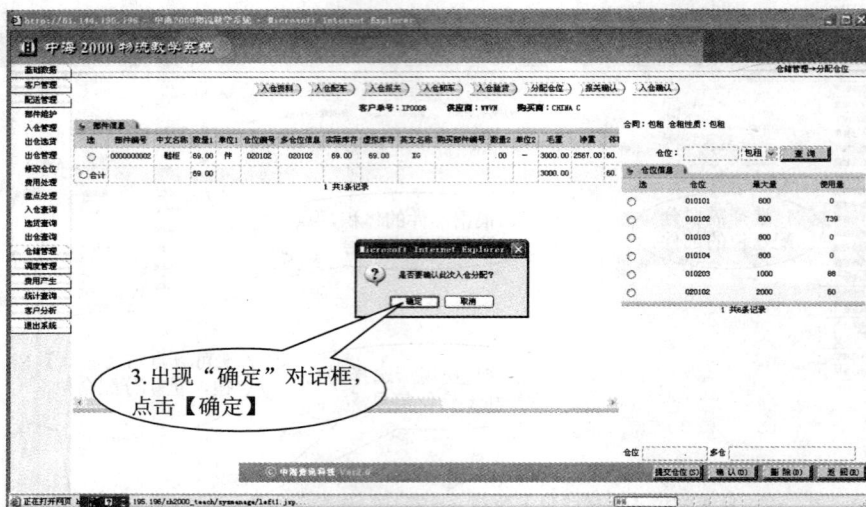

图 7 - 21　仓位分配操作 3

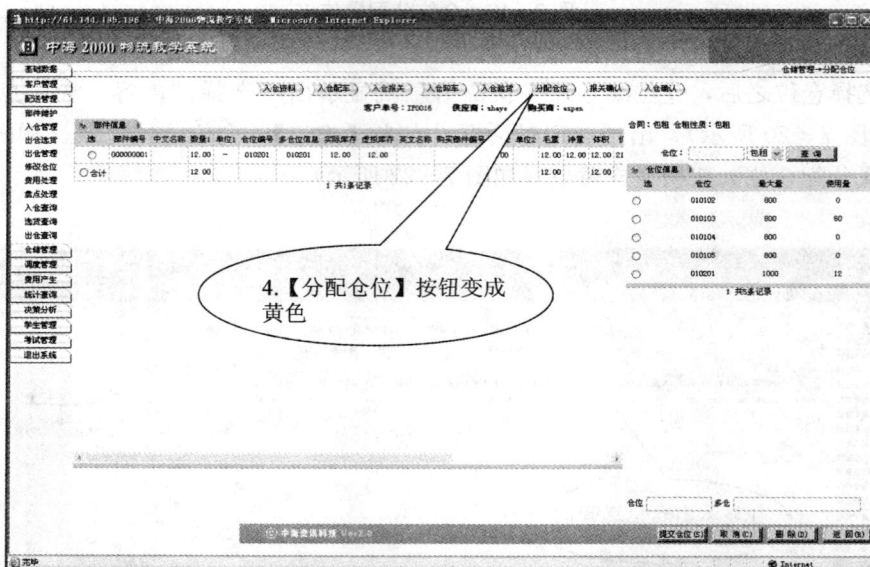

图 7 - 22　仓位分配操作 4

（7）报关确认

报关确认是根据实际操作录入报关工作量，系统计算出本次入仓的报关费用；对于有报关操作的入仓，如果由本公司或者本公司外包的报关公司进行报关，则会产生报关费用；如果由客户自己报关，则不会产生报关费用。

本环节主要是确认报关，计算报关费用。

操作步骤：

点击【报关确认】，进入报关确认界面，界面上会列出所有在入仓中可能产生的报关费用，如图7－23所示。

首先，选择报关性质。报关有委托、客户、代理三种性质，其意义和处理方法与装卸一致。选择"委托"报关性质，表明其需要物流公司办理入仓报关（如图7－23所示）；如果选择报关性质为"客户"，表明客户自己办理入仓报关（如图7－24所示）；如果选择报关性质为"代理"，可在报关公司栏目内选择公司名称。表明为客户委托专业的报关企业办理入仓报关（如图7－25所示）。

其次，选择付款性质，也与装卸一致。

最后，根据实际发生的业务量，在列出的报关费用中填写相关工作量，点击【确认】，系统根据该工作量计算出报关费用。

图7－23　委托报关

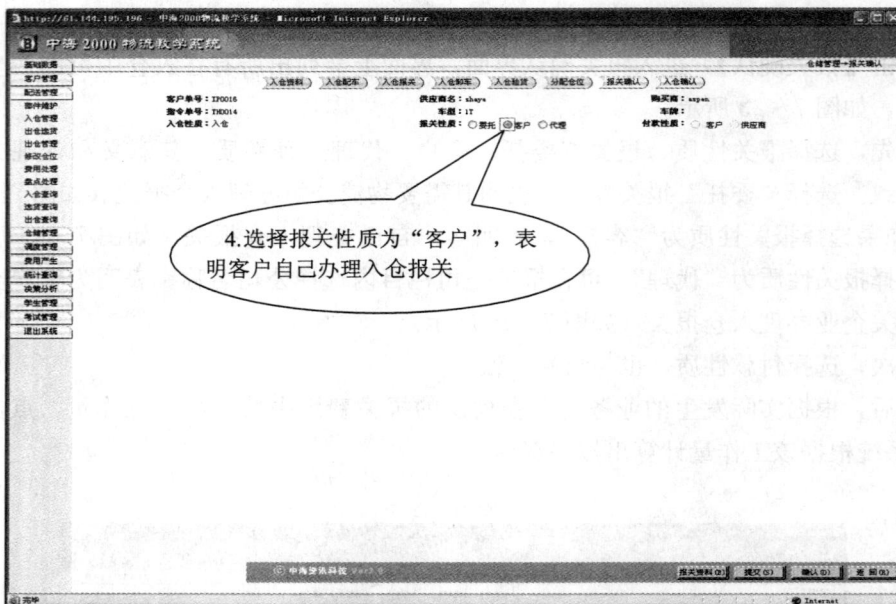

图 7–24 客户报关

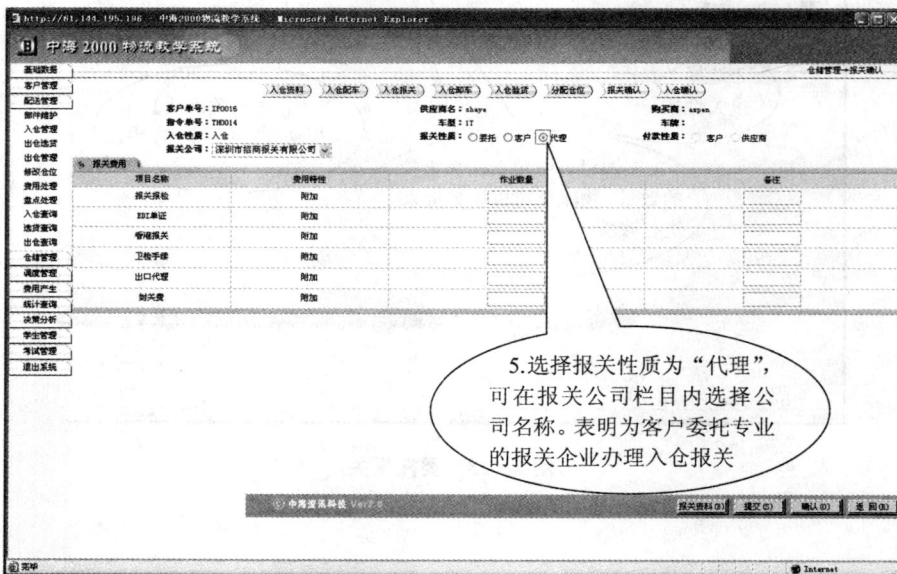

图 7–25 代理报关

在选择报关性质后，点击【报关资料】，对报关资料进行核对，并进行报关确认，如图 7–26 所示。

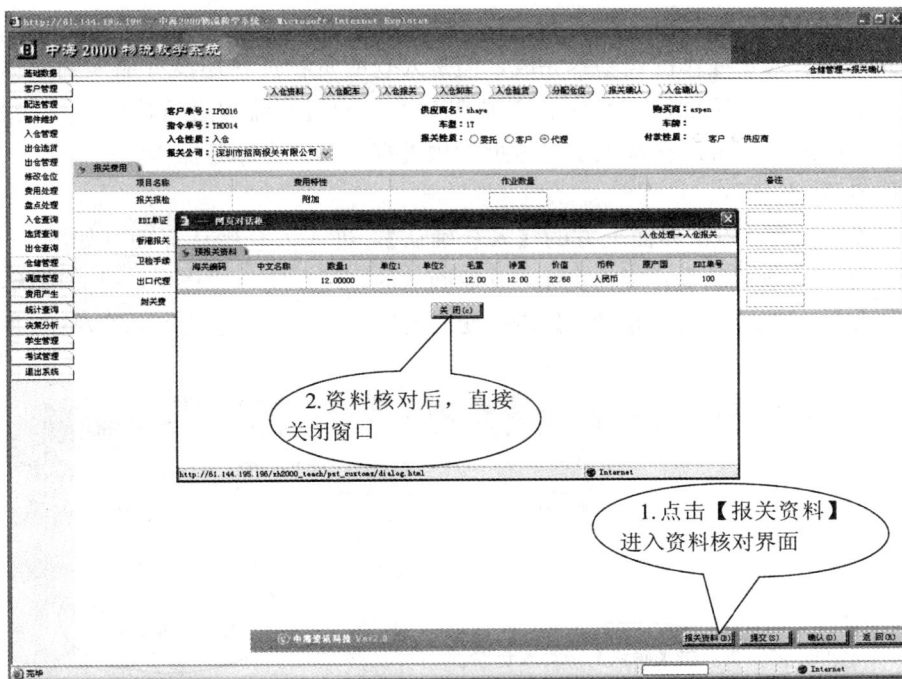

图 7 - 26　报关资料核对

资料录入核对后，点击【提交】，再点击【确认】，确认后，【报关确认】按钮变成黄色，如图 7 - 27 所示。

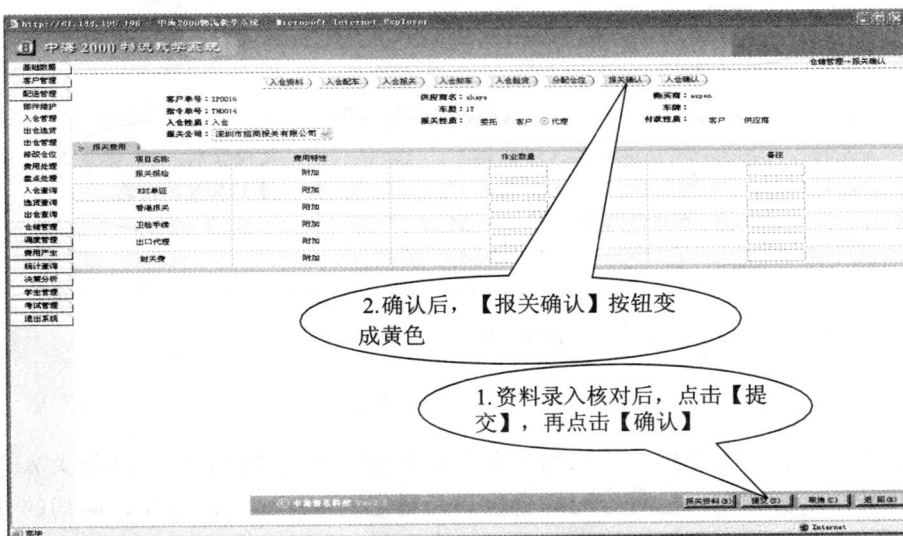

图 7 - 27　报关资料确认

（8）入仓确认

到此为止，入仓操作已经基本完成，但是入仓的货物资料还没有加入到数据库中，即现在系统认为没有该批货物在库。需要在对入仓的所有流程进行确认，这些数据才会加入到数据库，才可以在系统中对这批货物进行查询、出库等操作。

操作步骤：

在报关确认后，点击界面上方的【入仓确认】，进入入仓确认界面（如图7-28所示）。理论上，入仓确认是在货物实际入仓后确认的，但在实际操作中，是先确认，再进行货物的入仓。确认后，【入仓确认】按钮变成黄色，入仓确认完成（如图7-29所示）。

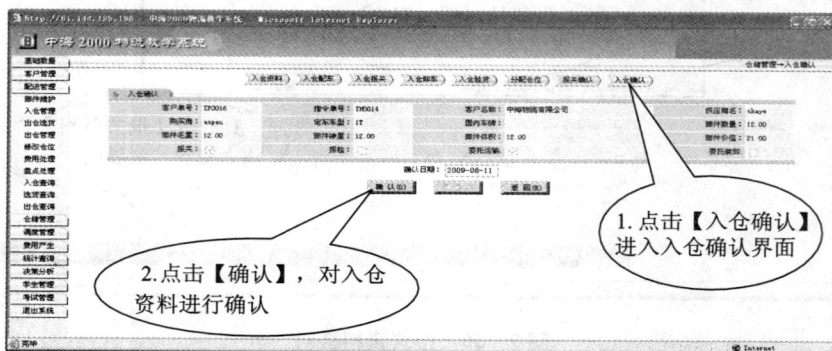

图7-28　入仓确认

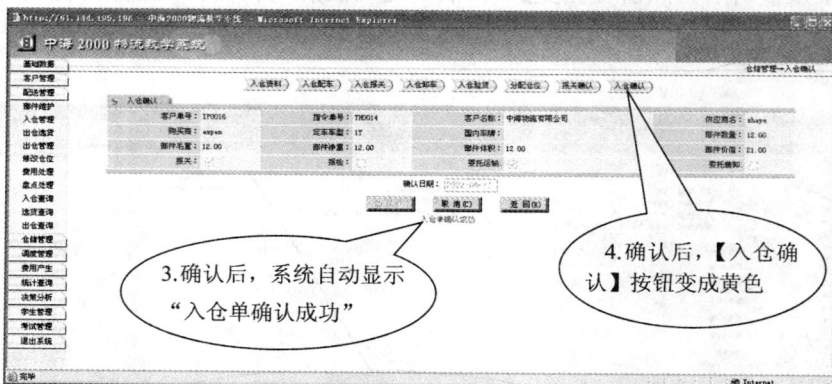

图7-29　入仓完成

2. 仓位修改

理论上，货物在入仓报关确认前要确定好货物摆放的仓位，然后才报关入仓。但在实际操作中，货物在入仓时分配的仓位只是暂定的，即虚拟的仓位，确切的仓位要在报关和入仓确认后，货物实际到达仓库，仓储部门摆放好货物后，将准确的仓位信息反馈给配送部门，配送部门再对货物的仓位进行修改。

操作步骤：

在入仓确认之后，在【入仓管理】中点击【修改仓位】进入修改仓位的界面，如图 7-30 所示。

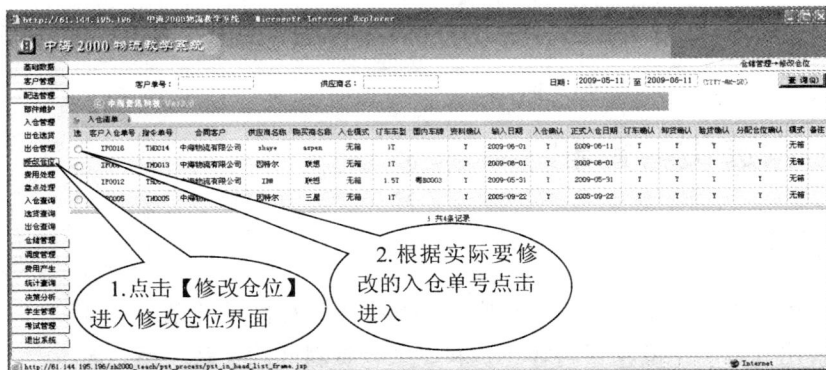

图 7-30　仓位修改

选中需要修改的入仓单号后，系统进入该单号对应的修改仓位界面，修改仓位操作如图 7-31 所示。

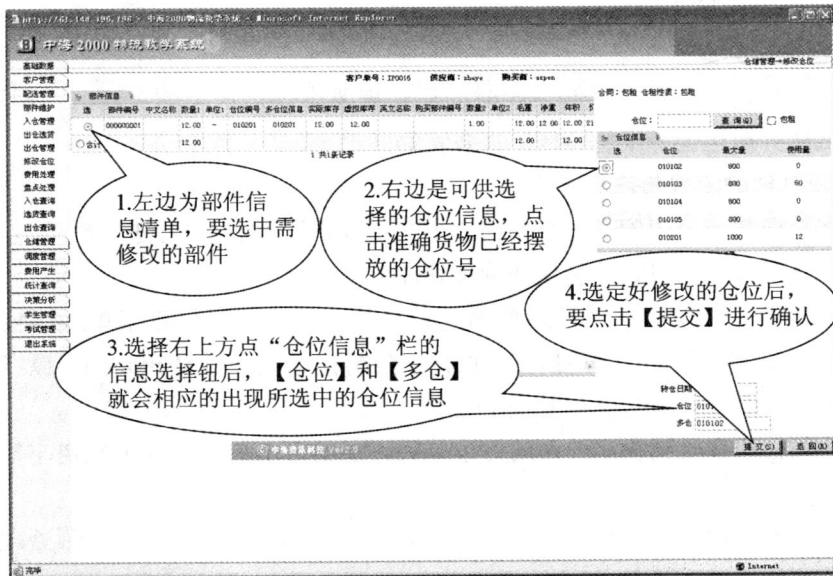

图 7-31　仓位修改操作

7.2.5　思考与练习

请按照上课时所讲授的系统操作方法，在系统上录入一批入仓货物的信息，必须能在入仓查询和盘点处理中查询到该信息，并制作出一张入仓单，入仓单上必须包括入仓单号、客户名称、货物的具体名称、型号、数量、毛重、净重、体积和分配的仓位号。

7.3　出仓选货与管理

7.3.1　实训目的

- 让学生了解货物出仓的整个程序，并掌握各程序间的关系。
- 理解出仓资料中的项目与客户资料、入仓资料间的关联关系。
- 要求学生掌握出仓选货和管理整个程序中各信息的录入技巧。

7.3.2　时间安排

4 课时。

7.3.3　相关知识

1. 出仓选货的操作介绍

出仓选货是货物在仓库存储一段时间后，需要出仓运送至购买商时，利用人工或机器装卸货物并搬运至一个暂停区，准备货物的出仓。

2. 出仓管理的流程与操作方法

（1）客户向物流公司配送中心发出"出仓指令单"，配送中心进行确认后，根据指令单在系统中预录入资料，并制作选货预处理单。

（2）配送中心根据选货预处理单确定车型及柜号，并制作订车单（运输委托书）发送至运输公司进行订车。同时，配送中心会制作选货单（Picking List）和配货单（Loading Plan）传送给仓库进行选货和配货。

（3）运输公司在收到物流公司的订车单后，根据订车单上的要求确定车辆和司机，然后制发派车单，并通知物流公司配送中心。

（4）物流公司配送中心在接到运输公司的通知后，进行出仓报关（预处理），并制作出仓报关预处理单。运输公司的司机收到派车单后就可以到港口提（空）柜并将（空）柜运送至仓库准备装车。在装车之前，配送中心报关部要向海关发送电子数据进行网上申报，海关接受电子申报后，如需申领检验检疫证明的，配送中心就需要打印出入境检验检疫联系单（报检申请单）向检验检疫局提出报检申请。检验检疫完成之后，配送中心打印出境货物备案清单、出境货物载货清单、发票和装箱单，然后向出境地进行现场递单。

（5）海关放行之后，配送中心就向仓库发出装车通知，仓库就可以开始进行装车。

（6）装车结束后，司机就可以凭已审批的出境货物报关单、出境货物载货清单、发票和装箱单实际出境。配送中心还要在系统上进行最后的出仓确认。

出仓流程如图7-32所示。

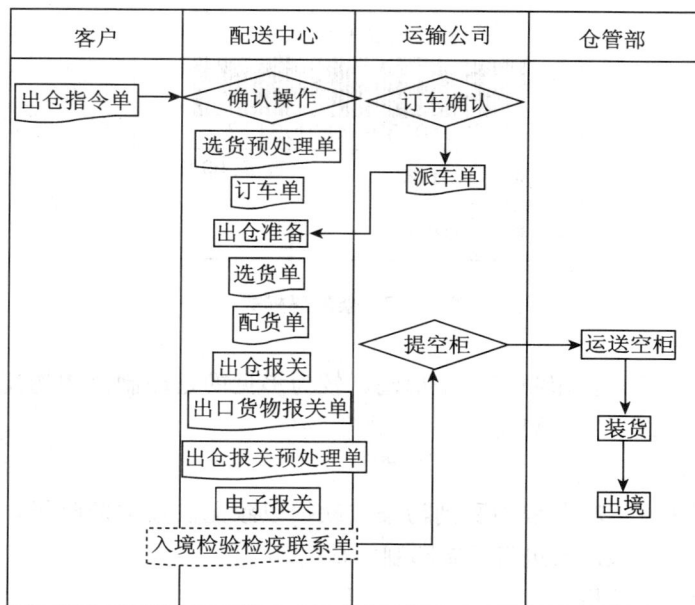

图7-32　出仓流程

3. 条形码

（1）条形码的种类

①按码制分类

按码制分类，常用的条形码有39码、93码、128码。

②按使用的目的分类

按使用的目的不同，可以分为三类。

第一类是货物出厂时生产商印在货物上的商品条形码（商品条码）。

即以直接向消费者销售的商品为对象、以单个商品为单位使用的条码。由13位数字组成。

第二类是物流公司为方便物流过程中的跟踪管理自行制作的条形码（物流条码）。

标准的物流条码是14位，但在具体应用中，物流公司会根据自身情况设置条形码，方便物流过程中的跟踪管理。

第三类是根据客户需求，在其货物上印的条形码。

根据客户的需求，为其提供印刷并粘贴商品条码或物流条码，这属于物流加工服务的范畴。

（2）第三方物流公司对条形码的使用

物流条形码样式如图 7-33 所示。

图 7-33　条形码样式

物流公司一般不需要印制商品条形码，较为多见的是印制使用物流条形码，印制使用物流条形码有以下三种情况：

①条形码补印

货物的条形码在运输过程中受到污染或缺损以致无法读取的时候，需要第三方物流公司对无法读取的条形码进行重新印制并粘贴。

②物流条形码的使用

物流公司为方便物流过程中的跟踪管理而自行制作的条形码，这个条形码是由条码（条码号）、批次号、数量、产品名称、供应商几项组成（如图 7-34 所示），其中条码号为 21 位，规格为 Code128。物流条形码的组成包括：供应商编号 4 位、部件编号 6 位、来货数量 5 位、来货批次 6 位（如图 7-35 所示）。

图 7-34　物流条形码组成

图 7‑35　条形码规格

在条形码的制作和打印过程中，要注意根据货物的性质、形状、规格、类型选用不同的条形码种类和大小。例如，药品包装不容易受污染，并且规格比较小，可以选用小的标签；汽车发动机经常受摩擦或磕碰，容易受污染或缺损，应该选用大的标签。除此之外，并不是说条形码越大越好，还要考虑条形码的制作成本，一般来说，条形码的使用成本与其大小成正比。

③按客户要求制作和粘贴条形码

有此客户会要求物流公司为其制作并粘贴条形码，一般物流公司也会根据客户的需求为其提供此项服务。

7.3.4　实训内容与步骤

1. 出仓选货

出仓与入仓的操作过程基本一致，唯一不同之处在于出仓过程中多了出仓选货这个步骤。

操作步骤：

点击【出仓选货】按钮，会自动生成客户选货单号。接着，点击【合同客户名称】后面的下拉菜单按钮，会自动出现合同客户名称。点击【购买商名称】后面的下拉菜单按钮，会自动出现购买商名称。点击【提交】按钮，确认输入的货物内容正确，最后点击【确认】按钮如图 7‑36 所示。

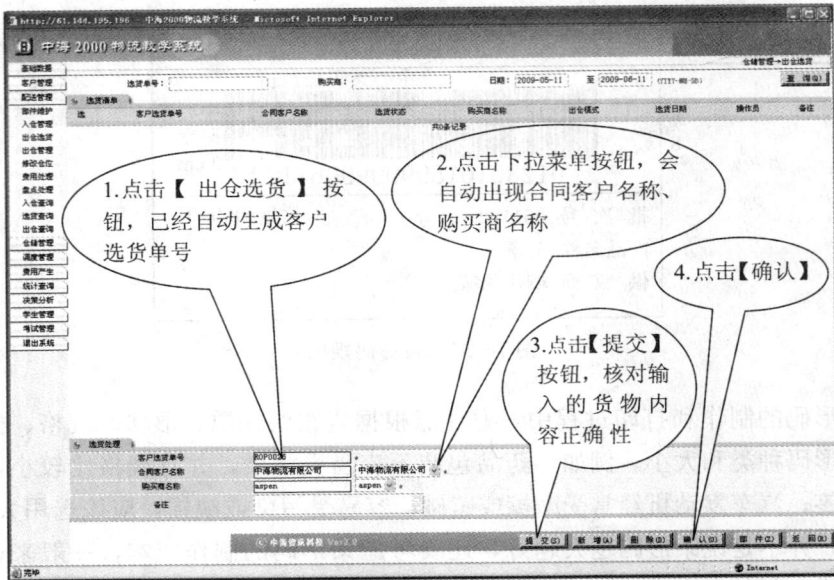

图7-36　出仓选货操作

这时选货状态为"选货未确认"，表明未对货物进行拣选。点击【部件】按钮，对所需要的部件进行拣货，如图7-37所示。

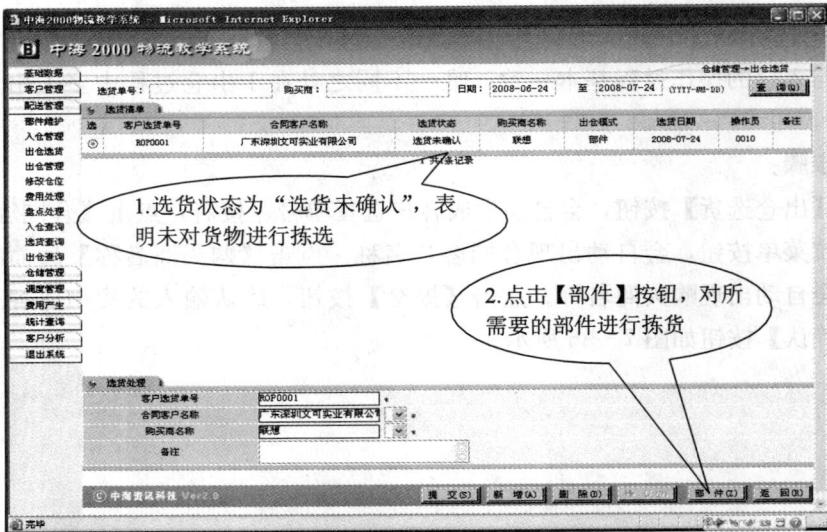

图7-37　出仓货物拣货

点击【部件】按钮出现出仓选货对话框，选中该入仓单号前的选择号，进行出仓选货，如图7-38所示。

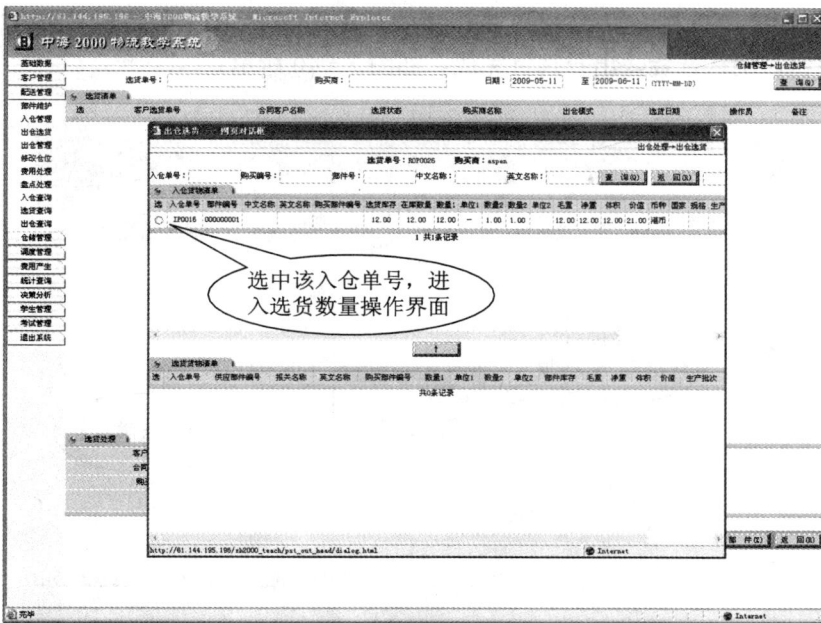

图 7-38　单号选取

　　弹出选货部件对话框，进行出仓选货：输入需要选货的数量，检查资料内容确定准确无误后，点击【提交】按钮，再点击【返回】按钮，返回原来的出仓选货界面，如图 7-39 所示。

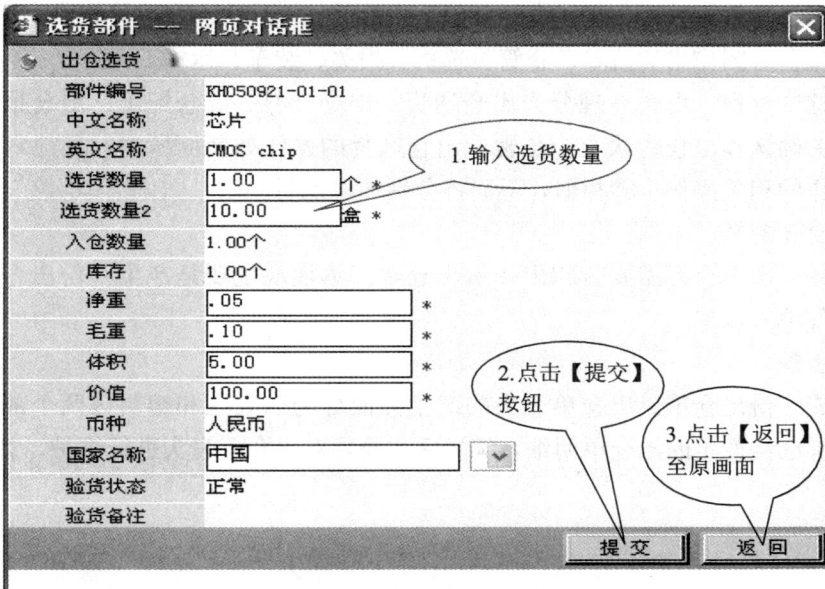

图 7-39　出仓数量操作

选中客户选货单号，点击表底部的【确认】按钮，这时弹出窗口对话框，选择【确定】按钮，确认选货，出仓选货完成，如图7-40所示。

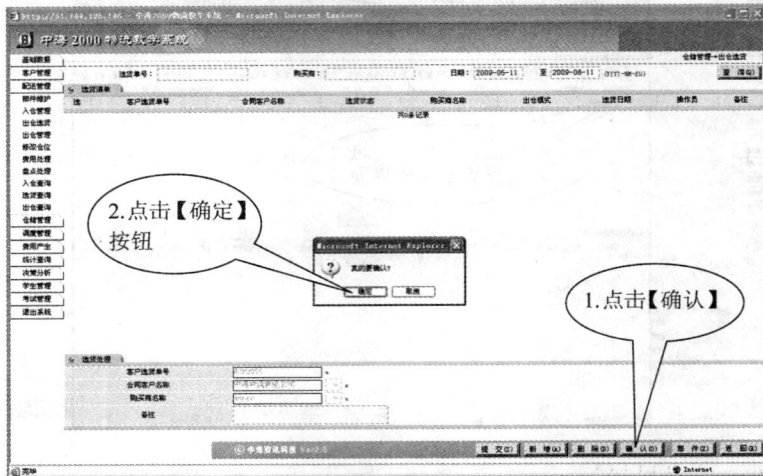

图 7-40　出仓选货确认

2. 出仓管理

出仓操作和入仓操作的流程比较类似。首先，接到客户的出货清单，操作员根据此清单以系统里打印出选货单，交给仓管员进行选货。同时，将订车单交给运输部，进行车辆的调度，如果有报关操作，还需要准备报关资料。选货完毕，将货物装上车，然后就可以将货物报关运出了。直到货物运达目的地，此次出仓才算完成。

出仓流程为制作出货清单、仓管员选货、报关、装车、运输。

根据这个流程，出仓处理分为出仓选货、出仓资料、出仓配车、出仓报关、出仓装卸、报关确认和出仓确认七个步骤。出仓选货的操作如前面所述，其他六个步骤都与入仓操作的相关操作步骤相似，下面将分别加以说明。

（1）出仓资料

对于每一次出仓都需要打印出一份出仓单。本模块主要是产生一份出仓单，然后将出仓部件填入该单。

操作步骤：

①生成一份出仓单。出仓单表头的产生界面分为列表区和编辑区两个部分，列表区列出所有已经产生的出仓单明细，编辑区主要是对出仓单表头进行维护，如图7-41所示。

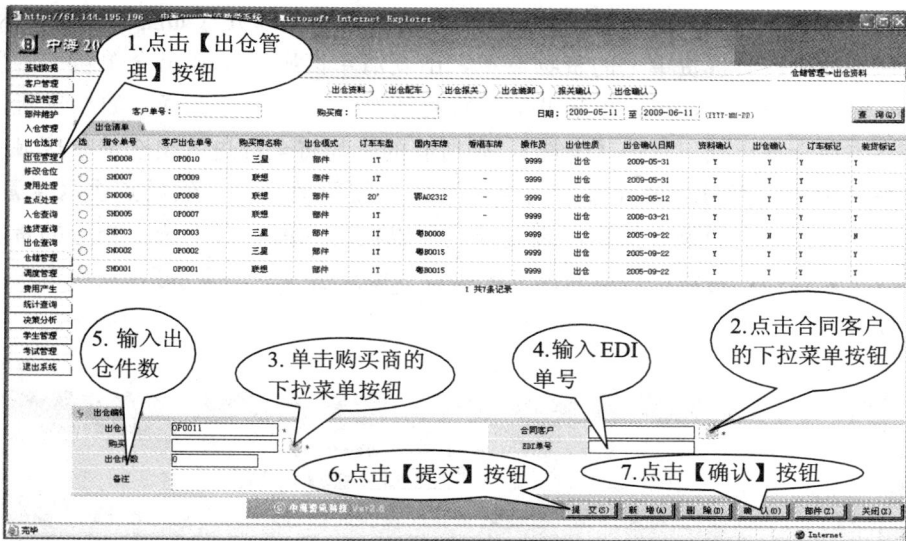

图 7-41 出仓单

点击【新增】按钮，系统会自动生成一个出仓单号，在编辑区选择合同客户和购买商，然后填写货物的 EDI 单号以及出仓件数等基本资料，点击【提交】即可产生一份新的出仓单，该出仓单会在列表区显示。

②将出仓部件资料填入出仓单。点击【部件】按钮，进入添加出仓部件界面（如图 7-42 所示）。

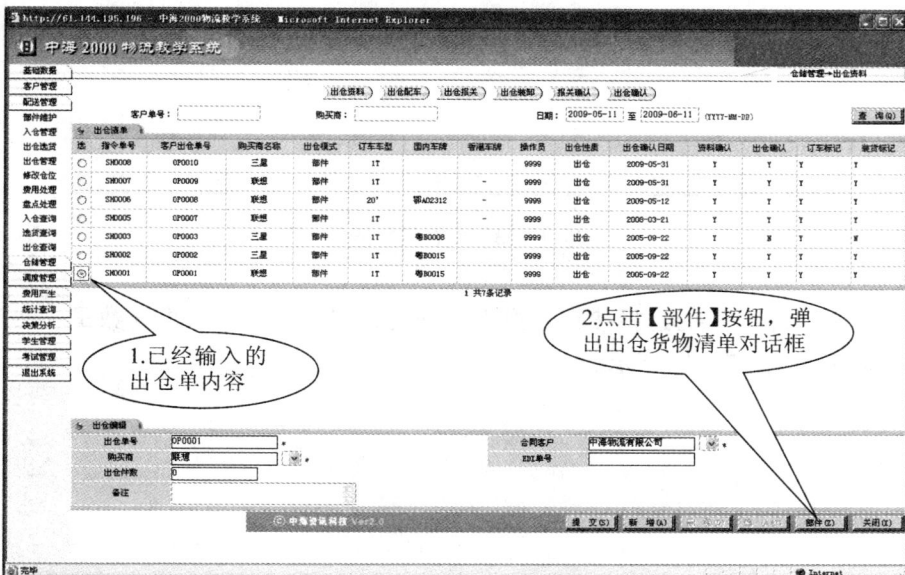

图 7-42 出仓部件资料

出仓货物清单界面分为选货清单区和出仓清单区两个部分（如图 7－43 所示），选货清单区会列出所有选货单上的货物清单，出仓清单区则显示本出仓单包含的所有货物清单。输入选货单号，查询出某批选货货物清单，然后进行选择。如果选货区的所有货物在本单全部出仓，点击【全选】，则所有的货物将全部进入出仓清单区域；如果只是选择其中的一部分，就在选货清单区选中所需要的部件，然后点击【↓】按钮，即进入出仓清单区。如果本操作出现错误，可以在出仓清单区中选中相应的货物，然后点击【↑】按钮，将该部件返回选货区或者直接点击【取消全部】，取消本次出仓操作，如图 7－45 所示。

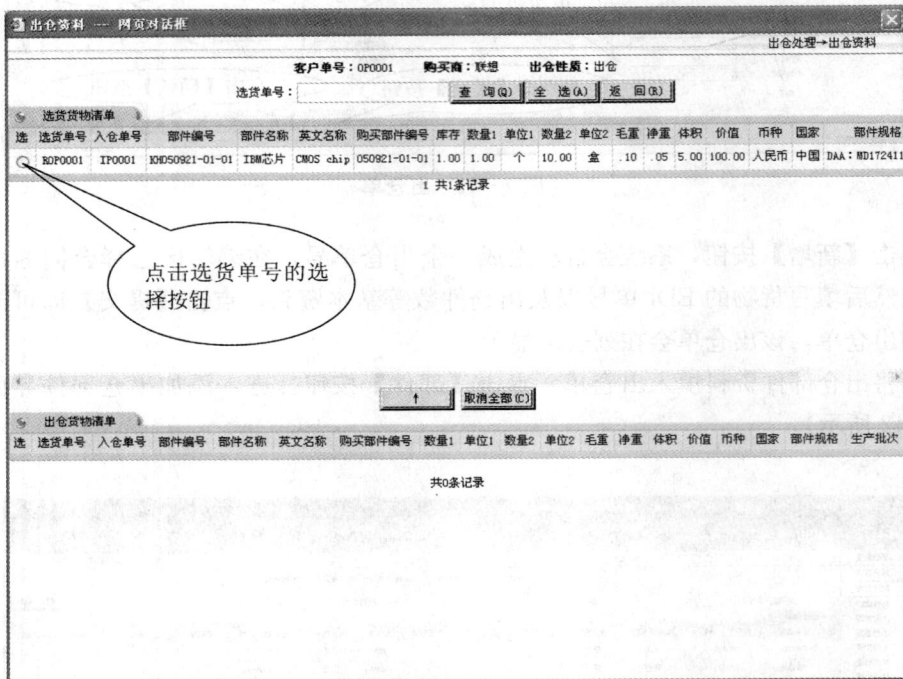

图 7－43　出仓货物清单

点击"选货单号"的选择按钮，弹出出仓货物对话框，输入出仓数量，然后点击【提交】按钮，如图 7－44 所示。

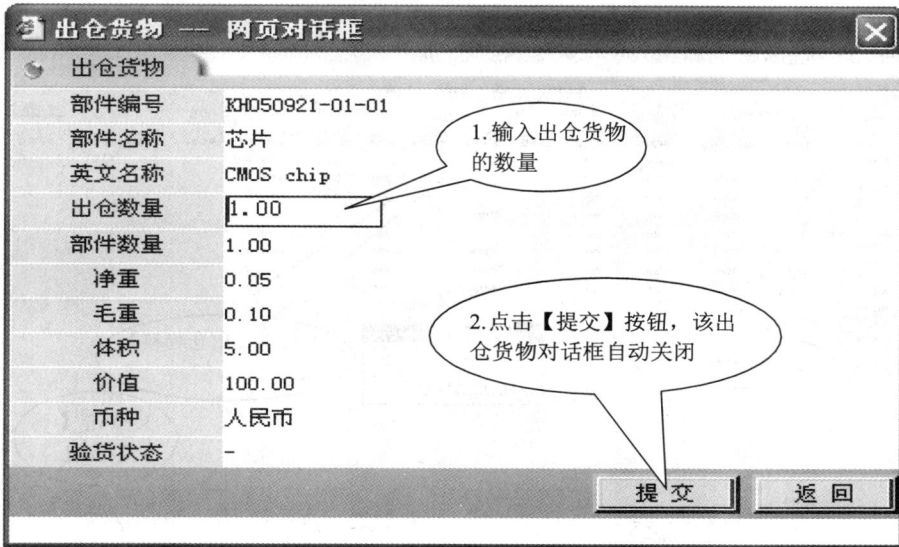

图 7 - 44 出仓货物数量

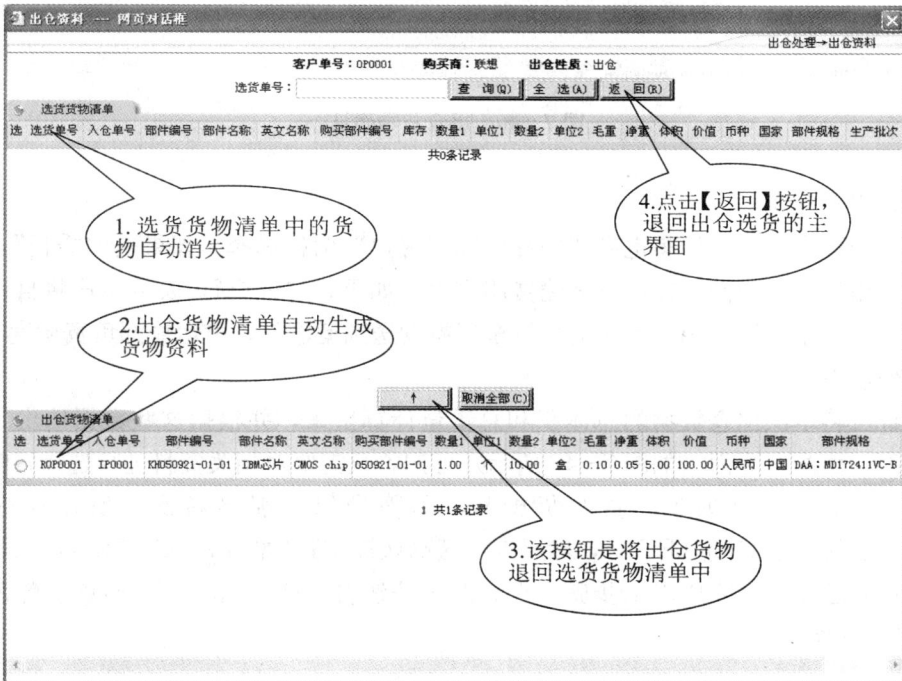

图 7 - 45 出仓货物选货

③返回图 7 - 42 出仓部件资料界面，点击【确认】按钮，出仓资料准备完毕（如图 7 - 46 所示）。

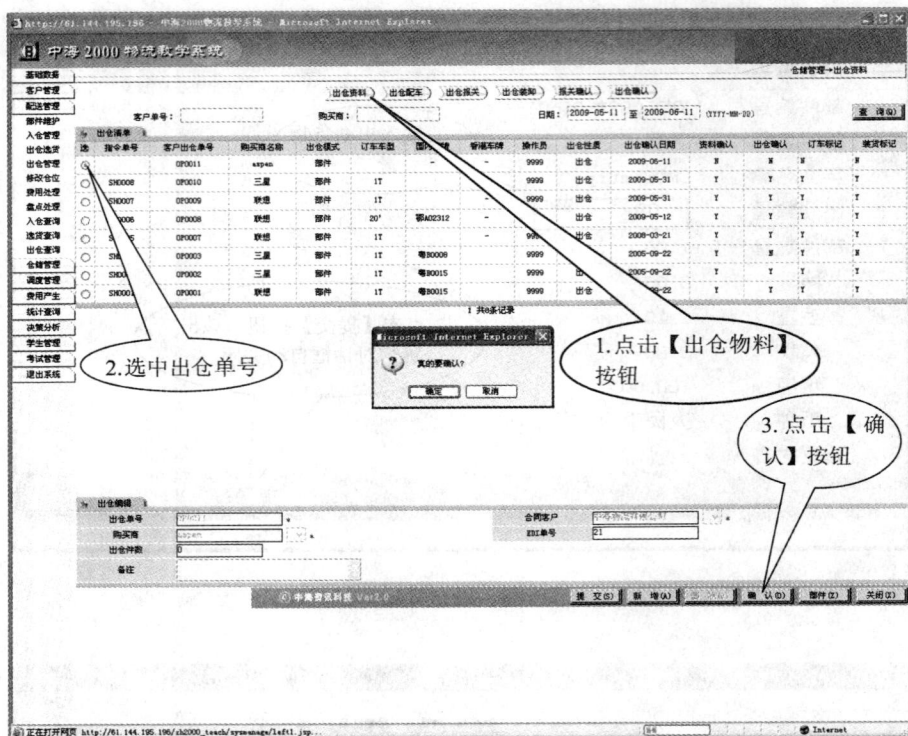

图7-46 出仓货物确认

（2）出仓配车

与入仓配车一样，订车也有"委托"和"客户"两种选择。如果是"委托"，表示客户要求由我们帮他们运输，有运输费用产生；如果是"客户"，表示客户将自己派车运输，不会产生运输费用。系统会将订车资料发送到运输部，由运输部负责调度车辆。

操作步骤：

系统已将本次出仓货物的总体积和总重量计算出来，并根据这些数据给出了一个建议车型。由配车界面（如图7-47所示）可知，只需要对相关资料进行选择，输入车型类别、线路、到达时间、货车货柜号、车牌号码或船名航次、预算到达日期（ETD）、实际到达日期（ETA），然后点击【确认提交】（如图7-48所示），该订车单就会发送到运输部，完成以上步骤，出仓配车按钮自动变成黄色，说明该步骤已完成（如图7-49所示）。

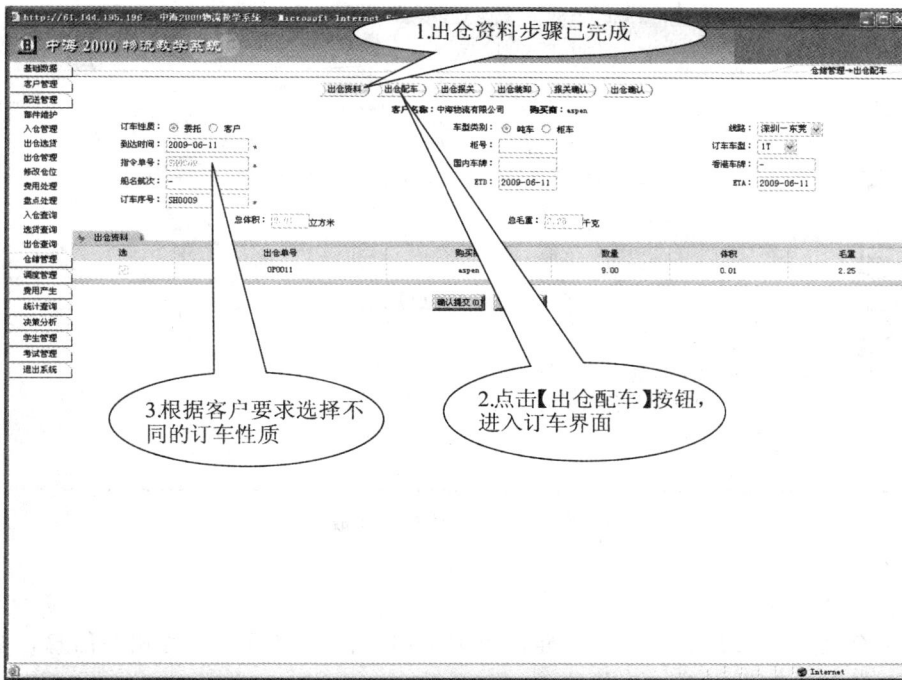

图 7－47   出仓配车

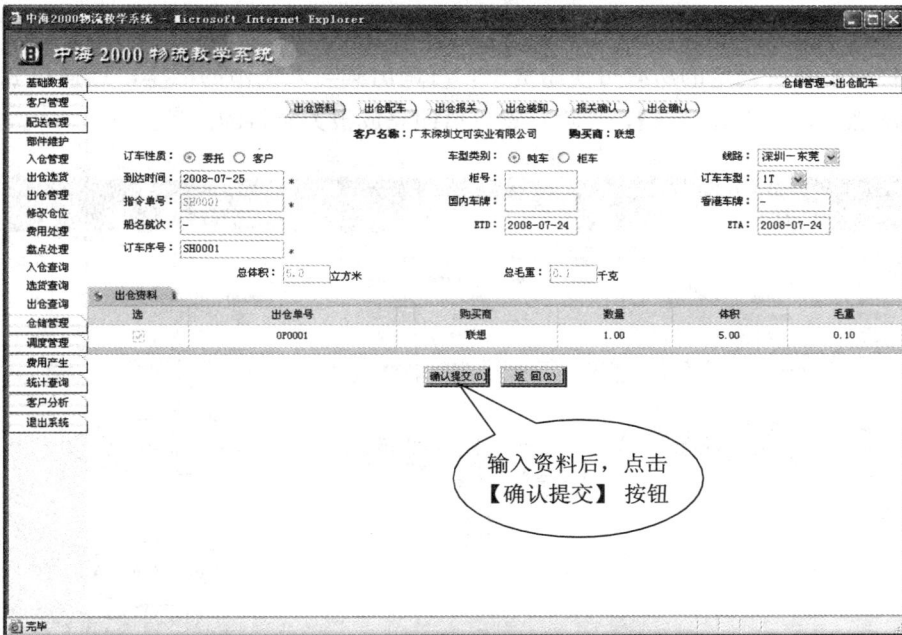

图 7－48   出仓配车确认提交

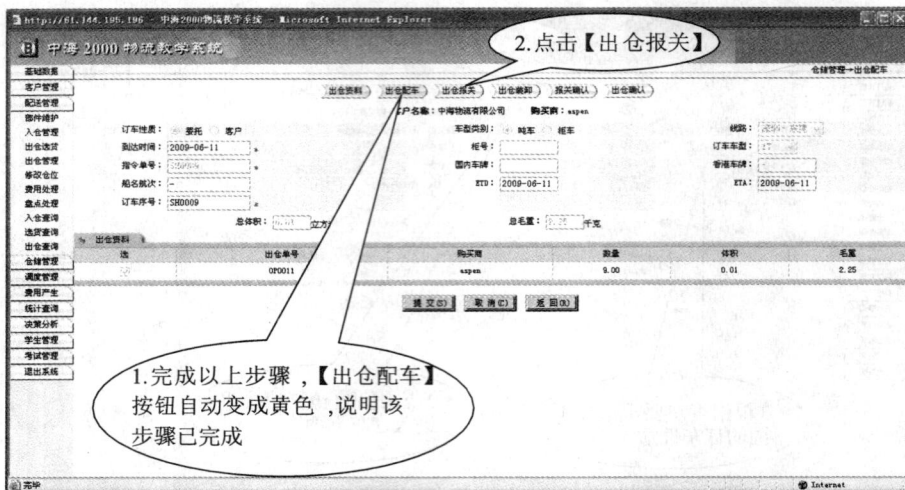

图 7-49　出仓配车完成

（3）出仓报关

对于有报关要求的出仓，需要准备报关资料。根据前面录入的相关信息，系统将自动准备好报关资料。

操作步骤:

出仓配车完成后，点击【出仓报关】（如图7-49所示），进入预报关资料编辑界面（如图7-50所示），系统已经将大部分报关资料准备好了，需要选择使用何种货币，使用货币栏列出系统设定的所有可使用货币，可调出其与人民币的汇率;选择包装种类。确认无误之后，点击【确认】，计算货物价值即完成报关资料的准备。

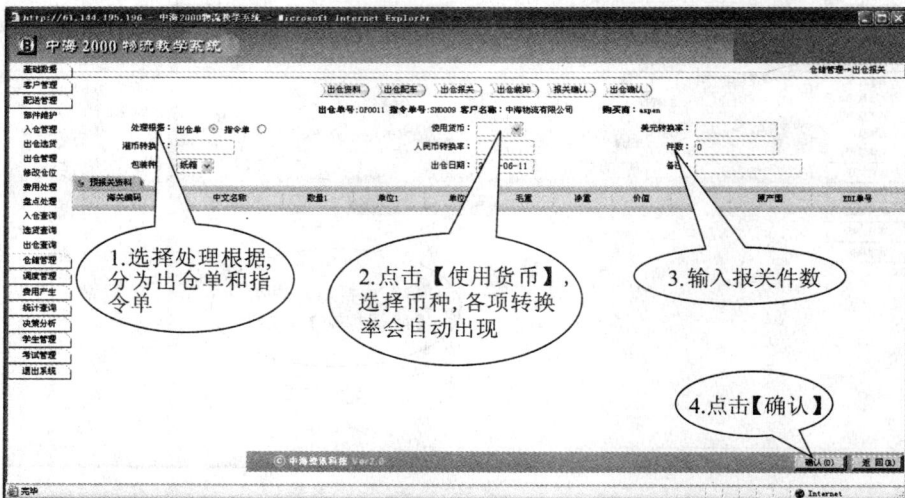

图 7-50　预报关资料

点击【确认】后，出现预报关资料信息，出仓报关已完成，按钮变成黄色，如图7-51所示。

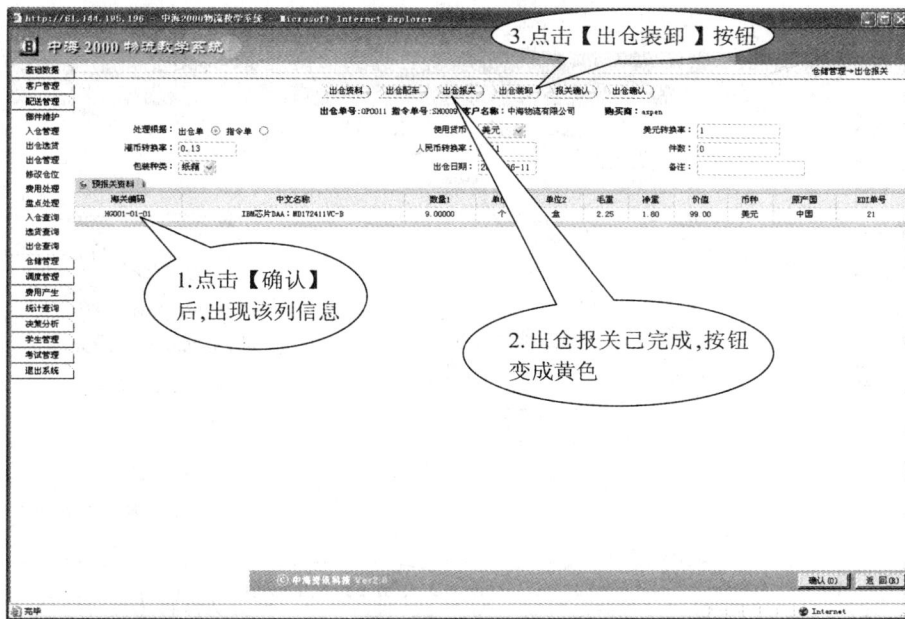

图 7-51 出仓预报关确认

（4）出仓装卸

货物准备好之后，需要装货上车。本模块主要是记录装卸工作量，并计算装卸费用，与入仓装卸一样。

操作步骤：

出仓装卸主要是装货操作，系统已经将货物的总体积和总重量计算出来了，只需要对装卸性质和付款性质进行选择。

其中，"付款性质"只有当客户的装卸费用性质为"选择"（见客户管理）的时候才需要进行选择。如果选择客户，即表示本装卸费用由客户付款；如果选择供应商，表示装卸费用由该供应商付款。

装卸性质分为委托、客户和代理三种。委托表示由本公司工作人员进行装卸操作，会产生装卸费用；客户表示由客户自己进行装卸操作，不产生装卸费用；代理则表示客户委托本公司装卸，公司再将装卸交给外包的装卸公司进行操作，这样会产生两种费用，一是客户付给本公司的费用（应收费用），还有一个就是本公司付给装卸公司的费用（应付费用）。

出仓报关完成后，单击【出仓装卸】按钮（如图7-51所示），进入出仓装卸界面

（如图 7 - 52 所示），操作员根据实际业务，选择相应的装卸性质和付款性质，点击【提交】保存资料，系统即计算出费用。点击【确认】按钮，【出仓装卸】按钮颜色变为黄色，表示出仓装卸已经完成。

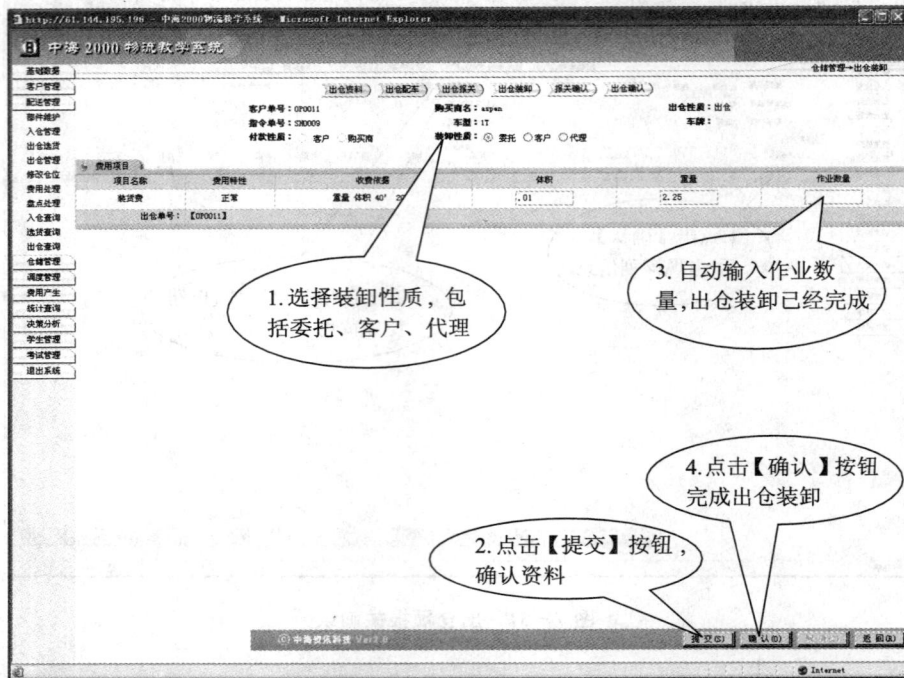

图 7 - 52　出仓装卸

（5）报关确认

本模块主要是确认报关，产生报关费用。

对于有报关操作的出仓，如果由本公司或者本公司外包的报关公司进行报关，需要产生报关费用；如果由客户自己报关，则不用产生报关费用。

操作步骤：

【出仓装卸】按钮颜色变为黄色后，接下来可以进行下一步操作，点击【报关确认】，进入报关费用编辑界面（如图 7 - 53 所示），界面上会列出所有出仓中可能产生的报关费用，操作完成后点击【提交】按钮，报关费用编辑完成。

注意：①报关性质。与装卸处理一样，报关也有委托、客户、代理三种性质，其意义和处理方法与装卸一致。

②付款性质，也与装卸一致。

点击【确认】，系统即根据该工作量计算出报关费用（如图 7 - 54 所示），【报关确认】已经完成，按钮颜色变为黄色（如图 7 - 55 所示）。

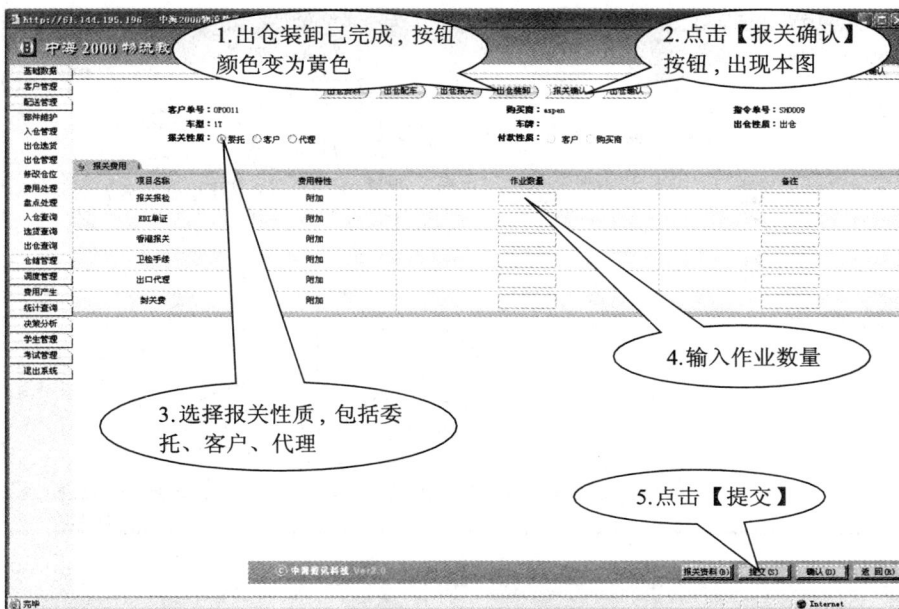

图 7-53 报关确认编辑

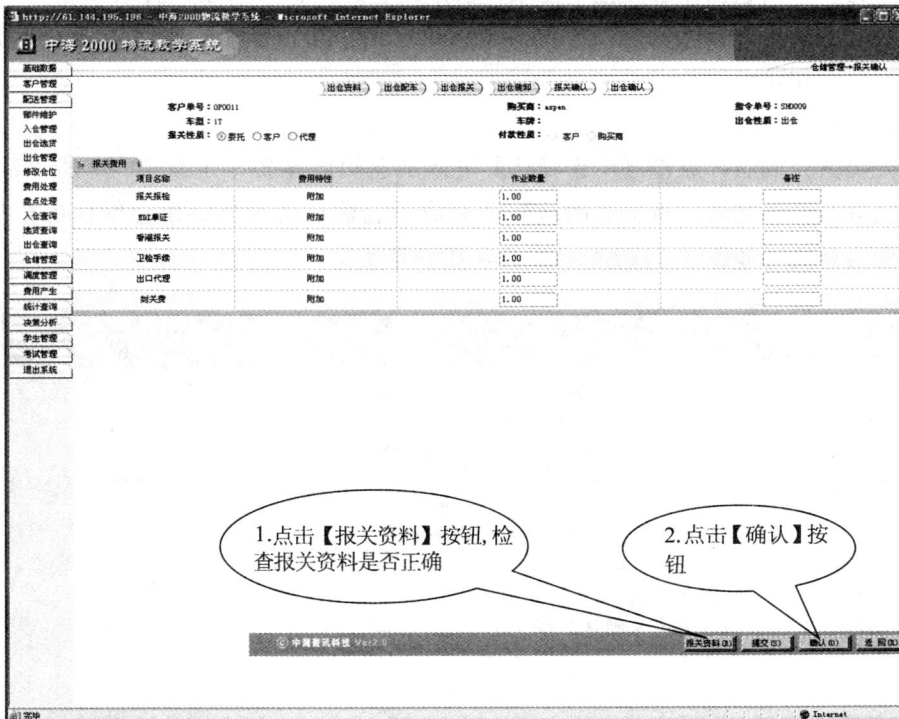

图 7-54 报关费用产生

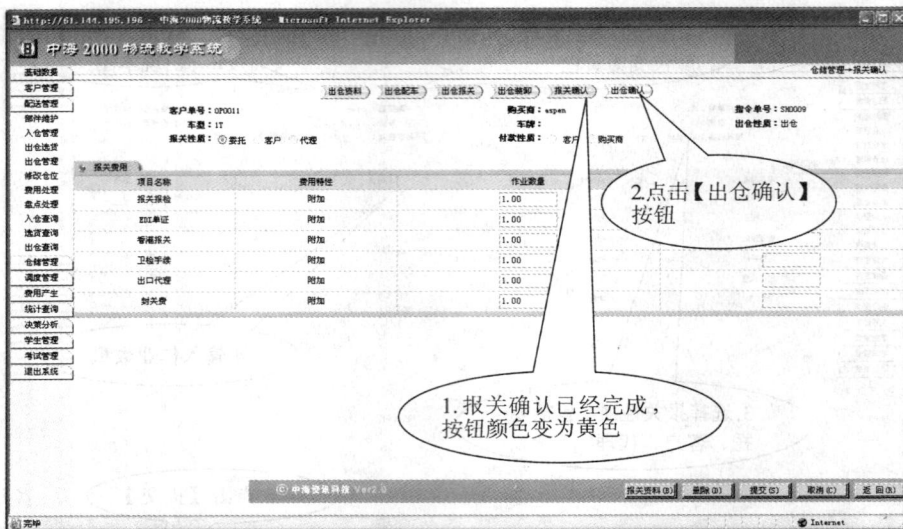

图 7 - 55　报关确认完成

（6）出仓确认

到此为止，出仓操作已经基本完成，但是出仓的货物资料还没有从数据库中扣除，即现在系统认为该批货物仍然在库。需要对出仓的所有流程进行确认，这些数据才会从数据库里面扣除。

操作步骤：

报关确认完成后，点击【出仓确认】进入出仓确认界面（如图 3 - 56 所示），核对所有出仓资料无误之后，点击【确认】即完成出仓确认的操作，出仓确认已完成，按钮颜色变为黄色（如图 3 - 57 所示），打印出仓单备案。

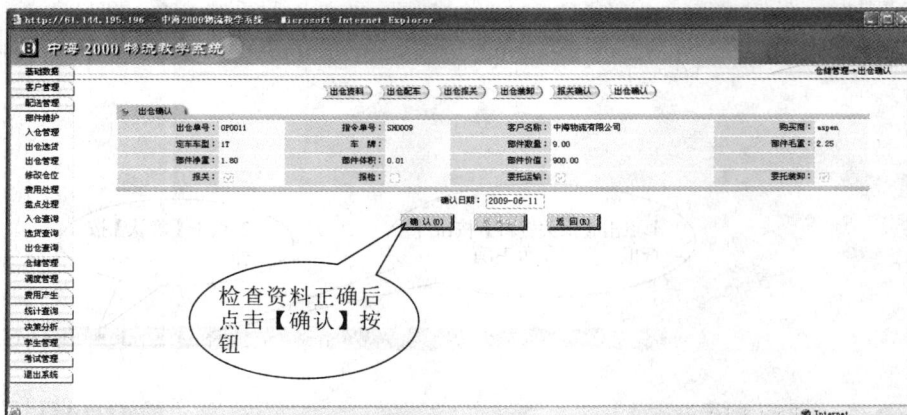

图 7 - 56　出仓确认

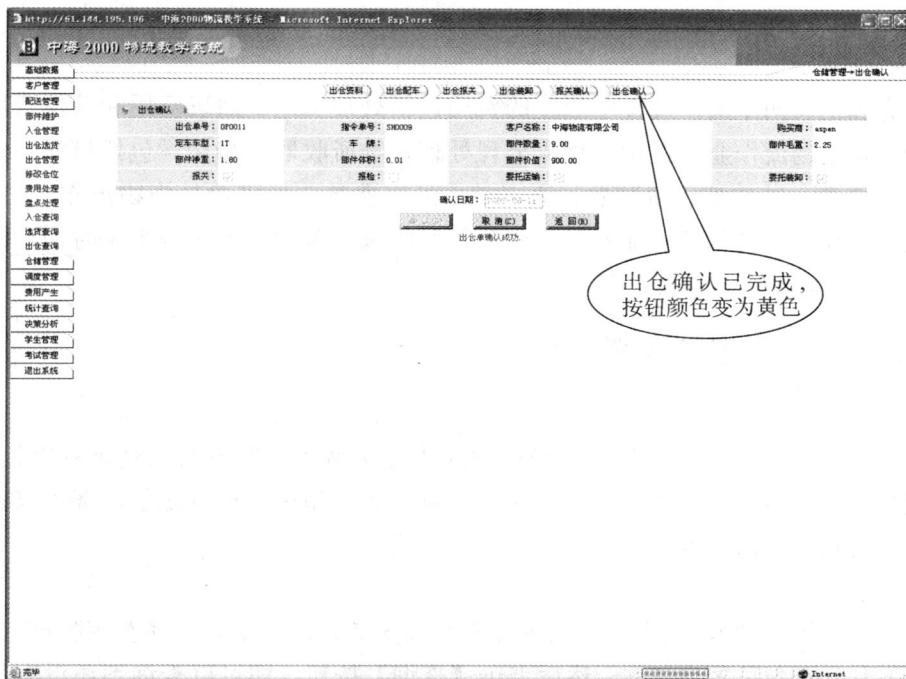

图 7-57 出仓确认完成

7.3.5 思考与练习

按照上课时所讲授的系统操作方法，重新操作一次出仓的步骤，并制作一张出仓单。出仓单上必须包括所选货物的仓位号、入仓单号、出仓货物名称、数量、毛重、净重、体积和购买商名称。

7.4 费用处理

7.4.1 实训目的

- 让学生了解费用的含义及种类；
- 要求学生掌握费用的计算方法。

7.4.2 时间安排

1 课时。

7.4.3 相关知识

入仓和出仓两个操作过程中产生的费用包括处理费用、加班费用和其他费用。其中处理费是指物流作业过程中，物流公司处理货物所收取的费用，包括打托费、拆箱费、贴标签费、转堆费、拼装费、人工费、返工费等。加班费是指物流作业过程中，超过正常工作时间进行额外加班时物流公司所收取的费用。加班分为延时加班、休息日加班、节日加班、应急加班等。

7.4.4 实训内容与步骤

1. 实训内容

处理费用、加班费用以及其他费用都属于无单费用，即不与入仓单有直接联系，这些费用的产生需要操作员输入工作量。在对这些费用进行核查之前，都可以在本模块对其进行查询、修改操作。

2. 实训步骤

点击【费用处理】，进入费用处理界面，如图 7-58 所示，选择费用类型（处理、加班、其他）和付款客户名称，然后点击【查询】按钮，即可以查询到还没有核查的相关费用。例如可以选中某费用后点击【修改】（如图 7-58 所示），即进入处理费用清单界面（如图 7-59 所示），在相应的费用后面填写工作量，然后点击【提交】保存即可。如果是新增费用，直接点击【新增】按钮（如图 7-58 所示），进入处理费用清单界面（如图 7-59 所示），然后填写工作量，保存即可。

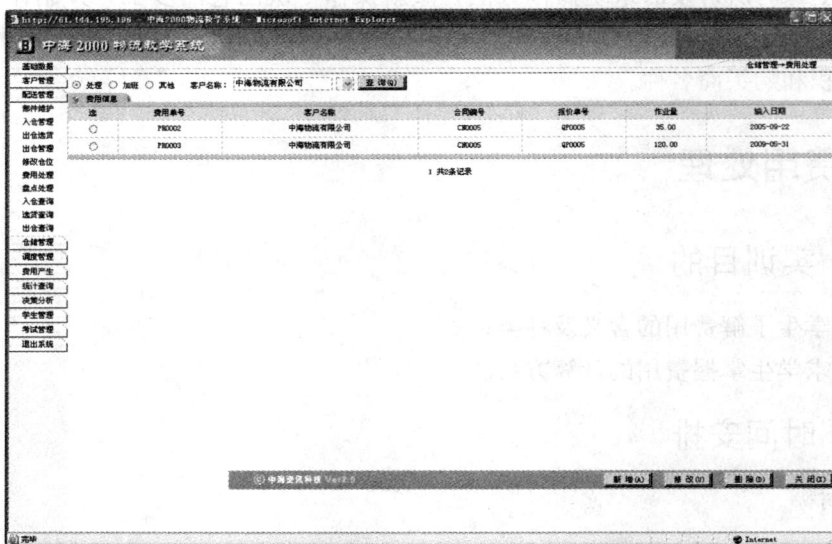

图 7-58 费用处理

不同费用类型的处理方法是一样的，唯一不同的是各自的费用清单不同，处理费用清单如图7-59所示，加班费用清单如图7-60所示，其他费用清单如图7-61所示。

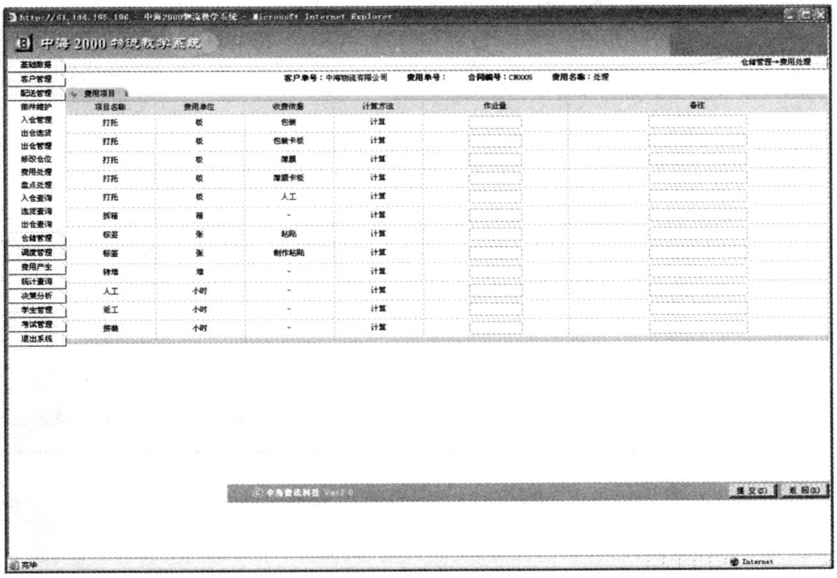

图7-59　处理费用清单

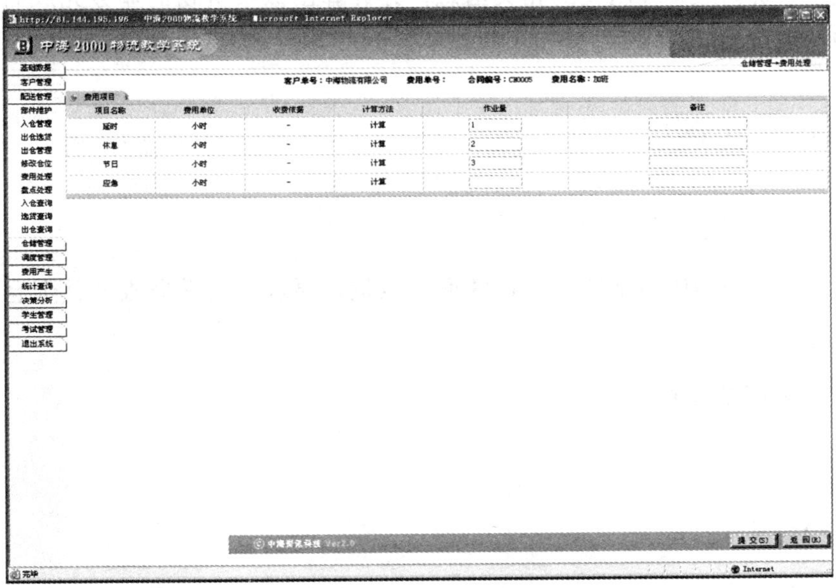

图7-60　加班费用清单

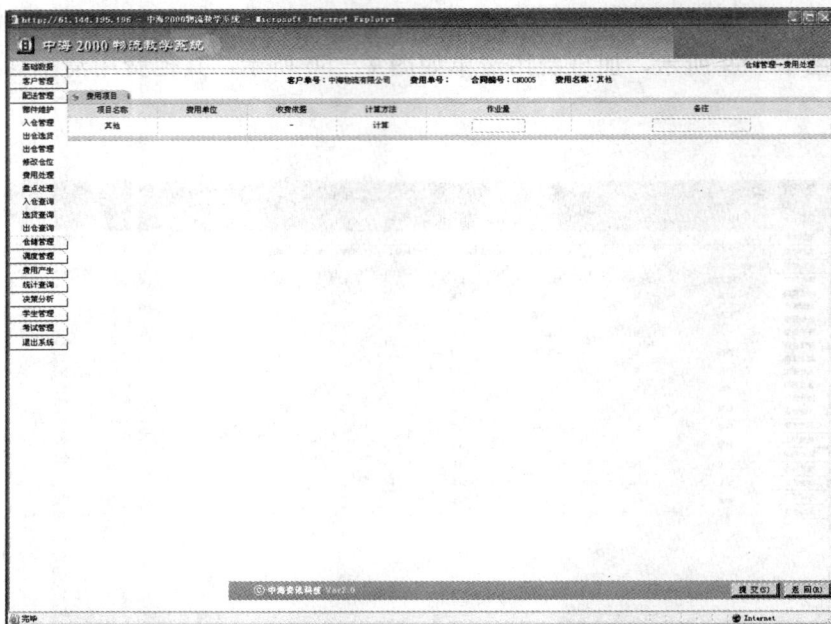

图 7 - 61　其他费用清单

7.4.5　思考与练习

完成一票货物入仓和出仓的相关信息，并计算出该票货物的业务完成后客户所需要支付的各项费用。

7.5　盘点处理

7.5.1　实训目的

盘点处理起到的作用是核对库存的准确数量，要求学生掌握查询整个仓库的库存数量的方法。

7.5.2　时间安排

1课时。

7.5.3　相关知识

入仓的数据录入系统确认后，系统就会自动增加仓库的库存，盘点处理的目的就是为了方便可以随时核实仓库的库存数量。

1. 系统盘点处理界面包括客户、品名、供应商和仓位四个查找关键字，操作员在界面上输入需要查找的关键字，系统就能自动按照分类将库存信息进行归类并显示。

2. 在显示归类信息之后，根据相关的存档入仓资料和出仓资料就可以核对库存的数量是否相符，并且能制作出盘点的相关单证。

7.5.4 实训内容与步骤

1. 实训内容

为了保证库存数据的准确性，仓库每隔一段时间都会对所有的库存部件进行一次清点，然后与系统的数据进行对比，查看两者是否相符。

操作员可以在本模块对库存情况进行查询，查询关键项包括客户名称、部件名称、供应商名称、入仓单号以及仓位。还可以按照仓位、入仓日期或者入仓单号的顺序打印出盘点表。

2. 实训步骤

进入盘点处理界面（如图 7-62 所示），系统即将所有的库存情况列举出来。可以输入一个或者几个条件查询自己需要的数据。

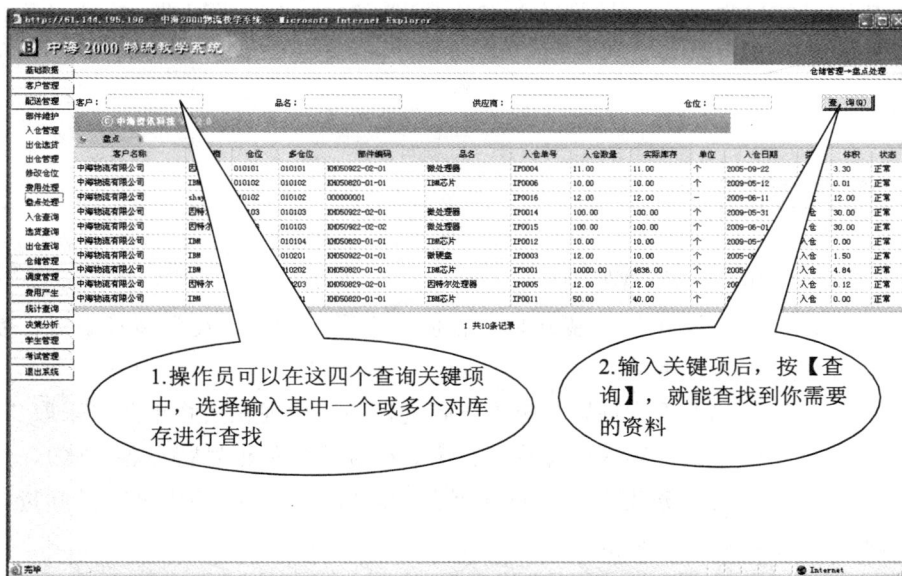

图 7-62 盘点处理

7.5.5 思考与练习

请各位同学每人做出一份盘点处理清单。

8 仓储管理系统

8.1 实训目的

学生能够根据查询条件在系统中对入仓部件、出仓部件、部件编号、部件名称、呆滞部件、进出部件、当前库存、历史库存、出租率、中转率、历史仓位等进行查询操作。

8.2 时间安排

4课时。

8.3 相关知识

1. 仓储管理中的货物异常处理

(1) 货物的异常情况包括包装开封、破损、变形、受潮、唛头型号不对、数量不符、霉烂、虫蛀、异味、倒堆等。

(2) 处理方法：如发现货物异常应停止卸货，并进行现场实物拍照（采取"3+1"模式：即货物在柜的全景、异常位置特写、唛头型号特写和柜号特写各一张），然后先口头通知配送中心相关业务代表，并确认是否可卸货，如可以卸货则安排卸货，否则就应等待卸货指令，填写异常报告。

2. 装卸货物过程中应该注意的事项

在货物进库过程中，监督卸货人员要严格按照"轻压重，小压大，整齐摆放，不超货物限高要求"的原则进行装卸，同时协助开、锁电梯。

(1) 数量及型号（部件号）验收：清点货物的数量，分别核对包装件数和货物数量，首先逐板点数和逐板做记录，点数以整箱为单位，同时要核对实际的货物数量与入仓单上的货物数量是否相符（以重量报关的要核对实物的净重）。

(2) 质量验收：由于入仓货物为海关监管货物，所以不能擅自拆封。因此，质量验收是从包装外观进行检查，检查内容包括外包装有无开封破损、渗湿、污染、霉烂、虫蛀、异味等，如有上述现象，应立即停止入仓并通知部门领导进行处理或做异常处理。

(3) 包装验收：即外包装标识查验，内容包括检查有无易燃、易爆等危险标志，外包装标识上的型号、唛头型号、个数等是否与所提供的单证一致，如不相符立即通知配送中心相关客服代表或填写来货异常报告。

(4) 异常处理：如发现异常情况，要对实物进行"3+1"模式拍照，同时做好记录并填写异常报告及做相应处理（如纸箱破损进行必要修补等）。

3. 相关概念

(1) 呆滞部件：部件在仓库中存放的天数超出操作员设定的呆滞天数即为呆滞部件。例如，操作员设定的呆滞天数为 10 天，表示在仓库放置 10 天以上的货物均为呆滞部件。

(2) 出租率：在一定的时间内（一般以月为单位），一个仓库的实际仓位出租天数就是出租率。可以根据仓库的使用情况计算出仓位的出租率。

(3) 中转率：对各个仓位的货物周转率进行统计，以月为单位，每次可以查询一个仓位一年的中转率。查询条件包括年份、仓位。

8.4 实训内容

- 入仓部件查询。
- 出仓部件查询。
- 部件编号查询。
- 部件名称查询。
- 呆滞部件查询。
- 进出部件查询。
- 当前库存查询。
- 历史库存查询。
- 出租率查询。
- 中转率查询。
- 历史仓位查询。

8.5 实训步骤

一个比较完善的物流管理系统应该有比较完善的查询功能，使有关人员可以根据查询条件对入仓部件、出仓部件、部件编号、部件名称、呆滞部件、进出部件、当前库存、历史库存、出租率、中转率、历史仓位等进行查询操作。

8.5.1 入仓部件查询

主要查询部件的入仓实际库存情况，查询条件包括入仓单号、供应商名称、购买商名称、部件编号、部件中英文名称和入仓时间段。操作员可以根据其中的一个或几个条件查询部件入仓资料。

进入入仓部件查询界面之后（如图8-1所示），输入一个或几个条件，点击【查询】按钮，即可在列表区查询结果。

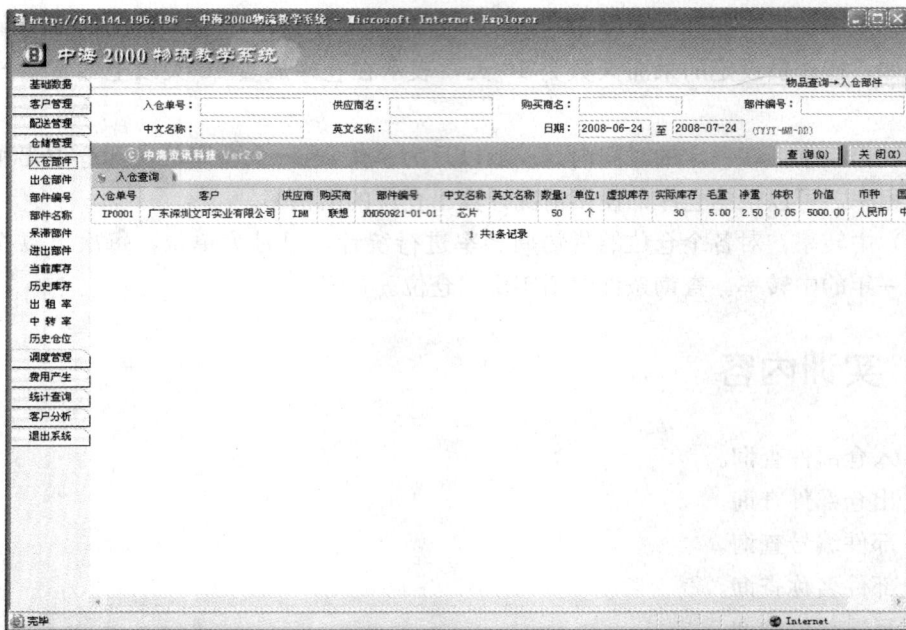

图8-1 入仓部件查询

其中，日期的格式为年份（4位数）、月份（2位数）、日（2位数），例如××××-MM-DD，入仓时间段默认为当前日期前的一个月。

8.5.2 出仓部件查询

主要查询出仓部件的出仓情况如出仓的部件数量等，查询条件包括出仓单号、购买商名称、出仓时间段、部件编号、部件中英文名称。操作员可以根据其中的一个或几个条件查询到部件出仓资料。

进入出仓部件查询界面之后（如图8-2所示），输入一个或几个条件，点击【查询】按钮，即可在列表区查询结果。

图 8－2 出仓部件查询

其中，日期的格式为××××-MM-DD，出仓时间段默认为当前日期前的一个月。

8.5.3 部件编号查询

可以查询部件的入仓情况，并按照部件编码把该部件的入仓情况列举出来。查询条件包括购买商名称、供应商名称、客户编号和入仓时间段。

进入部件编号查询界面之后（如图 8－3 所示），输入一个或几个条件，点击【查询】按钮，即可在列表区查询结果。

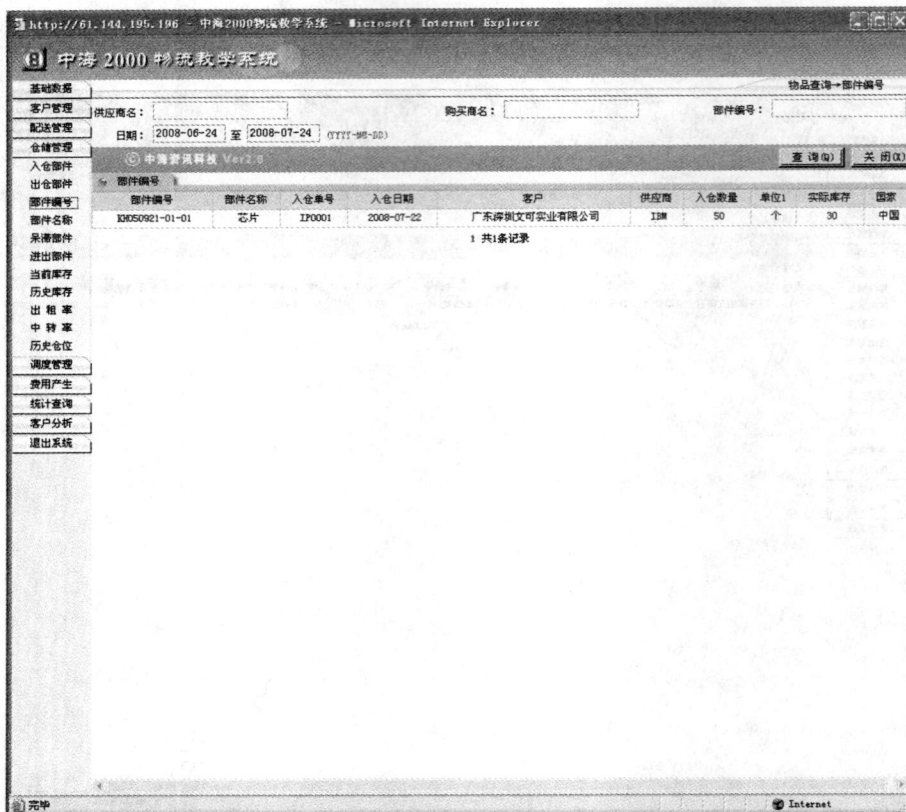

图 8-3　部件编号查询

其中，日期的格式为××××-MM-DD，出仓时间段默认为当前日期前的一个月。

8.5.4　部件名称查询

可以查询部件的入仓情况，并按照部件名称排列显示。查询条件包括购买商名称、供应商名称、部件名称和入仓时间段。

进入部件名称查询界面之后（如图 8-4 所示），输入一个或几个条件，点击【查询】按钮，即可在列表区查询结果。

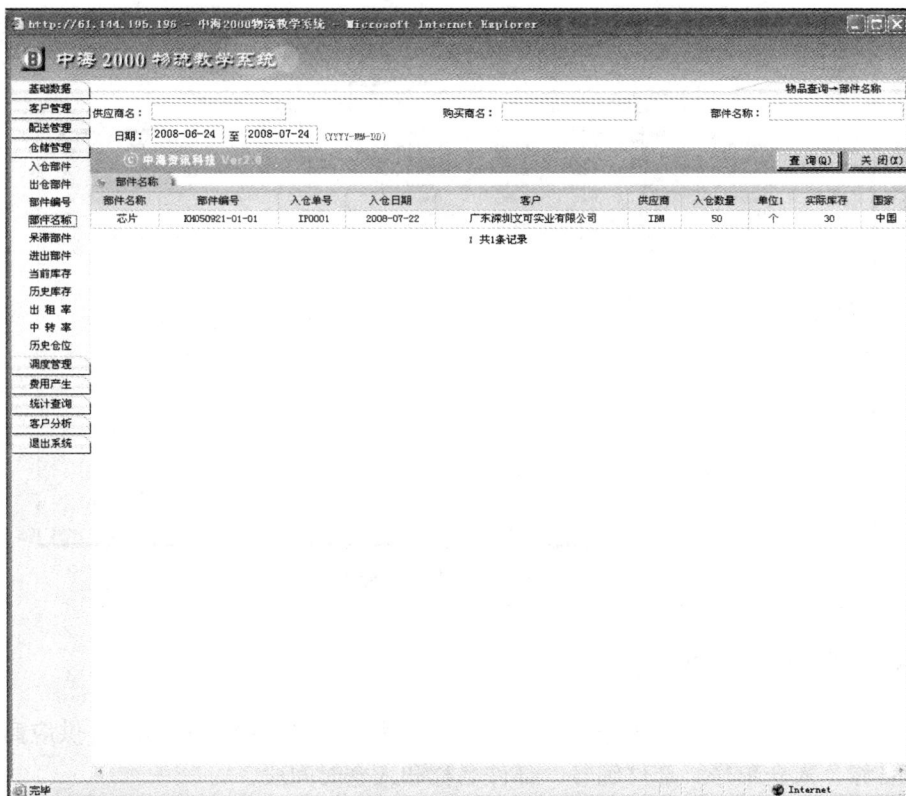

图 8-4 部件名称查询

其中，日期的格式为××××-MM-DD，出仓时间段默认为当前日期前的一个月。

8.5.5 呆滞部件查询

可以对呆滞部件进行查询。查询条件包括购买商名称、供应商名称、客户名称和呆滞天数。

进入呆滞部件查询界面之后（如图 8-5 所示），输入一个或几个条件，点击【查询】按钮，即可在列表区查询结果。

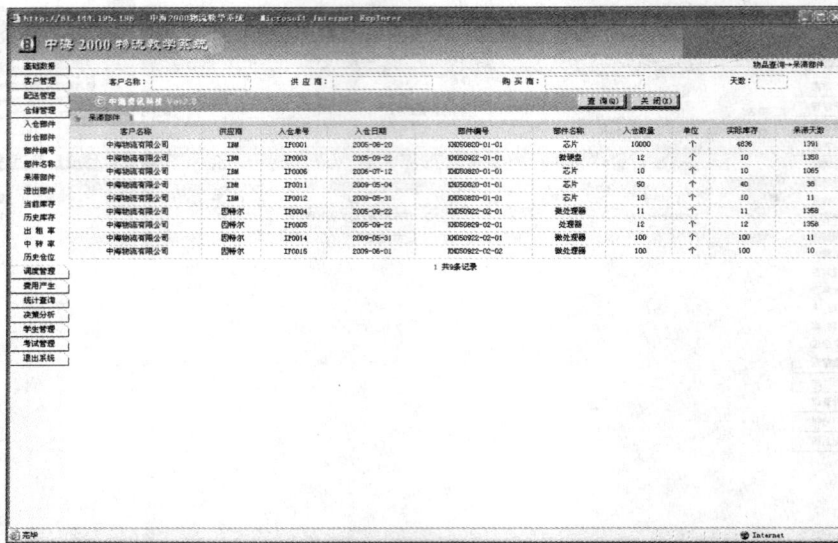

图 8-5　呆滞部件查询

8.5.6　进出部件查询

主要是对货物的入仓和出仓情况进行查询。查询条件包括客户名称、供应商名称、购买商名称、入仓单号、部件编号、部件名称和入仓时间段。

进入进出部件查询界面之后（如图 8-6 所示），输入一个或几个条件，点击【查询】按钮，即可在列表区查询结果。

图 8-6　进出部件查询

其中，日期的格式为××××-MM-DD，出仓时间段默认为当前日期前的一个月。

8.5.7 当前库存查询

可以查询各个仓位的当前库存情况，查询条件为仓位。界面上设置了三个查询按钮，它们的意义分别为："查询仓位"表示查询的结果按照仓位的顺序排列；"查询日期"表示查询的结果按照入仓日期顺序排列；"查询单号"表示查询的结果按照入仓单号的顺序排列。

进入当前库存查询界面（如图8-7所示），系统会将所有的库存情况列出来。操作员只需要输入仓位，然后根据自己的需要点击三个查询按钮之中的一个，就可以得到自己需要的结果了。

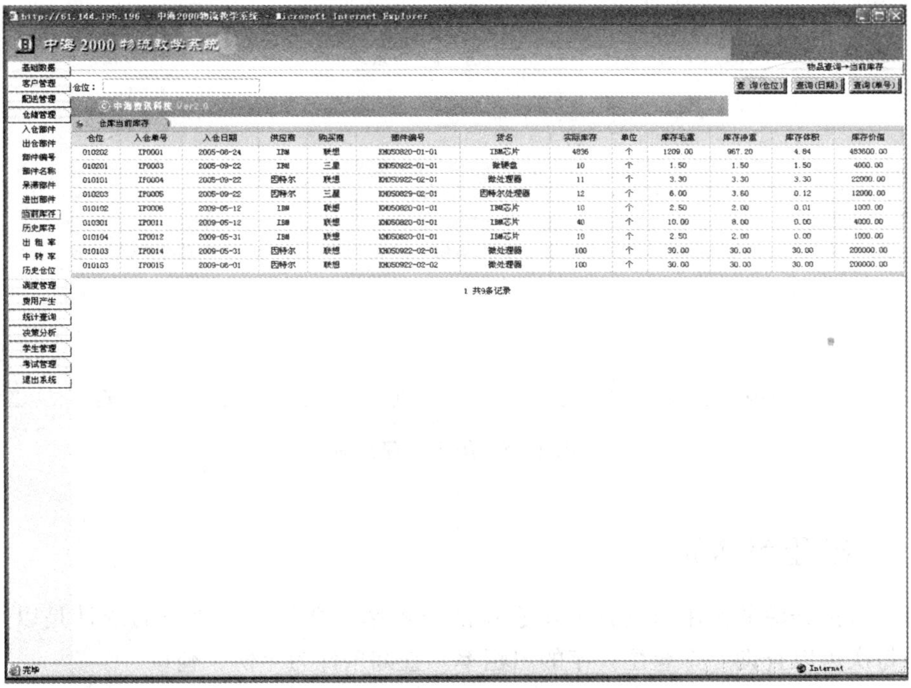

图8-7 当前库存查询

8.5.8 历史库存查询

可以查询到任意一天的库存情况，查询条件为仓位、日期。

界面上设置了三个查询按钮，它们的意义分别为："查询仓位"表示查询的结果按照仓位的顺序排列；"查询日期"表示查询的结果按照入仓日期顺序排列；"查询单号"表示查询的结果按照入仓单号的顺序排列。

　　进入历史库存查询界面之后（如图 8－8 所示），系统会自动列举出当天的库存资料。操作员可以根据需要输入仓位或日期，然后点击三个查询按钮之中的一个，就可以得到需要的结果了。

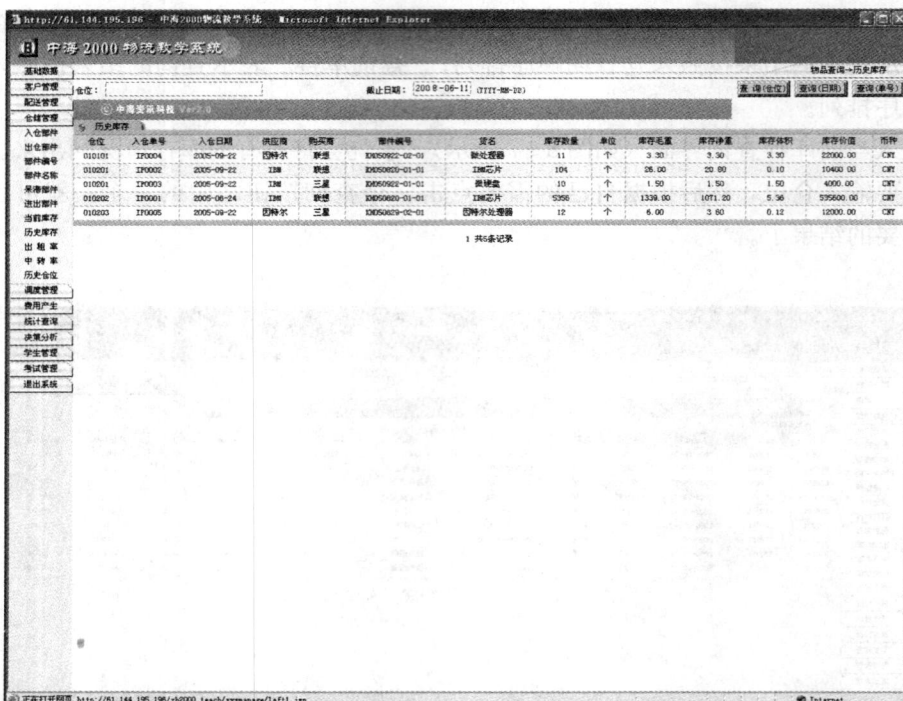

图 8－8　历史库存查询

8.5.9　出租率查询

　　可以根据仓库的使用情况计算出仓位的出租率。仓位的出租率的统计是以月为单位的，每次可以查询一个仓位一年的出租率。查询条件为年份、仓位。

　　进入出租率查询界面之后（如图 8－9 所示），选择查询年份，填写查询仓位，然后点击【查询】按钮，即可得到需要的结果了。

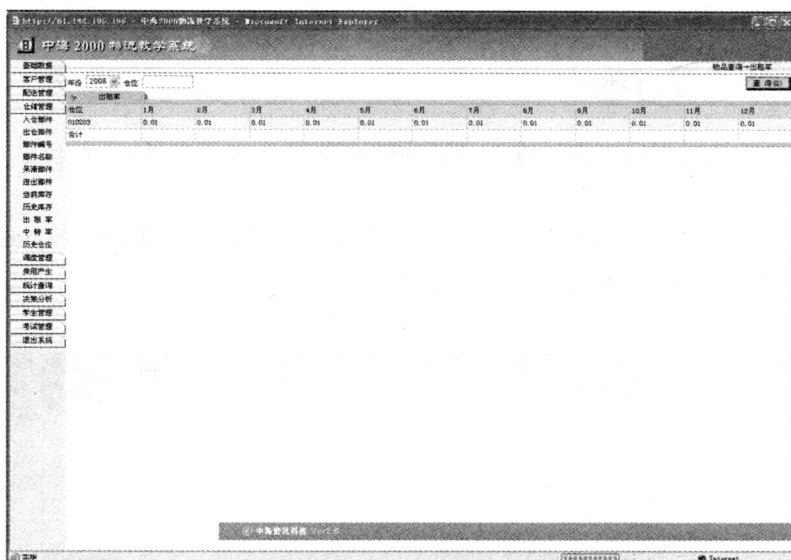

图 8 - 9　出租率查询

8.5.10　中转率查询

对各个仓位的货物中转率进行统计，仓位的中转率的统计是以月为单位的，每次可以查询一个仓位一年的中转率。查询条件为年份、仓位。

进入中转率查询界面之后（如图 8 - 10 所示），选择查询年份，填写查询仓位，然后点击【查询】按钮，即可得到需要的结果。

图 8 - 10　中转率查询

8.5.11　历史仓位查询

对仓位修改情况进行查询。查询条件为转仓单号（作业单号）、入仓单号、客户名称和转仓日期段。

进入历史仓位界面查询之后（如图 8-11 所示），操作员可以输入一个或几个条件，然后点击【查询】按钮，即可得到查询的结果。

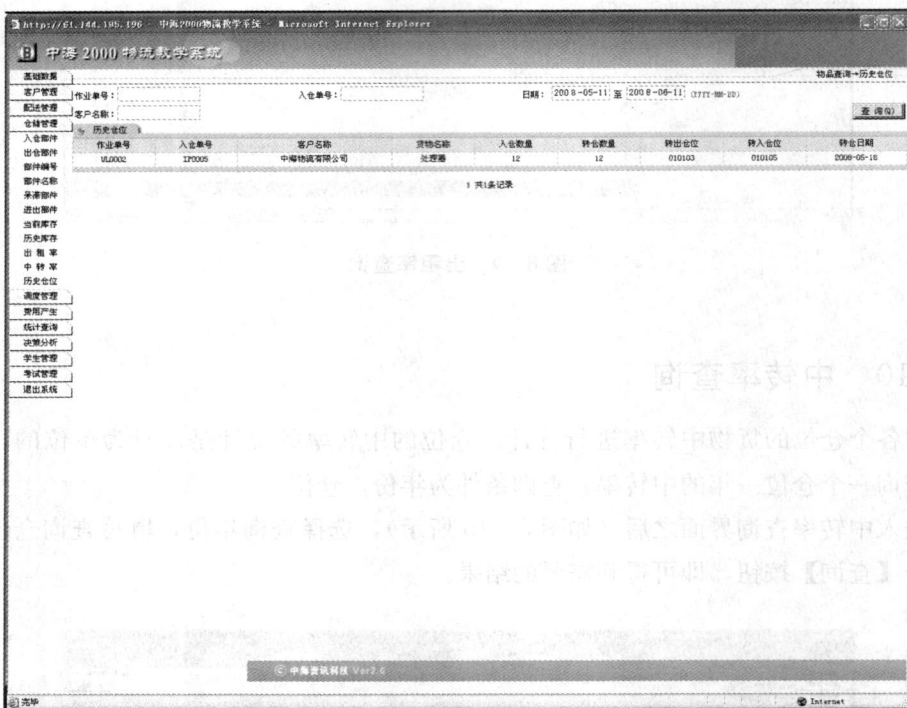

图 8-11　历史仓位查询

其中，日期的格式为××××-MM-DD，系统默认为当前日期前的一个月。

8.6　思考与练习

每两名学生为一组，在系统中按照给定的条件，互相查询对方在之前环节做的操作案例。

9 调度管理

9.1 实训目的

- 明确订车表头各项目的含义;
- 掌握订车表头录入操作;
- 掌握调度处理各项目的含义;
- 掌握客户订车调度处理操作;
- 明确各费用项目的含义;
- 掌握费用处理录入操作。

9.2 时间安排

8课时。

9.3 相关知识

1. 调度管理

调度管理主要是对运输部分的业务进行处理,以便调度员可以清楚地知道所有的订车情况、车辆的承运能力以及现在是否可以调度,然后根据这些信息进行最佳的调度配载。还可以在运输完成之后对运输费用进行处理,对所有的运输记录进行查询,或者对运输费用的收支进行统计和查询。

2. 托运对账

托运对账是指客户在一定时间段内的托运账目明细。包括托运时间、入仓单(出仓单)号、使用车辆、线路以及产生的各种类型的运输费用。

3. 调度配载

调度配载是指在使用车辆的时候需要知道目前有哪些车辆可以进行调度,哪些订车单需要进行处理，还要知道各车辆所处的位置状态，以方便安排车辆。

4. 承运对账

承运对账是指承运公司在一段时间内的运输账目明细，包括承运时间、入仓单（出仓单）号、使用车辆、线路以及产生的各种类型的运输费用。这些费用是本公司需要付给该运输公司的费用，也就是应付账户中的费用。

9.4 实训内容

- 订车处理。
- 调度配载。
- 运输费用。
- 运输明细。
- 收支明细。
- 托运对账。
- 承运对账。

9.5 实训步骤

调度管理模块包括客户订车单的确认、车辆的调度配载、运输费用的计算以及运输方面的简单查询统计。

9.5.1 订车处理

订车单的来源有两种：一种是从配送或者货代部门传过来的订车单；另一种是运输部门自己输入系统的订车单。

所有的订车单都需要经过调度员的审核，订车处理模块的功能有两个：一个是输入订车信息；另一个是对订车单进行审核。

1. 订车单

订车单处理界面（如图 9-1 所示）分为列表区和编辑区两个部分，列表区列举出所有的订车单（包括已经确认和没有确认的），编辑区则是对订车单表头进行维护的区域。主要有两个功能：一个功能就是对订车单进行审核；另一个功能就是新产生一个订车单表头（即订车客户的基本资料）。

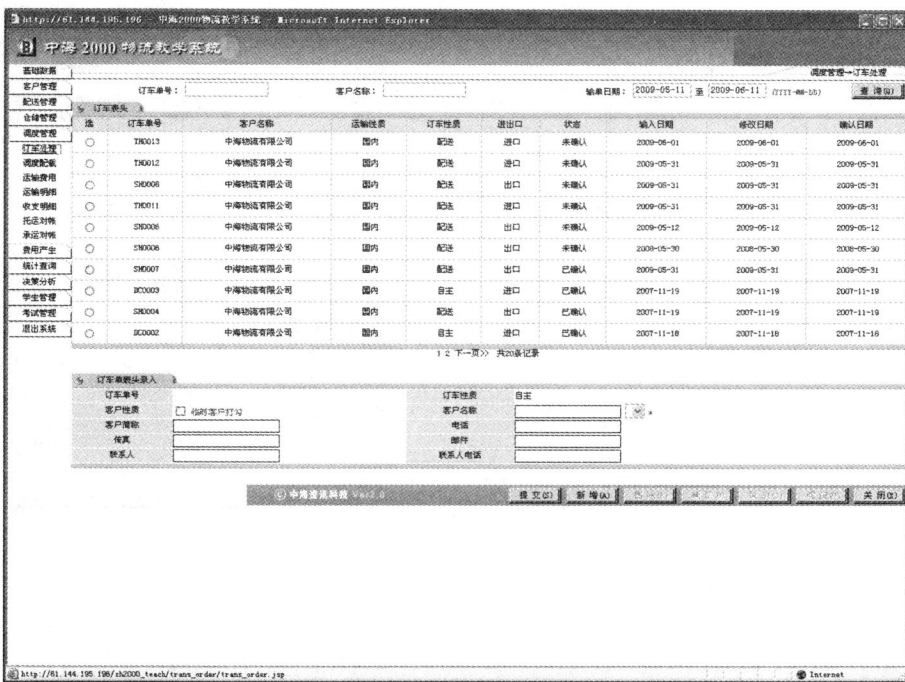

图9-1 订车单处理

操作步骤:

订车单审核:在列表区选中需要审核的订车单,点击【明细】按钮查看该订车单的详细资料(如图9-2所示),确认该订车单可以完成,即返回订车单处理界面点击【确认】按钮,该订车单即可以进行调度配载操作。

新增订车单表头的方法是:在订车单处理界面,点击【新增】按钮进入新增模式(如图9-1所示)。然后在编辑区填写订车客户的基本资料。如果是合约客户,可以直接进行选择;如果是临时客户,需要选中临时客户性质,并且所有的资料需要手工输入。资料填写完毕,点击【提交】即可。

对于已经确认但是还没有进行调度配载的订车单,可以在订车单处理界面点击【取消】,使之返回未确认状态。

2. 订车明细(如图9-2所示)

本模块的主要功能就是查询或者新增订车资料。每一张订车单都需要有订车车型、路线以及起运地和目的地等资料。

在订车单审核的时候,必须在本模块查看这些资料是否齐全,是否有效,否则订车单是不能通过审核的。对于新增的订车单,如果是合同客户,可以直接选择相关资料;如果是临时客户,则需要手工录入订车资料。

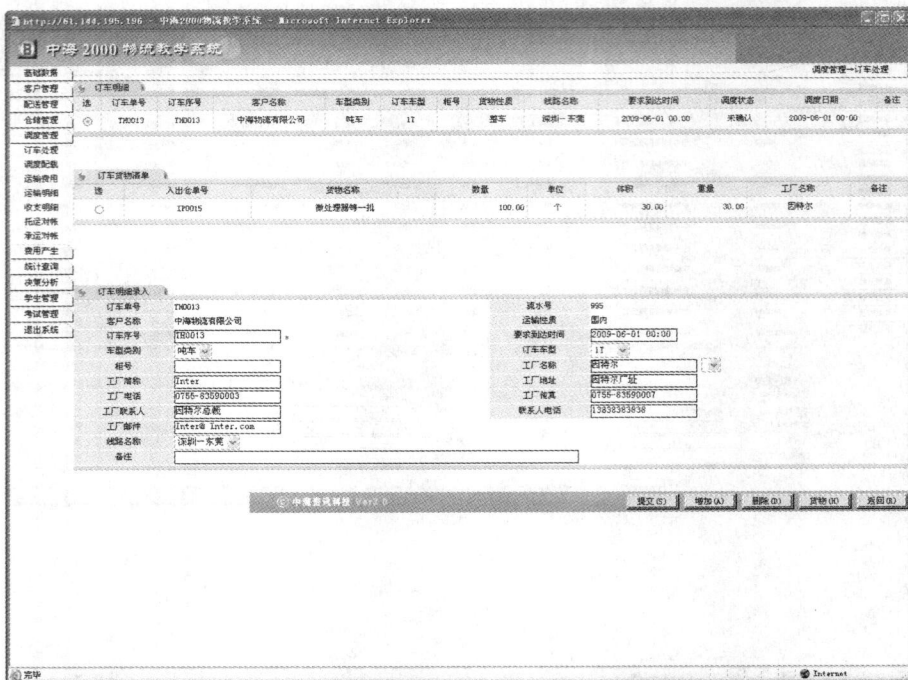

图 9-2　订车明细

操作步骤:

订车明细界面(如图 9-2 所示)分为列表区和编辑区两个部分,列表区会列出已经产生的订车明细,编辑区则是对订车明细进行修改和增加的区域。

进入订车明细界面之后,系统会自动产生订车序号,到达时间默认为当日的零点,这些资料都可以自己修改的。至于使用何种车辆、走哪条路线则需要操作员进行选择。对于起运地资料,如果是合同客户,就可以进行选择;如果是临时客户,就需要手工输入。资料填写完毕点击【提交】。

3. 订车货物清单

每一份订车单都一定有货物的明细清单,否则无法知道如何配载。对于需要审核的订车单,就需要检查货物明细是否齐全;对于新增的订车单,就需要添加货物的详细资料。

操作步骤:

订车明细处理完毕之后,点击【货物】按钮,进入订车货物清单处理界面(如图 9-3 所示)。此界面分为订车明细列表区、订车货物清单列表区和编辑区三个部分。其中订车明细列表区会列举出所有的订车明细清单,而订车货物清单则会列出选中订车明细的所有货物清单,编辑区则主要是新增或者修改货物清单的区域。

填写货物的名称、数量、重量、体积等资料。对于合同客户,可以直接选择目的地的资料，对于临时客户，需要手工输入目的地的资料。填写完毕点【提交】按钮。

注意：一份订车单可以有多个订车明细，一个订车明细可以有多种货物。

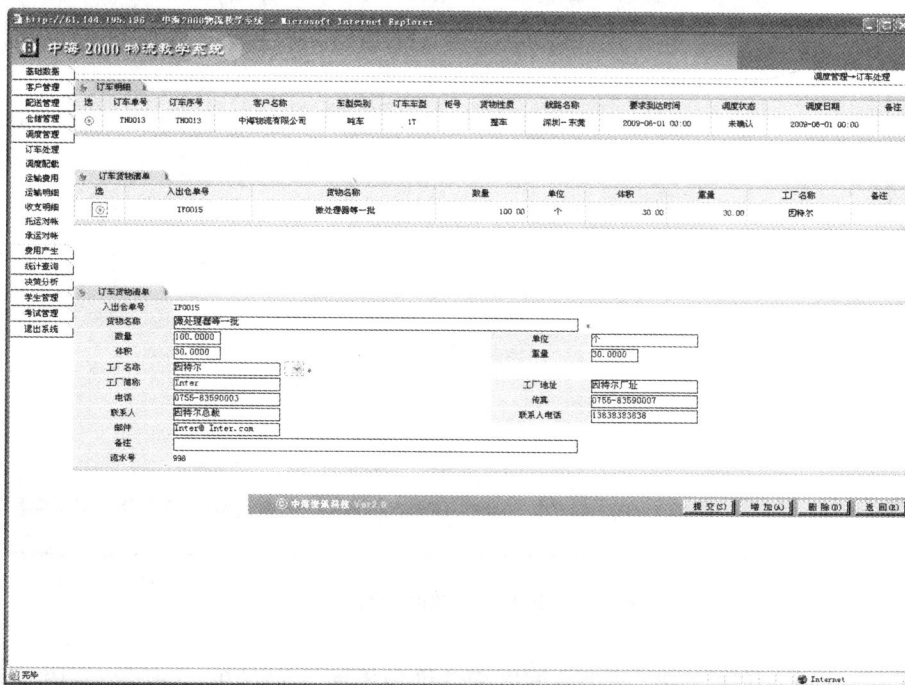

图 9-3 订车货物清单

9.5.2 调度配载

订车单确认之后，就可以进行调度配载的操作了。在调度配载的时候需要知道目前有哪些车辆可以进行调度，哪些订车单需要进行处理，还要知道各车辆所处的位置状态，以方便调度配载。在本模块中，操作员需要清楚地知道这些信息，并根据各自的情况对订车单进行处理。

操作步骤：

（1）进入调度配载初始界面（如图9-4所示），该界面分为车辆状态区和货运处理区两个部分。车辆状态区显示出所有车辆的当前状态。如果该车辆的状态为"一"表示该车现在处于空闲状态，可以进行调度；如果该车辆的状态为"托运"表示该车现在正在承运中，不可以进行调度。

货运处理区列出所有的订车单，订车单分为未调度、已调度和托运完毕三种状态。托运完毕的订车单表示该运输业务已经完成（费用计算除外），已调度未托运完成的表示订车单已经处理，但是运输还没有结束，未调度的则表示需要进行调度配载的处理。

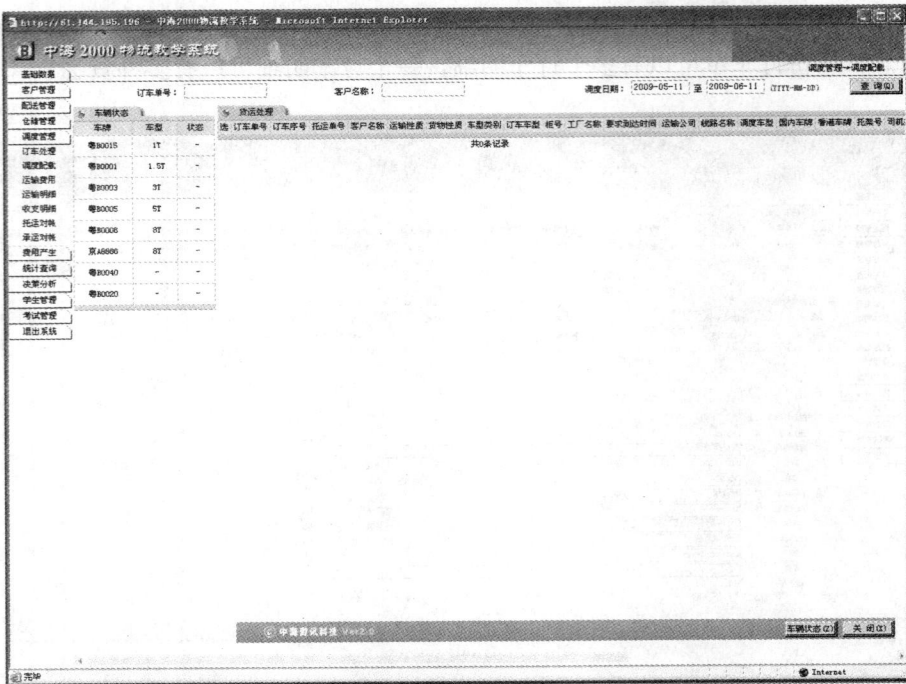

图 9-4 调度配载

(2) 点击【订车单号】，即进入调度配载维护界面（如图 9-5 所示），该界面也分为调度区域、承运公司选择区和配载区三个部分。其中调度区域是不能进行操作的，该区域会列出本次调度的相关资料。

承运公司区是提供选择承运公司以及承运车辆的区域，可以选择与本公司有合同的承运公司进行运输，也可以输入临时承运公司，不过如果选择临时承运公司，所有的信息就需要手工输入。承运资料录入完毕，点击【提交】按钮。

承运公司和承运车辆选定之后即转到调度配载区，所有没有进行调度配载的订车单都会在本区域显示出来，可以根据需要将一份或者几份订车单配载到一辆车上进行运输。配载完毕之后点击【调度确认】按钮，如果需要重新调度，选择【调度取消】按钮；承运完毕，点击【托运确认】按钮，本次承运工作完成。

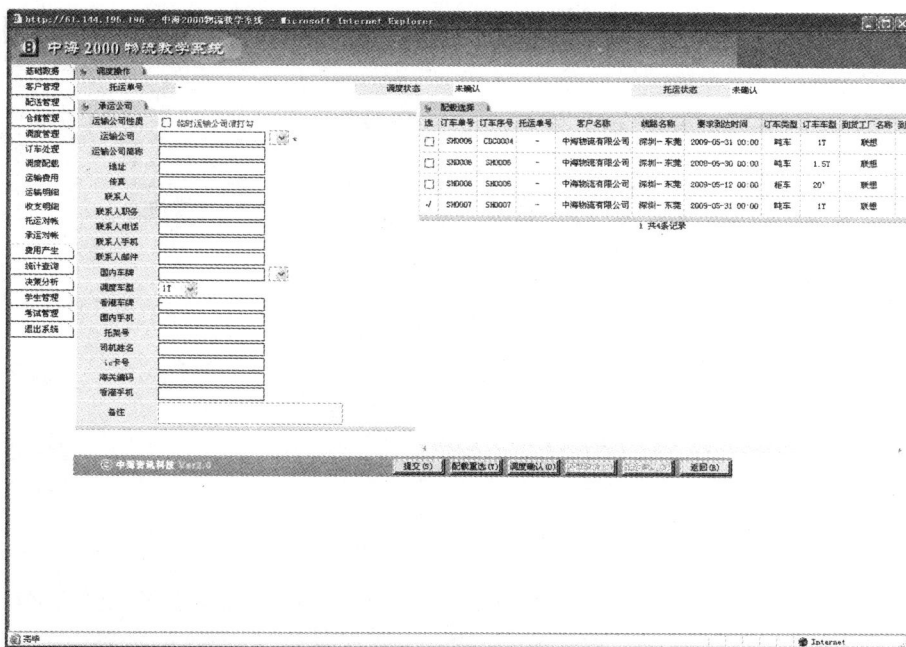

图 9-5 调度配载维护

9.5.3 运输费用

调度配载完毕，需要对运输费用进行处理。运输费用分为两类：一类是本公司应该收取的费用；另一类是应该付给承运公司的费用。两类费用之间的差额就是本公司的赢利。系统设定的运输费用除了包括正常的运输费用以外，还包括了一些附加的费用，如空返费用、停车费用等。这些费用是否收取，由合同或者别的协议来决定。

操作步骤：

点击【费用处理】，进入费用处理界面（如图9-6所示），所有已经完成调度配载的订车单都显示出来。

点击需要进行费用处理的订车单号，即可进入费用清单界面（如图9-7所示）。系统会按照已经生效的报价计算费用，也可以在这里进行费用的输入、修改操作。确认无误之后，点击【提交】，然后再点击【提交确认】，费用计算完毕。

如果费用有误，对于已经提交确认的费用，点击【取消】按钮并进行取消确认，然后对费用进行修改。对于没有确认的费用，直接修改即可。修改完毕，重新点击【提交确认】，完成对费用的修改。

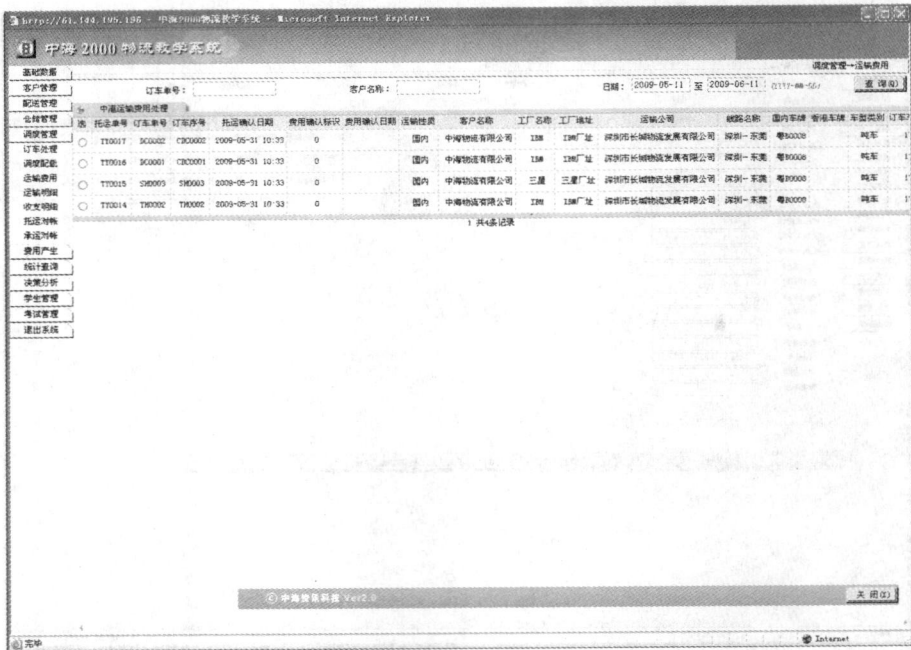

图9-6 运输费处理

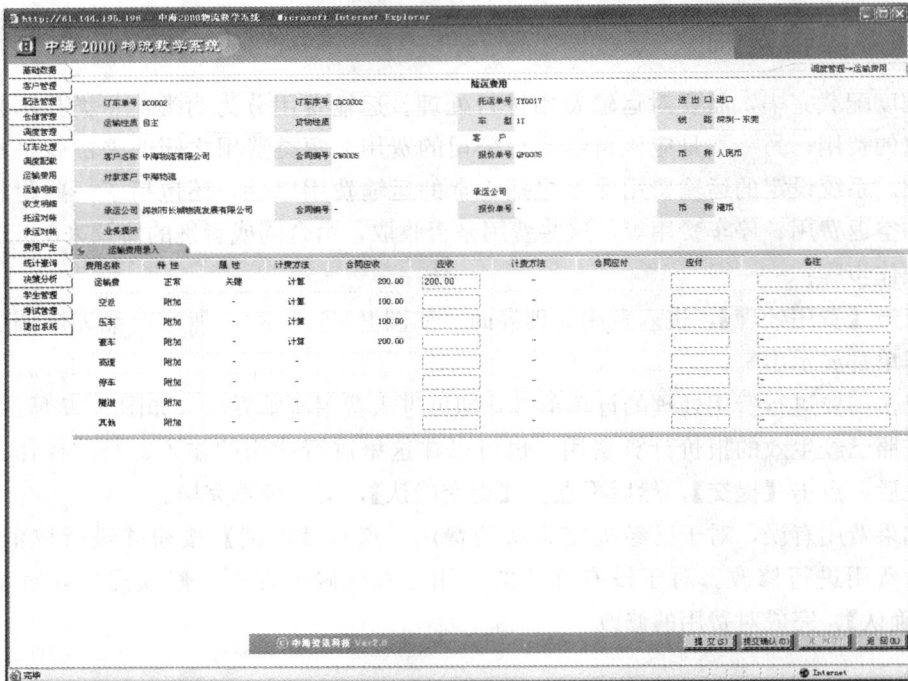

图9-7 费用清单

9.5.4　运输明细

本模块可以对一段时间内的运输明细进行查询，可以查询所有的承运资料，包括承运公司名称、运输线路、运输产生的各种类型的费用等。系统默认查询时间为当前日期前的一个月，日期格式为：××××-MM-DD。填写查询的时间段，然后点击【查询】按钮即可得到查询的结果（如图9-8所示）。

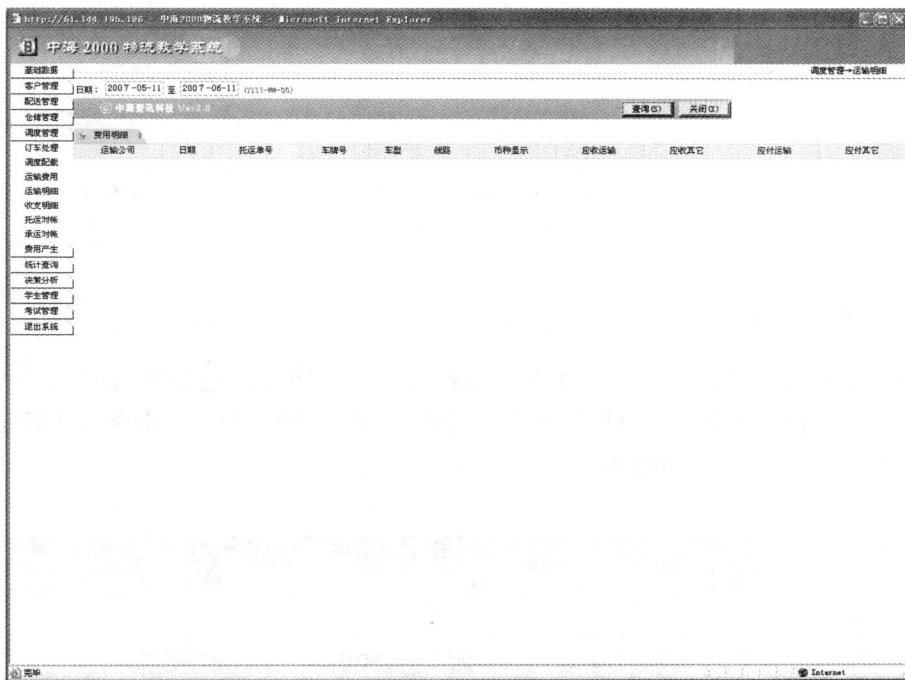

图9-8　费用明细

9.5.5　收支明细

本模块可以查询某段时间内的运输收支明细，包括费用产生的时间、单号、参与操作的公司名称、具体运输情况以及应收运输费用和应付运输费用、使用何种币种计量等。点击【查询】按钮，即可得到需要的数据，如图9-9所示。

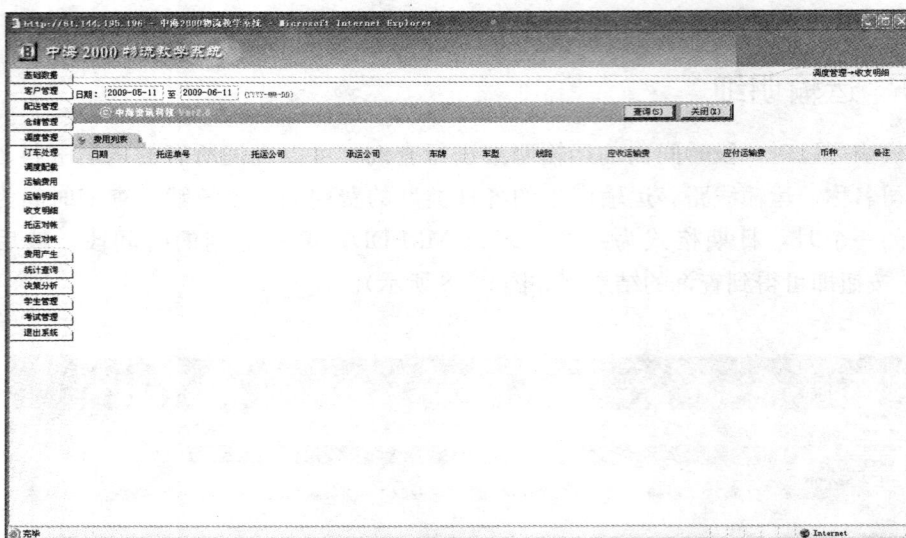

图 9 - 9　收支明细

9.5.6　托运对账

本模块可以查询客户在一定时间段内的托运账目明细。包括托运时间、入仓单（出仓单）号、使用车辆、线路以及产生的各种类型的运输费用。查询条件为托运客户名称和时间段，如图 9 - 10 所示。

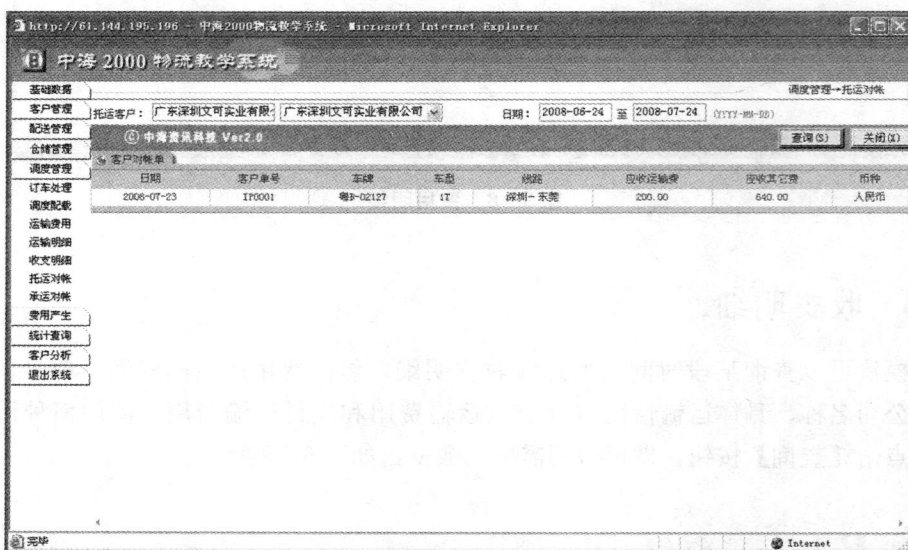

图 9 - 10　托运对账

进入托运对账界面之后，先要选择查询的托运客户名称，再设定查询时间段，点击【查询】按钮，即可得到需要的资料。

9.5.7　承运对账

本模块可以查询承运公司在一段时间内的运输账目明细，包括承运时间、入仓单（出仓单）号、使用车辆、线路以及产生的各种类型的运输费用。这些费用是本公司需要付给该运输公司的费用。查询条件为承运客户名称和时间段。

进入承运对账界面之后（如图 9-11 所示），先选择需要查询的承运公司，再设置查询时间段，点击【查询】按钮，即可得到查询的结果。

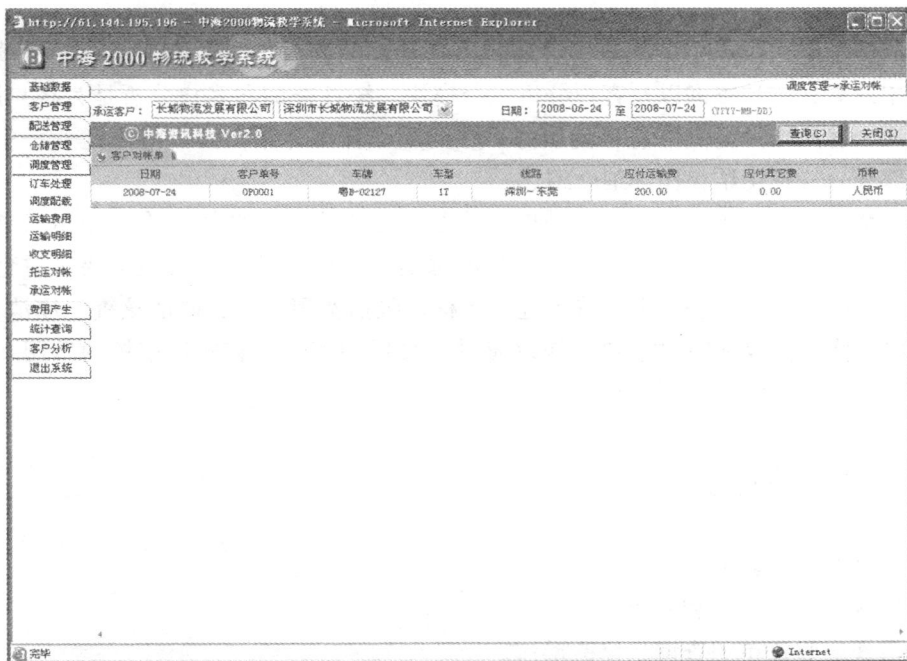

图 9-11　承运对账

9.6　思考与练习

学生根据教师给定的条件，在系统中做完本模块所有的程序。

10 费用产生及结算

完成整个配送作业中的入仓、管理、出仓全部流程后，配送管理系统的后续操作包括费用结算、统计查询以及客户分析三个模块。统计查询和客户分析是为客户服务、商务洽谈、客户维护提供信息咨询服务，在此不作详细介绍，而只对配送业务中必不可少的部分——费用结算作详细介绍。

费用结算属于财务部分操作的范畴。本系统会产生七种费用，除了仓租需要在结算的时候进行计算才可以产生以外，其余的都是即时产生的。本模块主要是对仓租进行计算，然后对所有已经产生的费用进行审核，包括费用核查、取消核查、取消计算、应收账单、修改应收和应付账单、修改应付及收付利润，只有通过审核的费用才可以进行后续的结算操作。

10.1 实训目的

- 掌握仓租计算的操作。
- 掌握费用的查询和修改操作。
- 掌握应收账单的查询、修改操作。
- 掌握应付账单的查询、修改操作。
- 掌握收付利润的查询操作。

10.2 时间安排

2课时。

10.3　实训内容与步骤

10.3.1　仓租计算

在实际的操作中，仓租分为包租和散租两种，由于仓租费用与时间的累计有关，因此不能在入仓或者出仓的时候即时产生，需要在结算的时候计算产生。

本系统中仓租是按客户、按单计算的，包租客户的仓租一般按月计算，其计算公式为：

$$租金＝单价×面积×包租月数$$

其中非月初入仓的物品按照天计算。

散租客户的仓租一般按天计算，其计算公式为：

$$租金＝单价×计费数量×天数$$

管理费用是根据仓租总额的一定比例计算，其计算公式为：

$$管理费＝仓租×N\%（N\%为仓租管理合同中约定的比例）$$

操作步骤：

仓租计算界面（如图10-1所示）有一个仓租类别选择，系统默认为包租、散租都有，可以根据实际进行选择。选好仓租类别之后，选择需要计算仓租的客户或者供应商名称，然后填入仓租计算的截止日期，点击【计算】，系统即会自动计算出这段时间内该客户的仓租费用。

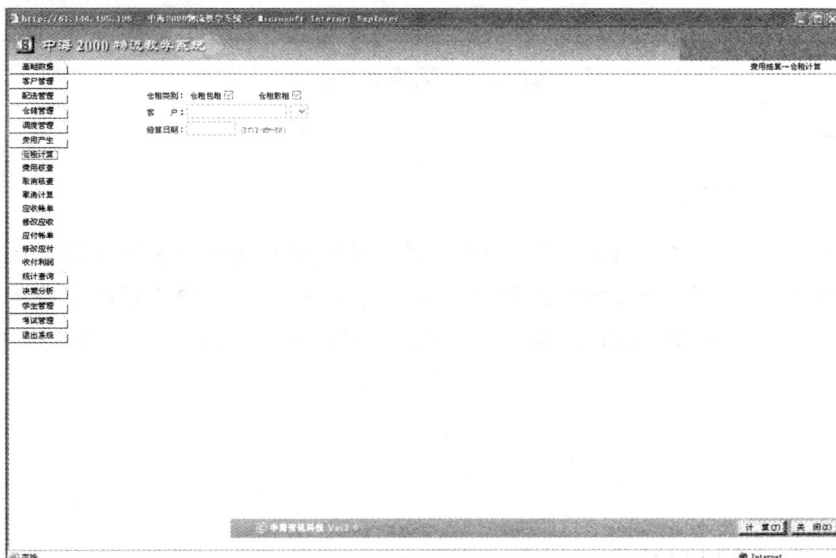

图10-1　仓租计算

计算完毕之后，进入计算完成界面（如图 10 - 2 所示），系统会在本界面提示仓租计算是否成功，并显示仓租计算的截止日期。但计算出来的费用不会在本界面显示。

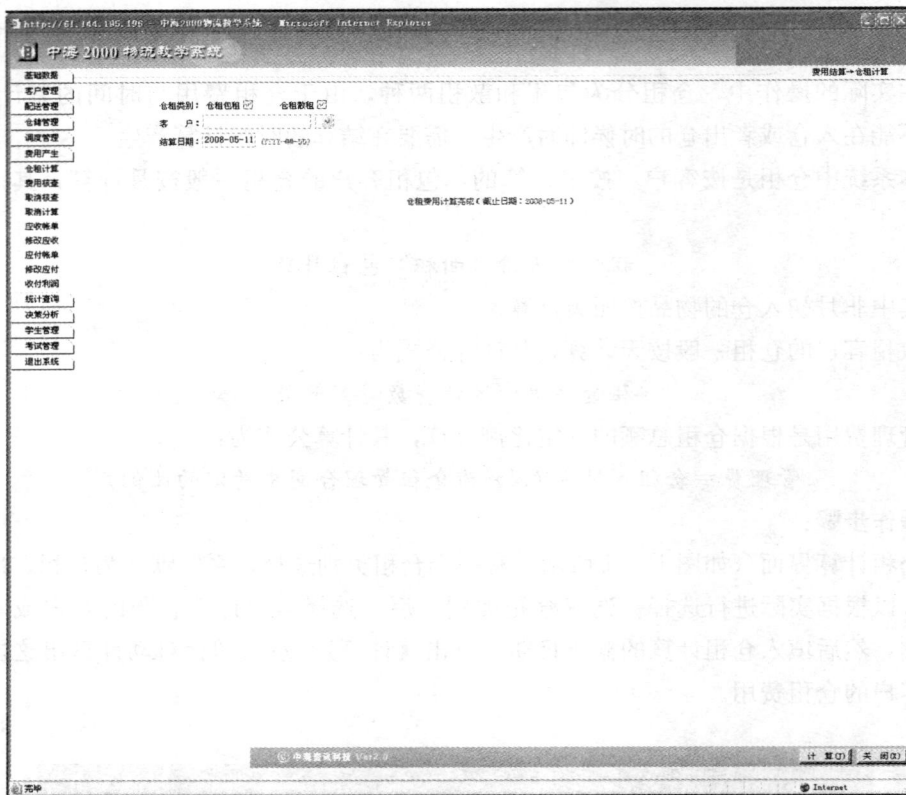

图 10 - 2　仓租计算完成

10.3.2　费用核查

在费用核查界面（如图 10 - 3 所示），可以对所有未核查的费用进行查询，查询的条件包括客户名称（包括收费客户和付款客户）、日期段、客户单号以及费用类型（仓租、运输、装卸、处理、加班、报关、其他）；可以在本界面对每一笔费用进行核对、修改。

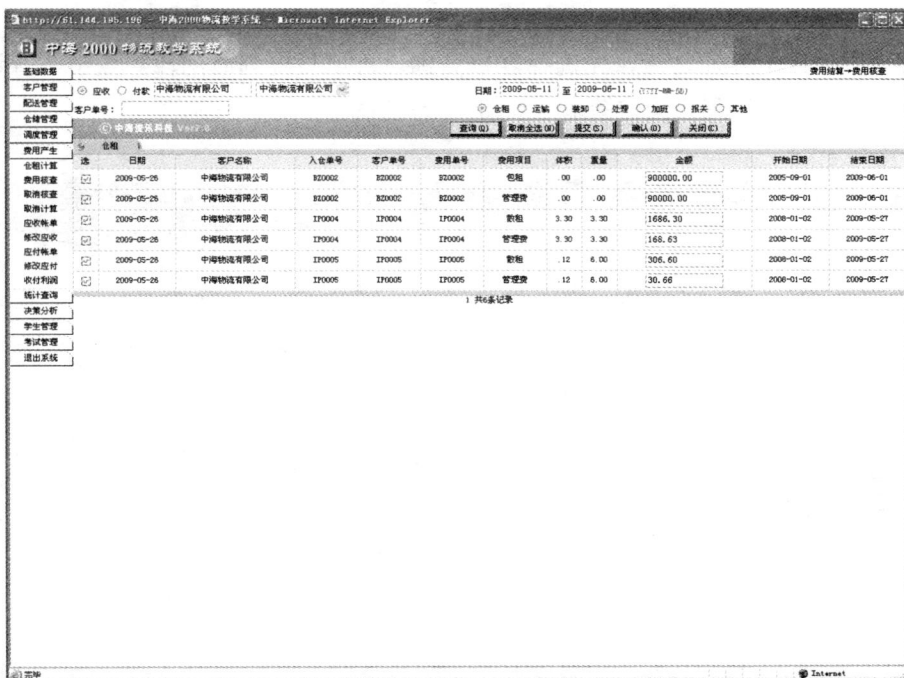

图 10-3 费用核查

操作步骤:

从费用核查界面可知,系统产生的所有费用都必须在此处进行审核,然后才可以进行费用的处理操作。七种费用的核查方法是一样的,以装卸费用为例进行说明。

首先处理应收费用,所谓应收费用,指的是本公司要向客户收取的费用。选中"应收",然后选择客户名称,填写费用产生的时间段,选择费用类型(装卸),就可以在列表区显示出该客户这段时间内产生的装卸费用。

操作员可以对每一笔费用的金额进行修改,修改过后必须点击【提交】按钮,保存修改过的结果。在可以通过审核的费用前面打"√",然后点击【确认】按钮,这些费用即核查完毕。

应付费用表示的是本公司应该付给相关公司的费用,应付费用的处理方法和应收费用的处理方法完全一致。

注意:如果只有少数费用可以确认,可以点击【取消全选】按钮,消除所有费用前的"√",然后再在少数费用前打"√",就可以继续了。

10.3.3 应收账单

应收账单主要是列出属于某个客户某段时间应该付给物流公司的费用的账目清单,其查询条件是客户名称和时间段。

操作步骤：

进入应收账单界面之后，先选择客户名称，再填写查询时间段，点击【查询】按钮，即可在列表区得到查询的结果（如图 10－4 所示）。

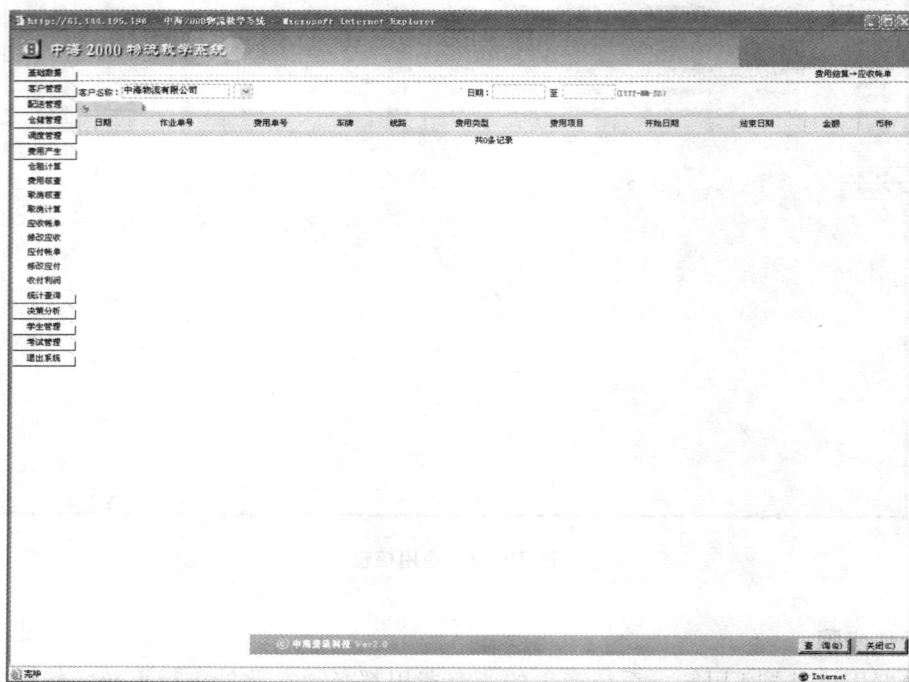

图 10－4　应收账单

10.3.4　修改应收

"修改应收"是对通过核查但是还没有收取的费用进行打折处理，如果费用在这里进行了修改，需要重新打印账单给客户。

费用查询条件包括客户名称、费用时间段、费用单号以及费用类型（仓租、运输、装卸、处理、加班、报关和其他）。

操作步骤：

进入应收费用修改界面之后，操作员可以根据需要填写一个或者几个条件查询需要修改的费用清单（如图 10－5 所示）。每一笔费用后面都有金额和比例两项，其中金额代表该笔费用的具体数据，比例表示打折的比例。一般来说，系统默认的比例为 1，即不打折。操作员可以修改后面的比例（如比例为 0.8 代表在当前费用金额的基础上打八折）进行打折操作，也可以直接修改金额，系统会自动计算出打折的比例。修改完毕，一定要点击【提交】保存修改过的费用。

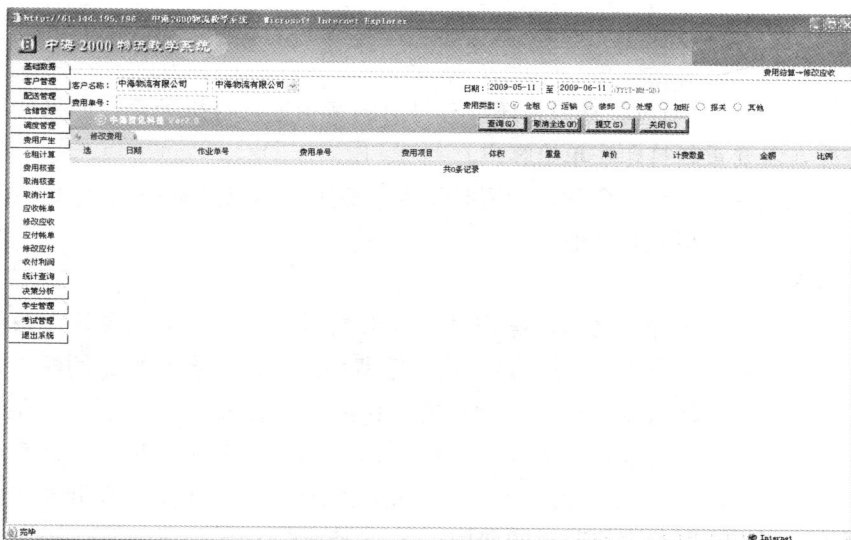

图 10 - 5 修改应收费用

注：修改的费用清单前面一定要选中，即打"√"。

10.3.5 应付账单

"应付账单"主要是列出本公司在某段时间内应该付给某公司的费用清单。其查询条件是客户名称和时间段，如图 10 - 6 所示。

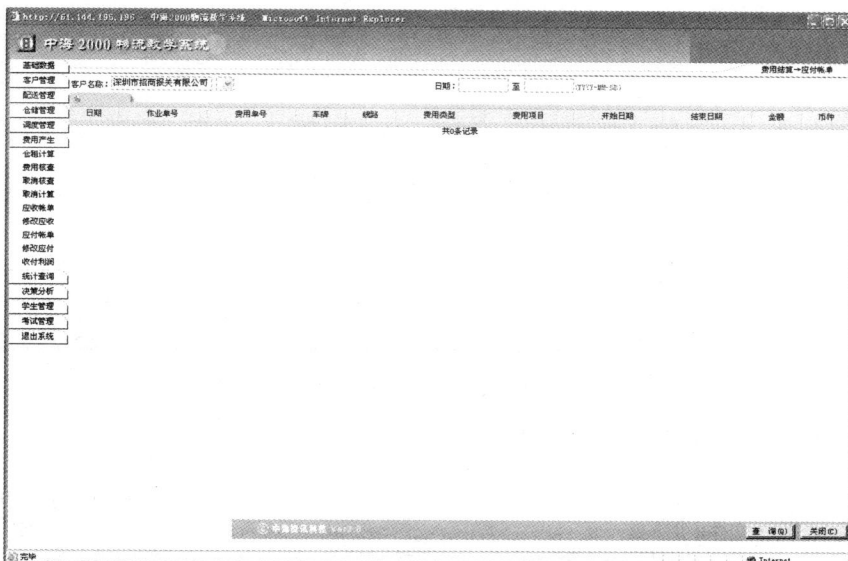

图 10 - 6 应付账单

10.3.6 修改应付

"修改应付"是对通过核查但是还没有付出的费用进行打折处理，如果费用在这里进行了修改，需要重新打印账单给客户。

费用查询条件包括客户名称，费用时间段、费用单号以及费用类型（仓租、运输、装卸、处理、加班、报关和其他）。

操作步骤：

进入应付费用修改界面之后，操作员可以根据需要填写一个或者几个条件查询需要修改的费用清单（如图 10-7 所示）。每一笔费用后面都有金额和比例两项，其中金额代表该笔费用的具体数据，比例表示打折的比例。一般来说，系统默认的比例为 1，即不打折。操作员可以修改后面的比例（如比例为 0.8 代表在当前费用金额的基础上打八折）进行打折操作，也可以直接修改金额，系统会自动计算出打折的比例。修改完毕，要点击【提交】保存修改过的费用。

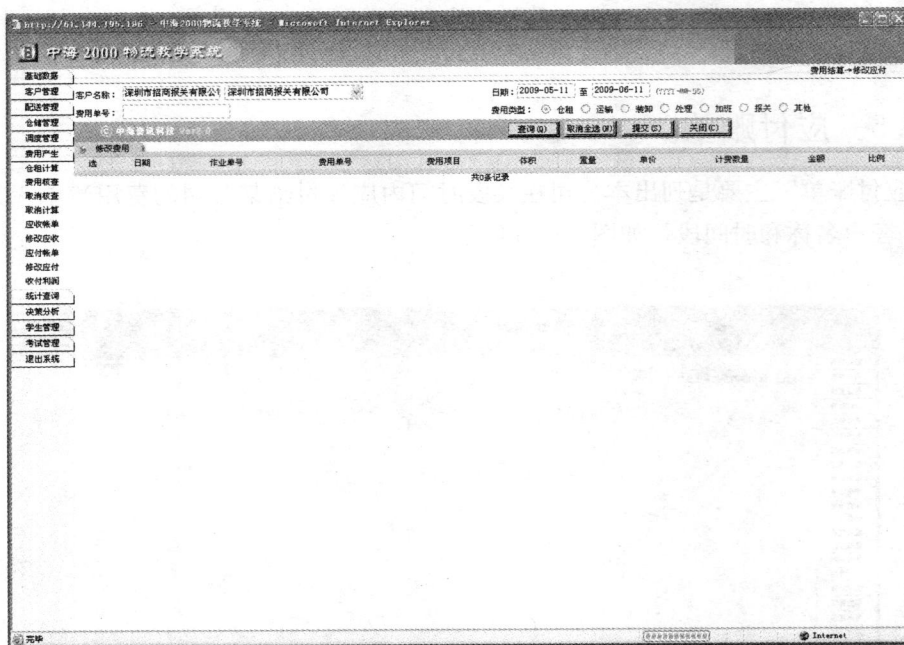

图 10-7 修改应付

注：修改的费用清单前面一定要选中，即打"√"。

10.3.7 收付利润

"收付利润"是统计对于某一个客户在某一段时间内的利润。查询条件为客户名称和时间段。在此处可以查询某笔业务的应付费用和应收费用以及利润情况，如图 10 - 8 所示。

图 10 - 8　收付利润

10.4　思考与练习

对前面各操作环节所完成的业务进行仓租计算及各项查询。

第三部分

第三方物流企业业务实训

11 客 户

客户是针对特定的某一类人或者一个细分市场而言的。对于第三方物流企业而言，客户一般指企业服务的厂商、批发商、零售商以及最终客户。本章以中海物流的某国际商贸企业客户为案例背景，模拟真实第三方物流企业的运作环境，阐述第三方物流企业获取客户的业务流程，并给出与客户业务往来涉及的各种重要单证。

11.1 客户简介

某国际采购企业是美国一家大型的国际家具采购贸易公司，位于美国西南部的亚利桑那州。主要产品有办公家具、家用家具两大系列，该企业年销售额在1亿美元左右；其销售业绩在美国家具业排名前十位。

该企业95%以上的供应商位于中国广东珠江三角洲，贸易性质均属于来料加工或进料加工海关监管企业。中海物流为该企业提供采购营销配送服务，供应商从境内或境外进入中海福田保税仓，在中海保税仓内进行理货、配货、拼柜、检测等增值服务。加工完成之后，通过海运或空运送达国外，然后通知国外的合作代理送达买家手中。

1. 客户企业物流需求分析

（1）该企业约95%的供应商位于中国广东珠江三角洲，约5%的供应商来自东南亚，但营销配送中心却位于美国。如何降低美国配送中心居高不下的物流、人力、管理成本？

（2）因供应商来自中国广东、东南亚等地，从订单完成到海运至美国HUB再集货分散至卖场或终端客户手上的时间很长，如何提高客户订单时间的满足率？

（3）虽然各供应商货物出厂前均有严格的质量检测制度，可仍有小部分货物到达美国HUB后发现不良现象，而且在美国HUB操作时也有货物损伤的问题产生。如何解决货物到美国HUB后不良品的返修问题？

2. 客户对物流服务商提出的条件和要求

（1）要求合作方是专业性和综合性的第三方物流服务商，拥有专业的运输、仓储实体，提供跨国性服务网络配送服务，提供一体化物流解决方案。

（2）有多年从事跨国企业采购营销的物流服务经验和专业的服务团队。

（3）在该区域乃至全国须为知名企业，除拥有过硬的有形资产还需要有具竞争力的无形资产。

3. 深圳中海物流解决方案

（1）原运作模式：原配送中心设在美国本部，其供应商主要位于中国、马来西亚等。各供应商直接将货物由原产地通过海运送至美国配送中心，按订单需求，再在美国配送中心选货发送至美国本土内的各需求点。

（2）新运作模式：将其美国配送中心移至位于福田保税区的中海物流公司，供应商通过陆运或海运送至中国仓，然后中海根据该企业要求，经过收货、储存、选货、装卸、运输等环节，最终将货物通过海运送至美国。以下是货物流动的基本路线：

- 中国内地（主要是广东东莞地区）—中海仓（进仓）。
- 中国台湾—中国香港—中海仓（进仓）。
- 马来西亚、越南—中国香港—中海仓（进仓）。
- 中海—蛇口—美国（出仓）。

11.2　业务流程

客户开发业务流程如下图所示。

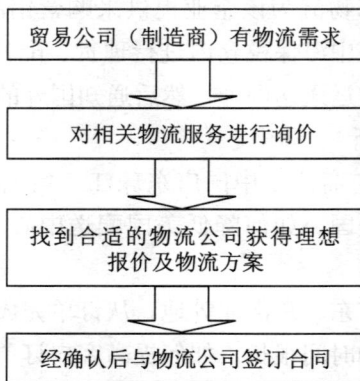

贸易公司（制造商）有物流需求

↓

对相关物流服务进行询价

↓

找到合适的物流公司获得理想报价及物流方案

↓

经确认后与物流公司签订合同

客户开发业务流程

11.3　业务相关单据

11.3.1　采购需求单

采购需求单是货物采购之前给供应商下达的订购意向，公司在向供应商订购产品时，会预先开一张采购需求单，列出所要购买产品的单价、数量、金额以及供货的时间等，让供应商按采购订单发货；采购需求单会因采购物品的要求、供应商的情况、公司本身的管理要求、采购方针等的不同而各不相同，很难说一个企业的所有采购需求单都可以套用一种标准格式。一般的采购订单包括品质条款、价格条款、数量条款、装运条款、支付条款、保险条款等内容。采购需求单如表 11-1 和表 11-2 所示。

表 11-1　　　　　　　　　　　　　　　采购需求单

<table>
<tr><td colspan="7">ASPEN 家具（深圳）有限公司
中国广东深圳福田自由贸易区金华路海富大厦
采购需求单</td></tr>
<tr><td colspan="7">Pt＃：28SF308SE</td></tr>
<tr><td>商品代码</td><td>商品描述</td><td></td><td>量</td><td>单位</td><td>单价</td><td>金额</td></tr>
<tr><td>件</td><td>PO</td><td></td><td></td><td></td><td>USD</td><td>USD</td></tr>
<tr><td colspan="7" align="right">上海 FOB</td></tr>
<tr><td colspan="7">CTNR＃AMFU8799155/40HQ　　铅封号：1434827</td></tr>
<tr><td>L10-891411-M</td><td>L0553001</td><td colspan="2">PRESOTT-RECLINER-W/MOTOR</td><td>9</td><td>PCS</td><td>351.00</td><td>3519.00</td></tr>
<tr><td>L10-910120-M</td><td>L0553001</td><td colspan="2">BURBANK-ARMLESS-UNIT</td><td>5</td><td>PCS</td><td>195.00</td><td>975.00</td></tr>
<tr><td>L10-910121-M</td><td>L0553001</td><td colspan="2">BURBANK-LAF-END</td><td>30</td><td>PCS</td><td>230.00</td><td>6900.00</td></tr>
<tr><td>L10-910123-M</td><td>L0553001</td><td colspan="2">BURBANK-RAF-2-ARM-END</td><td>30</td><td>PCS</td><td>277.00</td><td>8310.00</td></tr>
<tr><td colspan="4"></td><td>74</td><td>PCS</td><td></td><td>19344.00</td></tr>
<tr><td colspan="7">总金额（美元）：壹万玖仟叁佰肆拾肆元整</td></tr>
<tr><td colspan="7">购货方：ASPEN 家具（深圳）有限公司　　售货方：SHAYNE 国际控股有限公司</td></tr>
<tr><td colspan="7">　
　
　　　授权签字　　　　　　　　　　　　　　　　　　授权签字</td></tr>
</table>

表 11 - 2   采购需求单（英文对照）

ASPEN FURNITURE （SHEN ZHEN) CO.，LTD.

HAIFU BUILDING，LANHUA PATH，JINHUA RD. FUTIAN FREE TRADE ZONE，

SHENZHEN，GUAGDONG，CHINA

PURCHASE ORDER

Pt#：28SF308SE

MARKS & NOS.	DESCRIPTION	QUANTITY	UNIT	PRICE	AMOUNT
ITEM	PO			USD	USD

FOB SHANGHAI

CTNR#AMFU8799155/40HQ   SEAL NO.：1434827

L10-891411-M	L0553001	PRESOTT-RECLINER-W/MOTOR	9	PCS	351.00	3519.00
L10-910120-M	L0553001	BURBANK-ARMLESS-UNIT	5	PCS	195.00	975.00
L10-910121-M	L0553001	BURBANK-LAF-END	30	PCS	230.00	6900.00
L10-910123-M	L0553001	BURBANK-RAF-2-ARM-END	30	PCS	277.00	8310.00
			74	PCS		19344.00

SAY TOTAL （US DOLLARS) NINETEEN THOUSAND THREE HUNDRED FORTY FOUR ONLY.

PURCHASER：ASPEN FURNITURE   VENDOR：SHAYNE INTERNATIONAL

(SHENZHEN) CO.，LTD.   HOLDINGS LTD

———————————   ———————————
Authorized Signature(s)   Authorized Signature(s)

11.3.2 商业发票

商业发票（COMMERCIAL INVOICE）是出口方向进口方开列发货价目的清单，是买卖双方记账的依据，也是进出口报关缴税的总说明。商业发票是一笔业务的全面反映，内容包括商品的名称、规格、价格、数量、金额、包装等，同时也是进口商办

理进口报关不可缺少的文件，因此商业发票是全套出口单据的核心，在单据制作过程中，其余单据均需参照商业发票缮制。商业发票示例如表 11-3 和表 11-4 所示。

1. 商业发票的内容

商业发票的内容一般包括：

(1) 须载明"发票"（INVOICE）字样；

(2) 发票编号和签发日期（NUMBER AND DATE OF ISSUE）；

(3) 合同或订单号码（CONTRACT NUMBER OR ORDER NUMBER）；

(4) 收货人名址（CONSIGNEE'S NAME AND ADDRESS）；

(5) 出口商名址（EXPORTER'S NAME AND ADDRESS）；

(6) 装运工具及起讫地点（MEANS OF TRANSPORT AND ROUTE）；

(7) 商品名称、规格、数量、重量（毛重、净重）等（COMMODITY, SPECIFICATIONS, QUANTITY, GROSS WEIGHT, NET WEIGHT ETC）；

(8) 包装及尺码（PACKING AND MEASUREMENT）；

(9) 唛头及件数（MARKS AND NUMBERS）；

(10) 价格及价格条件（UNIT PRICE AND PRICE TERM）；

(11) 总金额（TOTAL AMOUNT）；

(12) 出票人签字（SIGNATURE OF MAKER）等。

在信用证支付方式下，发票的内容要求应与信用证规定条款相符，还应列明信用证的开证行名称和信用证号码。在有佣金折扣的交易中，还应在发票的总值中列明扣除佣金或折扣的若干百分比。发票须有出口商正式签字方为有效。

2. 商业发票的作用

商业发票的作用有以下几方面：

(1) 便于进、出口商核对已发货物是否符合合同或信用证规定；

(2) 作为进口方和出口方记账的依据；

(3) 在出口地和进口地作为报关、清关及纳税的凭据；

(4) 在不用汇票的情况下，可代替汇票作为付款依据；

(5) 凭光票付款时，通常用以确定有关交易的细节；

(6) 是整套出口单据的中心及其填制和审核的依据；

(7) 可作为索赔、理赔的凭据。

表 11-3   **商业发票**

SHAYNE 国际控股有限公司

台湾台北县胜垦乡北胜路 3 段 18 排新贸易中心 7 楼

商业发票

发票号：28SF308SE

LOAD DATE：4-6-08

商品名称：皮革家具

客户名称：ASPEN 家具（深圳）有限公司

地址：中国广东

船名航次：RONG FENG 0815S   ETD：4-11-08   ETA：4-15-08

起运港：上海   目的港：香港

承运人：中国海外国际承运有限公司

商品代码	商品描述	量	单位	单价	金额
ITEM	PO			USD	USD
					上海 FOB

CTNR♯AMFU8799155/40HQ   铅封号：1434827

L10-891411-M	L0553001	PRESOTT-RECLINER-W/MOTOR	9	PCS	351.00	3519.00
L10-910120-M	L0553001	BURBANK-ARMLESS-UNIT	5	PCS	195.00	975.00
L10-910121-M	L0553001	BURBANK-LAF-END	30	PCS	230.00	6900.00
L10-910123-M	L0553001	BURBANK-RAF-2-ARM-END	30	PCS	277.00	8310.00
			74	PCS		19344.00

总金额（美元）：壹万玖仟叁佰肆拾肆元整

航运标示：

LOT NO.：

P.O. NO.：

件数：

类型：

皮革 NO.：

C/NO..：

N.W：

G.W：

中国制造：

尺寸：

SHAYNE 国际控股有限公司

————————————————

授权签字

表 11 - 4　　　　　　　　　　商业发票（英文对照）

SHAYNE INTERNATIONAL HOLDINGS LTD

NEW TRADE CENTER, 7TH FL., NO. 18. LANE, PEI-SHENG RD., SEC 3,

SHENG-KEN HSIANG, TAIPEI HSIEN TAIWAN

COMMERCIAL INVOICE

INVOICE NO.：28SF308SE

LOAD DATE：4 - 6 - 08

INVOICE OF：LEATHER UPHOLSTRY FURNITURE

FOR ACCOUNT AND RISK OF MESSRS：ASPEN FURNITURE (SHENGZHEN) CO., LTD.

ADDRESS：HAIFU BUILDING, LANHUA PATH, JINHUA RD., FU TIANFREETRADE ZONE, SHENZHEN, GUANG DONG, CHINA

SHIPPED PER：RONG FENG 0815S　　ETD：4 - 11 - 08　　ETA：4 - 15 - 08

FROM：SHANGHAI　　　TO：HONGKONG

FORWARDER：CHINA OVERSEAS INT'L FORWARDING CO., LTD.

MARKS & NOS.	DESCRIPTION	QUANTITY	UNIT	PRICE	AMOUNT
ITEM　　　　PO				USD	USD
					FOB SHANGHAI

CTNR♯AMFU8799155/40HQ　　　　SEAL NO.：1434827

L10-891411-M	L0553001	PRESOTT-RECLINER-W/MOTOR	9	PCS	351.00	3519.00
L10-910120-M	L0553001	BURBANK-ARMLESS-UNIT	5	PCS	195.00	975.00
L10-910121-M	L0553001	BURBANK-LAF-END	30	PCS	230.00	6900.00
L10-910123-M	L0553001	BURBANK-RAF-2-ARM-END	30	PCS	277.00	8310.00
			74	PCS		19344.00

SAY TOTAL (US DOLLARS)：NINETEEN THOUSAND THREE HUNDRED FORTY FOUR ONLY.

<u>SHIPPING MARKS</u>：

LOT NO.：

P. O. NO.：　　　　　　　　SHAYNE INTERNATIONAL HOLDINGS LTD.

ITEM.：

STYLE：

LEATHER NO.：

C/NO.：　　　　　　　　　　_____

N. W：　　　　　　　　　　　Authorized Signature(s)

G. W：

MADE IN CHINA：

BOX SIZE：

11.3.3 装箱单

装箱单是发票的补充单据，它列明了信用证（或合同）中买卖双方约定的有关包装事宜的细节，便于国外买方在货物到达目的港时供海关检查和核对货物，通常可以将其有关内容加列在商业发票上，但是在信用证有明确要求时，就必须严格按信用证约定制作（如表 11-5 和表 11-6）。装箱单的格式与说明如下：

装箱单（Packing List）：在中文"装箱单"上方的空白处填写出单人的中文名称地址，"装箱单"下方的英文可根据要求自行变换。

出单方（Issuer）：出单人的名称与地址。在信用证支付方式下，此栏应与信用证受益人的名称和地址一致。

受单方（To）：受单方的名称与地址。多数情况下填写进口商的名称和地址，并与信用证开证申请人的名称和地址保持一致。在某些情况下也可不填，或填写"To whom it may concern"（致有关人）。

发票号（Invoice No.）：填发票号码。

日期（Date）："装箱单"缮制日期。应与发票日期一致，不能迟于信用证的有效期及提单日期。

运输标志（Marks and Numbers）：又称唛头，是出口货物包装上的装运标记和号码。要符合信用证的要求，与发票、提单一致。

包装种类和件数、货物描述（Number and kind of packages, description of goods）：填写货物及包装的详细资料，包括：货物名称、规格、数量和包装说明等内容。

填写货物的毛重、净重：若信用证要求列出单件毛重、净重和皮重时，应照办；按货物的实际体积填列，均应符合信用证的规定。

自由处理区：自由处理区位于单据格式下方，用于表达格式中其他栏目不能或不便表达的内容。

表 11－5

装 箱 单

SHAYNE 国际控股有限公司

台湾台北县胜恩乡北胜路 3 段 18 排新贸易中心 7 楼

装箱单

发票号：28SF308SE
商品名称：皮革家具
客户名称：ASPEN 家具（深圳）有限公司
地址：中国广东深圳福田自由贸易区金华路海富大厦
船名航次：RONG FENG 08155　　ETD：4－11－08　　ETA：4－15－08　　起运港：上海　　目的港：香港　　卸货港：香港

ATHER FURNITURE FOR DIRECT CONTAINER ORDER NO. :　　　　CTNR#：AMFU8799155/40HQ

木材种类：
客户名称：
承运人名称：中国海外国际承运有限公司　　　　铅封号：1434827

客户订单号：

Rem#	PO#	商品描述	CTN	PCS	Lot#	Load#	Lnv#	Ref#	N.W/CTN (KGS)	G.W/CTN (KGS)	MEAS (CUFT)	CBM
L10-891411-M	L0553001	PRESCOTT RECLINER	9	9	39508		28SF308SE	A8799155	53.00	68.00	36.36	1.03
L10-910120-M	L0553001	W/MOTOR	5	5	39508		28SF308SE	A8799155	47.00	66.00	19.07	0.54
L10-910121-M	L0553001	BURBANK ARMLESS UNIT	30	3	39508		28SF308SE	A8799155	58.00	77.00	26.14	0.74
L10-910123-M	L0553001	BURBANK LAF END	30	0	39508		28SF308SE	A8799155	70.00	92.00	30.73	0.87
		BURBANK RAF 2 ARM END		3								
合计			74	0					4552.00	6012.00	2128.87	60.27

合计：柒拾肆（74）CARTONS

[本次航运不含任何坚硬木质材料]

LOT NO.：
P.O.NO.：
ITEM.：
STYLE：
LEATHER NO.：
C/NO.：
G.W：
中国制造：
尺寸：

SHAYNE 国际控股有限公司航运标示：

授权签字：

N.W：

175

表 11－6

装箱单（英文对照）

SHAYNE INTERNATIONAL HOLDINGS LTD.
NEW TRADE CENTER 7th FL, NO.18, PEI-SHENG RD., SEC. 3.
SHENG-KEN HSIANG, TAIPEI HSIEN TAIWAN

PACKING LIST

INVOICE NO.: 28SF308SE

PACKING LIST OF: LEATHER UPHOLSTERY FURNITURE

FOR ACCOUNT AND RISK OF MESSRS: ASPEN FURNITURE (SHENZHEN) CO. LTD

ADDRESS: HAI FU BUILDING, LAN HUA PATH, JIN HUA RD, FU TIAN FREE TRADE ZONE SHEN ZHEN, GUANGDONG, CHINA

Vessel & Voyage: RONG FENG 08155　ETD: 4－11－08　ETA: 4－15－08　FROM: SHANGHAI　TO: HONGKONG　Discharge Port: HONGKONG

ATHER FURNITURE FOR DIRECT CONTAINER ORDER NO.:

CTNR#: AMFU8799155/40HQ

WOOD SPECIES:

SEAL NO.: 1434827

CUSTOMER NAME:

FORWARDER NAME: CHINA OVERSEAS INTL FORWARDING CO.,

LTDCustomer Order NO.:

Rem#	PO#	DESCRIPTION	CTN	PCS	Lot #	Load #	Lnv #	Ref #	N. W/CTN (KGS)	G. W/CTN (KGS)	MEAS (CUFT)	CBM
L10-891411-M	L0553001	PRESCOTT RECLINER W/MOTOR	9	9	39508		28SF308SE	A8799155	53.00	68.00	36.36	1.03
L10-910120-M	L0553001		5	5	39508		28SF308SE	A8799155	47.00	66.00	19.07	0.54
L10-910121-M	L0553001	BURBANK ARMLESS UNIT	30	3	39508		28SF308SE	A8799155	58.00	77.00	26.14	0.74
L10-910123-M	L0553001	BURBANK LAF END	30	0	39508		28SF308SE	A8799155	70.00	92.00	30.73	0.87
		BURBANK RAF 2 ARM END		3								
				0								
Total			74						4552.00	6012.00	2128.87	60.27

TOTAL: SEVENTY FOUR (74) CARTONS

[THE SHIPMENT CONTNINS NO SOLID WOOD PACKING MATERIALS]　　SHAYNE INTERNATIONAL HOLDINGS LTDSHIPPING MARKS:

LOT NO.:

P. O. NO.:

ITEM.:

STYLE:

LEATHER NO.:

C/NO.:

G. W:

N. W:

MADE IN CHINA:

BOX SIZE:

Authorized Signature(s)

11.3.4 出仓指令单

出仓指令单是客户根据实际需求向仓库直接下达出仓指令，要求仓库提取货物以便运走。其相关内容信息包括出仓仓库、下达指令客户信息、出仓仓库信息、商品信息、要求操作时间、预计提货信息等，如表 11－7 和表 11－8 所示。

例如，货物在福田保税区中海物流公司存储 5 天后将出口至美国。某家具公司的业务员制作并发送一份出仓指令单给中海物流公司的出仓客服代表准备出货。

表 11－7　　　　　　　　　　　出仓指令单

出仓指令单				
ASPEN 家具（深圳）有限公司				
中国深圳福田自由贸易区金华路海富大厦，518038 Load＃：LD93848				
打印日期：04/18/08				
打印时间：17：43：22				
到期日：04/20/08				
运至：2802 Appointment：美国家具公司				
北大街 865 号 Grand Junction 公司 日期：04/18/08				
时间：				
面积：				
尺寸： Drop Type：				
评价：PO＃0804160000				
航运方式：Pro ship				
厂家信息：				
序号	地点	件	Order Oty	标号
1	AFCSE	L10-891411-M	9	E331016 S331209
2	AFCSE	L10-910120-M	5	E331016 S331209
3	AFCSE	L10-910121-M	30	E331016 S331209
4	AFCSE	L10-910123-M	30	E331016- S331209
总计			74	

表 11 - 8　　　　　　　出仓指令单（英文对照）

LOADING ORDER				

ASPEN Furniture Shenzhen

306B，Haifu Building　　　　　　　　Load＃：LD93848

Lanhua Path，Jinhua Road　　　　　　Print Date：04/18/08

Futian Free Trade Zone　　　　　　　Print Time：17：43：22

Shenzhen，518038 Due　　　　　　　Date：04/20/08

P. R. China　　　　　　　　　　　　Page：Page：1

Ship-To：2802　　　　　　　　　　　Appointment：

Date：04/18/08

American Furniture Co

865 North Avenue Time：　　　　　　Size：

Grand Junction，CO 81501　　　　　　Drop Type：

Area：

Comment：PO＃0804160000

Ship Via：Pro ship

Factory Information：

Line	Site	Item	Order Oty	So Number
1	AFCSE	L10-891411-M	9	E331016 S331209
2	AFCSE	L10-910120-M	5	E331016 S331209
3	AFCSE	L10-910121-M	30	E331016 S331209
4	AFCSE	L10-910123-M	30	E331016 S331209
Total			74	

11.4　客户所需服务项目

1. 运输服务项目
- 中国香港—深圳。
- 国内（广东东莞等地）—深圳。
2. 报关服务项目
- 中国香港出境报关。

- 中国入境报关。
- EDI 单证（报关单）。
- 商检、卫检。
- 特殊附加工序。

3. 仓储服务项目
- 包租。
- 管理。
- 加工处理。

4. 装卸服务项目
- 入仓卸货。
- 出仓装货。

11.5　实训内容与步骤

11.5.1　小组角色分配（如表 11－9 所示）

表 11－9　　　　　　　　第三方物流公司的客户（ASPEN）角色分配表

职务	人数	任务	备注
项目经理	1 人	对业务员提交的物流服务项目报价进行审批，审批通过后与第三方物流公司（中海物流公司）共同拟订并签署合同	
第三方物流公司的客户（ASP-EN）的制单员	1 人	根据公司需要制作采购需求单、货物的装箱单、货物的商业发票，制作并发送一份出仓指令单给中海物流公司的入仓客服代表	
业务员	1 人	根据业务需求（采购需求单）寻找合适的物流公司。首先列举所需物流服务项目，其次与物流公司进行洽谈，对物流服务项目进行询价并得到报价，最后是将报价提交给项目经理进行审批	
供应商德利公司的业务员	1 人	收到由客户（ASPEN）公司的采购需求单后进行备货，并且制作交货确认单一式两份。在客户（ASPEN）公司派车过来提货的时候确认司机信息并且要求司机确认签收，一份给司机，一份自己公司留底	

11.5.2 合作洽谈

合作洽谈是指客户通过与中海物流公司就具体服务项目进行磋商，对具体服务内容提出要求。

第一，对 ASPEN 公司进行简单介绍；

第二，列举详细服务项目；

第三，对服务项目进行询价；

第四，报价确认。

11.5.3 签订合同

无论第三方物流企业承接的是运输项目，还是保管项目，或者是配送项目，购买物流资源与出售物流资源的双方均应该签订经济合同，并对这些经济合同进行科学管理，因为合同管理的成效，直接关系到企业的经营管理业务。

物流合同包括与客户签订的合同和与代理商或承包商签订的合同。第三方物流作为一种服务贸易，其合同内容和条款相对于一般的工矿企业合同以及仓储运输合同更为复杂。因此，物流企业的业务部门应当会同法律部门或者法律顾问制定出符合企业特点的合同范本，以此作为每个业务合同的标准和依据。为了确保业务合同的周密，在签订每个业务合同时，应当由业务部门草拟合同主要内容，再由法律部门或法律顾问审核，必要时应当对合同进行公正。

中海物流公司根据同 ASPEN 公司的洽谈，就服务项目进行确定，并签订合同。中海合同范本及合同中的报价单主要条款见附件 11 - A、11 - B。

附件 11 - A：中海合同范本

物流服务合同

合同编码：178HF-1B05001

物流业务委托方：＊＊＊＊＊国际货运（深圳）有限公司（以下简称甲方）

物流服务提供方：＊＊＊＊物流（深圳）有限公司（以下简称乙方）

双方经过友好协商，就乙方接受甲方委托，提供各项物流服务之具体事宜达成一致，特订立此物流服务合同（以下简称合同）。

第一章　合同标的及内容

第一条　甲乙双方经友好协商，就乙方接受甲方委托，为甲方所营运之货物提供物流服务一事，订立本合同，物流业务服务内容主要包括：

（1）货物储存；

（2）货物装卸（货物出库和入库）；

（3）报关、报检、报验；

（4）拆拼柜等；

（5）国内运输；

（6）香港和福田保税区之间运输；

（7）国际货物运输（海运和空运）及国际货物运输附属业务；

（8）货物混载业务；

（9）上述业务有关的附属其他一切业务。

第二章　基本原则

第二条　双方当事人以平等互利、公平公正、诚实信用为基本原则，合约履行必须遵守该国政府、该地区有关法律法规及各项管理规定。

第三章　本合同与合同附件

第三条　本合同为基本合同，在此合同基础上制定的合作指引、个别备忘录、补充合同等，为作基本合同的一个部分。本合同之规定适用于个别合同，双方当事人在履行本合同时应当同时遵守本合同及附件。但是，当二者之规定不一致时，以本合同之规定为准。

第四条　日常业务发生的订车单、报关委托书、订舱单、简单加工申请单（包括 E-mail 或传真件形式的订单）等，视为本合同附件。

第四章　履约期限及合同变更、解除、终止

第五条　（1）本合同的有效期限从＊＊年＊＊月＊＊日到＊＊年＊＊月＊＊日，为期＊＊年。

（2）本合同期满三个月前，如果甲乙双方均未向当事人提出书面通知终止本合同时，本合同以同样内容自动延长一年，以此类推。

（3）甲乙双方在本合同期满后，如果发生本合同所涉及的业务，但在本合同期限终了前尚未完成的，双方同意参照本合同及附件条款执行，有关财务结算亦然。

第六条　若在合同履行期满之前，任何一方要求对本合同的任何变更、追加均应提前以书面形式通知另一方，经双方协商同意作为本合同的附件，经双方签字后才能生效。

第五章　服务收费及费用支付

第七条　（1）除仓租及管理费以外的业务服务收费，双方同意由乙方按甲方委托业务统一分类报价，甲方承诺在以下约定的期限内依据本合同附件：《物流服务价格表》（以下称"价格表"）中各规定及后期的期限内依据本合同附件向乙方支付费用。

（2）乙方在每月五日前将上月发生的甲方应负费用向甲方发出收费单或提交甲方同意支付的第三者费用凭证，甲方在收到乙方提供的收费单，在经核对后该月末之前，将收费单上经核对后的费用汇入乙方指定的银行账户里。

账户名：＊＊＊物流（深圳）有限公司

开户行：＊＊银行

账号（港币）：24132＊＊＊＊＊＊＊＊

第八条　（1）任何一方发现收费单内容有差错，应立即书面通知另一方。双方应尽力协商，并在 10 个工作日内纠正该差错，并于双方重新商定的日期内完成账单（发票）的递送和款项的支付。

（2）若甲方对乙方发出的收费单未提出异议和差错，且超出第七条规条规定的付款期限未付

款，甲方将按该款项总额、以每天 0.1‰ 的标准向乙方支付滞纳金。

(3) 双方约定支付费用的币种为港币，如需以其他币种支付，将以乙方出具收费当日的银行汇率折算。

第九条　任何一方的任何通知，应通过专人送交、挂号邮寄、快递、传真或 E-mail 的方式（以下称"书面形式"）送交另一方的指定地址和联系人。双方任何的口头陈述、合同或谅解只有在以书面形式得到确认后，方能对合同双方产生约束力。

第六章　事故、异常情况的处理及损害赔偿

第十条　乙方在发行本业务过程中，若发现本货物有异常，例如：发生货物的损伤、事故（包括外表包装损伤）时，应当立即将情况通知甲方，积极采取妥当的措施预防损失扩大，并在接到甲方的通知后进一步采取妥当措施。

第十一条　(1) 在履行本合同过程中，包括延迟履行委托业务，因乙方责任给甲方造成损害时，应当赔偿甲方的直接损失，并迅速予以解决。但是，在发生不可抗力以及非乙方的责任时，乙方应当通知甲方并协助甲方解决。

(2) 乙方对其委托的业务及使用的人做出的行为承担一切责任。

(3) 乙方履行委托业务过程中，对第三人造成人身或其他物质上损害时，应由乙方承担责任的，由乙方负责处理。上述情况下，万一需要甲方对第三人支付损害金或为解决纷争而支出费用时，由甲方先代垫后，乙方迅速向甲方偿还相关费用。

(4) 甲方仓库内货物保险，保险总额为 2000 万元人民币，其他保险由乙方自行决定是否购买，甲方不予承担。

第七章　免责条款

第十二条　当因为发生自然灾害、战争或国家再制定、修订法律等无法预测、回避及克服的事由（即不可抗力），本合同当事人无法履行本合同所规定义务的全部或者一部分时，双方同意可以相互免除责任，但不能免除互相间的通知义务。

第十三条　如果货物本身有潜在的缺陷，或者按照本货物的性质需要采取特殊照料，而甲方未将有关情况告知乙方，或者乙方按甲方要求处置货物，而货物仍灭失或损坏，以及其他由甲方的原因造成的货物的灭失或损坏，乙方不承担灭失或损坏责任。

第八章　保守商业秘密责任

第十四条　(1) 本合同当事人不得向第三者泄露本合同的签订、履行及争议解决过程中获知的对方当事人的商业秘密。任何一方应提供安全的场所保存双方的往来文件、单证，无对方的授权，不得向第三方泄露。但是，对于已经为公所知的信息，或者非因负保密义务一方当事人的过错而为公所知的信息，当事人不负保密义务。

(2) 甲、乙任何一方如违反前项规定对他方造成损害的，应承担损害赔偿。

第九章　合同解除

第十五条　乙方不得将甲方的货物转让给第三人或将货物提供给第三人作担保，或者交给第三人使用、占有等致使侵犯甲方权利或可能侵犯甲方权利的事情发生。

第十六条　乙方如果将甲方委托的物流服务业务再委托给乙方从业员以外的第三人时，应事先和甲方联系并取得甲方的承诺，在上述情况下，乙方须对第三人的行为向甲方承担连带责任。

第十七条　乙方排除取得甲方的书面承诺，否则不得将本合同及其他相关合同上对甲方的债权转让、质押及其他的一切处分给予第三人。

第十八条　合同的解除

　　　　　当任何一方发生以下任何事由时，另一方可以无须任何通告立即解除本合同，但不妨碍向对方要求实行损害赔偿。

　　　　　（1）违反本合同及其他相关合同各条款规定时。

　　　　　（2）当受到查封、扣押、公开拍卖处分、租税滞纳处分，及其他政府处罚，或者申告破产及其他破产手续开始时。

　　　　　（3）转让或者已决议转让经营内容的全部或者重要部分时。

　　　　　（4）被银行冻结账户时。

　　　　　（5）被宣告拍卖时。

　　　　　（6）收到由监督部门发出的停止营业及取消营业许可证或营业登记取消的处罚时。

　　　　　（7）因资本减少，营业停止或变更及合并导致决定解散时。

　　　　　（8）发生了除上述各项外，相当于被申请债权保全事由时。

第十九条　本合同的缔结效力解释和执行适用中国法律。

第十章　争议的解决

第二十条　当因本合同的签订或履行而发生争议时，甲乙双方应当友好协商解决。如果双方通过友好协商仍无法解决时，提请在中华人民共和国北京的中国国际经济贸易仲裁委员会北京分会按其规则仲裁。

第十一章　附则

第二十一条　甲、乙双方应遵守国家、地方有关法律、法规、政策及海关监管规定。仓库的使用必须遵守国家、地方消防规定及甲方物业管理规定。若乙方仓库用以存放保税、监管货物，仓库内一切货物均受海关监管。货物的报关、进出仓、查验等均须按海关规定的手续和程序办理。

第二十二条　本合同未言明事宜，经甲、乙双方商定后，将以其他个别合同。备忘录或补充合同的形式约定，且与本合同具有同等的法律效力。

第二十三条　本合同签订之日起，原福佳物流（深圳）有限公司与中海物流（深圳）有限公司及其子公司、事业部签订的所有相关合同立即终止，双方合约以本合同及附件为准。

第二十四条　本合同中文一式两份制成，由甲、乙各保存一份。本合同的附件：

　　　　　　合同附件一：《物流服务价格表》为本合同的有效组成部分，具有同等的效力。

甲方：（盖章）　　　　　　　　　　　　　乙方：

代表：　　　　　　　　　　　　　　　　　代表：

地址：　　　　　　　　　　　　　　　　　时间：

电话：　　　　　　　　　　　　　　　　　地址：

传真：　　　　　　　　　　　　　　　　　电话：

　　　　　　　　　　　　　　　　　　　　传真：

附件 11 - B：合同中的报价单主要条款（见表 11 - 10）

表 11 - 10   报 价 单

报 价 单

报出日期：   格式：QR-SW-008-BO

致：		电话	
		传真	
		E-mail	
自：		电话	
		传真	
		E-mail	

说明：1. 此报价是本公司根据贵公司的服务需求发出的报价，此报价不影响本公司与其他客户业务合作。

2. 此报价在有效期内有效，超出有效期，本公司将根据市场变化，对报价进行调整。

3. 请贵公司勿将此报价内容透露给其他任何第三方。

您好！

感谢您对中海物流的关注！现将我司有关物流服务报价供您参考，如有任何疑问请与我方联系，谢谢！

说明：我司的仓库属丙类干货仓；易燃、易爆的液体、化学元素等不能存放。

运输：

起止地	3T	5T	8T	12T/20'	40'	

备注：

A 此报价为运输报价，只包括点对点之间的纯运输费，如发生如入闸费、隧道费、停车费、货物装卸费、保险费、查车费、检验等其他政府收费由贵司现金实报实销。如需中海代垫，则加收10%政府税收。

B 因客户方或客户指定收货方原因，导致车辆未能在当个工作日内完成运输而延迟到次个工作日完成，额外收取压车费按单程运费的70%收取。

C 因客户方或客户指定收货方原因，导致车辆未能提货或者送货而返回，空返费按单程运费的80%收取。

D 向香港政府进行进出境申报由客户自行报关，如需代报，加收 RMB/次（货值在 RMB34000元内），超过部分按货值的 0.025% 收取，并加收 RMB 手续费。

E　香港地区装卸费（实际发生时收取）：RMB/3T、RMB/5T、RMB8T、RMB/20 尺柜、RMB/40 尺柜。

F　如因客户原因造成货物在货车上过夜，则收取压车费：RMB/天/吨车或 RMB/天/柜车。如海关原因造成则按上述费用的 50％收取。

G　订车辆请于用车日的前一天下午 16：00 以前。

报关

EDI 费：/车（包括一张 EDI 单，第二张 EDI 单起每张加收 RMB50）

一般贸易手续费：/票（此费用为中海收取的操作手续费，不包括报关行收取的其他费用）

香港代报关费：/票（如货值超过 RMB370000，则按货值的 0.025％加收并加收 RMB 手续费）

仓储

1　包租

RMB /平方米/月（最小计算单位为平方米/月）

2　散租

RMB /立方米（或吨）/天（最小计算单位为立方米或吨/天）

备注：计算面积以建筑面积为准，另按仓租的％每月收取仓库管理费。

3　装卸

RMB/20’柜

RMB /40’车

RMB/立方米或吨（带卡板，最小计算单位为立方米或吨）

RMB/立方米或吨（不带卡板，最小计算单位为立方米或吨）

备注：如无卡板按以上报价加收＊＊％。

4　分拣

按装卸费的＊＊％收取。

5　文件费

RMB /车次

备注：按进/出仓库车次计算。

库内增值服务（发生时收取）

1　贴标签：RMB/张（客户提供标签）

2　打卡板：RMB /板（提供塑料薄膜及人工，此为不含卡板价格，卡板为 RMB50/块）

3　换纸箱：RMB/纸箱

4　人工费：RMB/小时/人

5　转堆费：RMB/板（同一楼层）或 RMB10/板（不同楼层）

6　封箱胶纸：RMB /卷

7　加班费用：RMB 人/小时（最小计算单位为 4 人/小时）

8　外来人员管理协调费：RMB /日

付款方式：

第一票在货物出仓前处理完所有费用。

后转押金（RMB）月结，月结周期为 30 天（当月 25 日至次月 26 日），我司于当月最后一个工作日出具账单，请贵司于次月 25 日前付款。

备注：

如结算当月操作金额超过押金数的两倍（即大于＊＊RMB）则需将押金数量增加至等于操作费用的 50％，或即时结清此月费用。

如果有其他未涉及的费用和事宜，经双方协商后再定。

本报价有效期：

在客户确认之前，本报价自发出报价之日起，2 个月内有效；客户确认并认可此报价后，自客户确认之日起，此报价 12 个月不变；若签订业务合同，则以合同约定为准。

特别申明：

客户应对所提供报关资料的准确性、完整性及货物的合法性负责，否则，由此引起海关和其他相关政府部门的处罚或异议，客户应承担全部的经济损失及相关责任。

销售代表：　　　　　　　　　　　　　　　　　客户确认：

中海物流（深圳）有限公司　　　　　　　　　　签字/盖章

11.5.4　发出采购需求单

合同签订后可以发出一式两份的采购需求单，其中一份交供应商采购商品，另外一份交物流公司准备接货入库。

11.5.5　第三方物流企业的关系客户

对于第三方物流服务企业而言，他们的服务对象是商品交换市场上的供需双方。作为 ASPEN 公司的客户，德利集团（香港）有限公司也是中海的关系客户。

例如，德利公司收到 ASPEN 公司的一张采购单，需要在某年某月某日备好采购单上的货物，由 ASPEN 公司派车到德利公司来提货。

德利公司需要准备的事项：

（1）在规定的时间内准备好采购单上的货物；

（2）在备好货物前准备好交货确认单一式两份（如表 11-11 所示）；

（3）在德利公司派车来的时候填好交货确认书。

表 11－11

交货确认单

德利集团（香港）有限公司
TSK LEE GROUDS (HK) LIMITED

电话：26798＊＊＊/24852＊＊＊　　传真：26797＊＊＊/24852＊＊＊

交货确认单

货物订单号：FB 8633

香港车牌：

发货公司：德利集团（香港）有限公司　　广东车牌：粤一福 1015

发货电话：26798＊＊＊　　柜号：AMFU8799155

发货地址：元朗钢锈星收路 50 号　　车型：40'HQ

备注：　　车数：1 辆

日期：　　司机：林永斌

交货时间：

线路：香港—深圳

托运公司：ASPEN 家具深圳有限公司

承运公司：

编号	货物名称	数量	单位	体积	重量	备注
L10-891411-M	PRESOTT RECLINER W/MOTOR	9	PCS	1.03	68.00	
L10-910120-M	BURBANK ARMLESS UNIT	5	PCS	0.54	66.00	
L10-910121-M	BURBANK LAF END	30	PCS	0.74	77.00	
L10-910123-M	BURBANK RAF 2 ARM END	30	PCS	0.87	92.00	
合计		74		60.27	6012.00	

货物、单证签收：　　司机签名：

制单：

187

11.5.6　实训任务

客户：某国际采购企业是美国一家大型国际家具采购贸易公司，位于美国西南部的亚利桑那州。

主要产品有办公家具、家用家具两大系列，该企业年销售额在1亿美元左右；其销售业绩在美国家具业排名前十位。

某国际采购企业供应商：德利集团（香港）有限公司。

第三方物流企业：深圳中海物流。

根据以上业务流程，建立中海物流同前两者之间的物流外包合作关系。

12 商务部业务

中海物流公司是一家典型的综合型第三方物流企业，公司运用现代物流和供应链管理理念，致力于为客户提供专业化、个性化的物流服务。

商务部是中海第三方物流的五个主要部门之一，是中海同客户沟通的一个信息窗口。商务部的工作始于客户开发，工作人员通过网上订单寻找需求客户，或在现有客户中的上下家寻找潜在的客户，以扩大客户业务，或通过参加展销会、约客房上门拜访、日常联络等方式发掘潜在客户，制订相应的客户服务方案。然后通过方案对比确定客户，通过业务试运行后，确定合同服务项目，双方签订合约。最后商务部要根据所签合约做出合约执行单，在企业内部分发至仓储部、配送部、运输部、报关部等部门，各部门依据合约执行单具体运作。在此过程中要求配送部在业务完成后或结算后定期将信息反馈至商务部，由商务部打印账单与客户对账，并按合约规定与客户结算相关费用。商务部在整个业务流程中起到了良好开端的接洽与最终的结算等重要衔接作用。

12.1　商务部的组建

12.1.1　商务部业务流程

商务部的工作主要涉及三方面内容：客户开发、客户服务及投诉处理、结算，如图 12-1 所示。

客户服务是商务部的一项重要工作内容。在向客户提供服务的过程中，若出现服务偏差，客户可以通过电话或书面形式投诉到商务部，由商务部与客户进行协商、及时恰当地处理客户投诉，并将最终投诉处理结果反馈给客户，处理结果填写后存档，如图 12-2 所示。

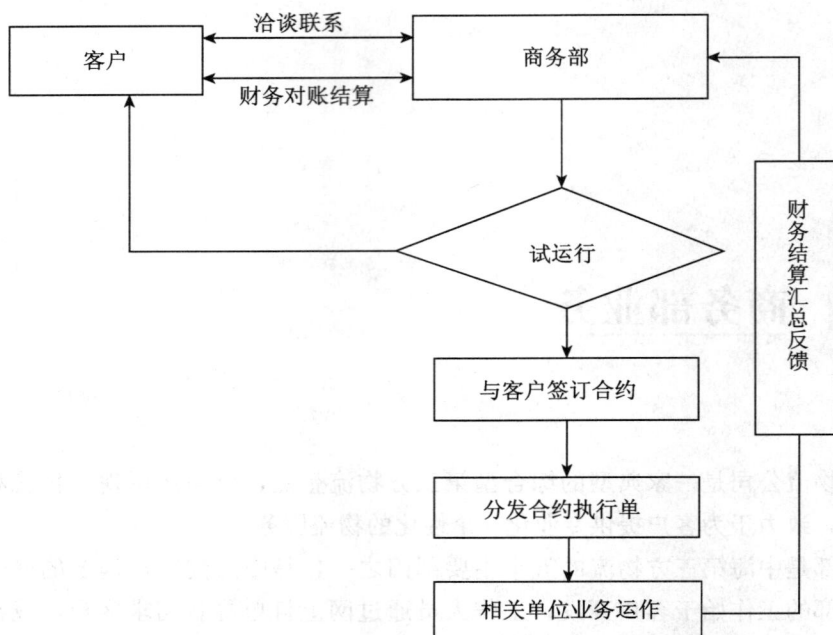

图 12-1　商务部流程

图 12-2　客户服务流程

商务部工作流程的另一项重要工作就是业务结算：依合约规定，在每笔业务完成后，配送部将依照仓管部和运输部提供的装卸作业单及运输单进行财务汇总处理，由配送中心将汇总结果按期传递到商务部，由商务部打印账单与客户进行对账并定期进行账务结算，如图 12-3 所示。

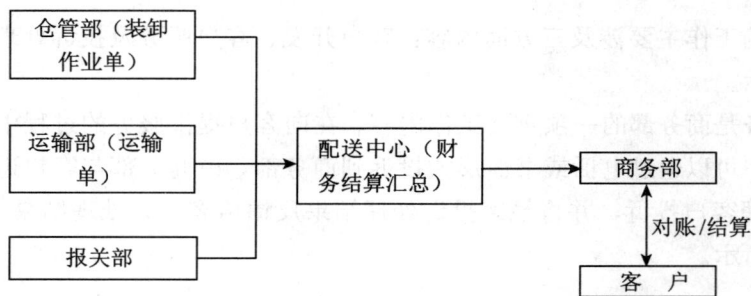

图 12-3　结算流程

12.1.2   商务部的职责

物流公司的商务部（也可叫市场部），主要职责包括：

- 开发和维系客户；
- 与客户联络，跟进货物运输状态并及时反馈；
- 协助操作部门妥善解决客户的问题或投诉；
- 整理客户信息，根据客户的物流需求，与相关业务部门进行协商，在获取各项业务的详细报价后，将报价信息提供给客户；
- 完成与客户的合同签订并加以管理；
- 对客户信息资料进行系统维护。

12.2   实训内容与步骤

12.2.1   小组角色分工

商务部角色分配如表 12－1 所示。

表 12－1   商务部角色分配

职务	人数	任务	备注
部门经理	1 人	对商务部的工作全面负责，做好与其他部门业务合作的协商工作	
法律顾问	1 人	对本部门的业务洽谈、客户投诉等事项提供法律咨询	
业务员	若干人	负责客户的联络与维系、为客户提供询价资料、联络业务合作伙伴、为客户设计业务方案等	
文员	1 人	负责合同文件的处理、客户资料的建档、部件的维护等文字处理	

12.2.2   合作单位的组建

商务部与可以提供相关物流服务的公司签订合作协议，包括运输、装卸、报关等协议，同时与仓储部门协商，落实仓库仓位事宜。

1. 与长城物流公司签订运输服务协议，取得并录入司机及车辆信息，如表 12－2 所示。

表 12－2   司机及车辆信息表

承运公司	类型	车型	司机	车牌	手机	车架号	备注
长城物流公司运输一队							
长城物流公司运输二队							

    2. 与深圳市辉记装卸服务有限公司签订装卸服务协议，并在系统中录入装卸公司的信息。

    3. 与深圳市招商报关有限公司签订委托报关协议，并在系统中录入报关公司的信息。

    4. 与配送中心协调，安排包租仓位。

12.2.3   客户资料的录入

    业务员与客户联络，了解客户的物流需求，详细地记录客户的相关信息资料。为了提高记录的速度，可在预先做好的客户资料信息卡上的相应项目作选择，客户资料信息卡如表 12－3 所示。

表 12－3   客户资料信息卡

客户名称		办公电话				
地址						
联系人		联系人电话/手机				
联系人职务		联系人 E-mail				
行业性质		业务规模		成立日期		年　　月　　日
客户性质	□ 客户	□ 报关	□ 运输	□ 装卸		
客户所需服务	□ 报关	□ 运输	□ 仓储	□ 装卸	□ 综合业务	

12.2.4   物流企业报价

    根据客户的物流需求，由部门经理做好与相关业务部门的协商工作，整合各部门所涉及的业务项目的费用明细，向客户报价。一般来说，物流所涉及的业务主要有仓储、装卸、运输、报关等，因此，客户所需要的报价表单一般包括报价单、仓库明细表和装卸费用表。

1. 报价单

报价单格式与内容如表 12-4 所示。

表 12-4　　　　　　　　　　　报　价　单

费用类型	费用明细	计费标准	计费单位	金额（元）
仓租	包租		平方米/月	10.00
	散租	重量	公斤/月	0.1
	散租	体积	立方米/月	1.00
	管理费		％	0.1
装卸	入仓卸货费	20'	车	200.00
	入仓卸货费	40'	车	300.00
	入仓卸货费	体积	立方米	10.00
	卸货费入仓	重量	公斤	10.00
	出仓装货费	20'	车	200.00
	出仓装货费	40'	车	300.00
	出仓装货费	体积	立方米	10.00
	出仓装货费	重量	公斤	10.00
处理	打托	包装	板	2.00
	打托	包装卡板	板	3.00
	打托	薄膜	板	2.00
	打托	薄膜卡板	板	3.00
	打托	人工	板	1.00
	拆箱	—	箱	6.00
	标签	粘贴	张	1.00
	标签	制作粘贴	张	2.00
	转堆	—	堆	5.00
	人工	—	小时	10.00
	返工	—	小时	10.00
	拼装	—	小时	10.00

费用类型	费用明细	计费标准	计费单位	金额（元）
加班	延时		小时	12.00
	休息		小时	12.00
	节日		小时	15.00
	应急		小时	14.00
报关	报关报检		次	60.00
	EDI 单证		张	50.00
	香港报关		次	80.00
	卫检手续		次	60.00
	出口代理		次	80.00
	封关费		次	40.00
其他	其他			20.00
运输	深圳—东莞	1T	车	200.00
	深圳—东莞	1.5T	车	220.00
	深圳—东莞	3T	车	230.00
	深圳—东莞	5T	车	250.00
	深圳—东莞	8T	车	280.00
	深圳—东莞	20'	车	400.00
	深圳—东莞	40'	车	600.00
附加费	空返		车	100.00
	压车		车	100.00
	查车		车	200.00
	高速		根据实际情况而定	
	停车			
	隧道			
	其他			

2. 仓库明细

仓库明细表格式与内容如表 12-5 所示。

表 12 - 5 　　　　　　　　　　　　　　仓库明细表

费用明细	计费标准	计费单位	金额（元）
包租		平方米/月	10.00
散租	重量	公斤/月	0.1
散租	体积	立方米/月	1.00
管理费		%	0.1

3. 装卸费用

装卸费用表格式与内容如表 12 - 6 所示。

表 12 - 6 　　　　　　　　　　　　　　装卸费用表

费用明细	计费标准	计费单位	金额（元）
入仓卸货费	20	车	200.00
入仓卸货费	40	车	300.00
入仓卸货费	体积	立方米	10.00
入仓卸货费	重量	公斤	10.00
出仓装货费	20	车	200.00
出仓装货费	40	车	300.00
出仓装货费	体积	立方米	10.00
出仓装货费	重量	公斤	10.00

12.2.5　合同的签订

商务部向客户报价并经客户确认后，即可进行合同签订相关事宜，具体包括：

1. 为客户设计物流服务合作方案，交客户审阅确认；
2. 根据已经客户确认的物流方案，编写合同（参考附件 12 - B）；
3. 将编写好的合同交与公司的相关部门审批（参考附件 12 - A）；
4. 合作双方代表签订正式合同。

12.2.6　合同执行

向各操作部门发出合同执行单，并安排具体的客服代表。

1. 将客户的资料录入系统，并转为正式合同；
2. 完成客户供应商、购买商的资料录入；
3. 给包租的客户分配仓位；
4. 在系统中维护客户的部件或产品资料；

5. 将合同执行单发送到各业务部门及合作公司。

12.2.7 实训任务

现有白桦家具公司计划将物流业务外包,找到中海物流(深圳)有限公司,经询价后,有合作意向。请参考附件 12‐B 的合同范本,模拟客户(白桦家具)与物流公司(中海物流)签订物流合作合同一份。合同的内容资料如下:

1. 商品类别:家具
2. 品种:沙发
3. 服务需求:委托报关、委托运输装卸、仓储
4. 运输方式:公路
5. 价值:US$19344.00
6. 合作期限:3 个月
7. 保管要求:包租形式,专用仓位,防潮、防蛀、防晒

附件 12‐A:合同审批表参考范本

中海物流(深圳)有限公司合同审批表内容如表 12‐7 所示。

表 12‐7　　　　　　　　**中海物流(深圳)有限公司合同审批表**

项目描述	客户名称:		所在地:				
	业务:		价值:				
部门意见			报关部				
		负责人:			年	月	日
			配送部				
		负责人:			年	月	日
			仓管部				
		负责人:			年	月	日
			运输装卸部				
		负责人:			年	月	日
			财务部				
		负责人:			年	月	日
			项目委员会				
		负责人:			年	月	日
备注:							
部门经理			总经理				

附件 12‑B：仓储合同知识

一、仓储合同的构成

物流业务的合同，主要是仓储合同。仓储合同又称仓储保管合同，也叫仓单，是指保管人储存存货人交付的仓储物，存货人支付仓储费的合同。提供储存保管服务的一方称为保管人，接受储存保管服务并支付报酬的一方称为存货人。

1. 仓储合同的内容

（1）保管货物的品名、品类

双方当事人必须在合同中对货物的品种或品名做出明确详细的规定。

（2）货物的数量、质量、包装

货物的数量依据保管人的存储能力由双方协商确定，并以法定计量单位计算。在合同中货物的质量应使用国家或者有关部门规定的质量标准，若货物有保质期也应一并注明。货物的包装由存货人负责，关于具体包装标准，有国家或者专业包装标准的，执行规定标准；没有有关标准的，在保证运输和储存安全的前提下，由合同当事人约定。

（3）货物验收的内容、标准、方法、时间

验收存货人的货物是保管人的义务和责任。合同中应明确约定验收的内容、标准。

通常验收的内容、标准包括三个方面：一是无须开箱拆捆，即直观可见的质量情况，验收项目主要有货物的品名、规格、数量、外包装状况等。二是包装内的货物品名、规格、数量，以外包装或者货物上的标记为准；无标记的，以供货方提供的验收资料为准。三是散装货物按国家有关规定或合同的约定验收。

验收的方法有全验和按比例抽验两种，具体采用哪种方法，双方当事人应在合同中明确写明。

验收的期限是自货物和验收资料全部送达保管人之日起，至验收报告送出之日止，日期以运输或邮电部门的戳记或直接送达的日期为准。

（4）货物保管和保管要求条款

在合同中应对货物需要的保管条件和保管方法做出相应的约定。例如，储存易燃、易爆、有毒、有腐蚀性、有放射性等危险物品或者易变质物品，均需要有专门的仓储设备及技术条件，在合同中必须明确约定。

（5）货物进出库手续、时间、地点、运输方式条款

双方应当详细约定货物进出库的具体交接事项，以便分清责任。合同对货物入库应明确规定是由存货人或运输部门、供货单位送货到库，还是由保管人到供货单位、车站、码头等处提取货物；同样，对货物出库也应明确规定是由存货人、用户自提或是由保管人代送、代办发运手续。

（6）货物损耗标准和损耗处理条款

货物损耗标准是指货物在储存运输过程中，由于自然因素和货物本身的性质或度量衡的误差原因，产生的一定数量破损或计量误差。因此，双方当事人应当在合同条款中约定货物在储存保管和运输过程中的损耗标准和磅差标准。此类标准有国家或行业标准的，采用国家或行业标准；无国家或行业标准的，双方协商确定标准。

（7）计费项目、标准和结算方式、银行账号、时间条款

计费项目包括仓储费、转仓费、出入库装卸搬运费、车皮、站台、包装整理、商品养护等。除了要写明上述费用由哪一方承担外，还应标明各种费用的计算标准、支付方式、地点、开户银行、账号等。

（8）责任划分和违约处理条款

仓储合同可以从货物的入库、验收、保管、包装、出库等方面明确双方当事人的权利和义务。同时双方应约定什么性质的违约行为承担什么性质的违约责任，并且明确约定承担违约责任的方式，即支付违约金、赔偿金及赔偿实际损失等，约定赔偿金的数额和计算方法。

（9）合同的有效期限及变更解除

双方当事人在合同中应约定合同的有效期限即货物的储存期限。当事人还可以在合同中约定或者按照法律规定设定变更或解除合同的条款。

（10）争议的解决方式及双方认为需要约定的条款

在合同中约定发生纠纷的解决方法，还可根据需要约定其他经双方同意的条款。

2. 仓储保管合同的结构

仓储合同由标题、当事人、正文和落款四部分组成。具体如下：

（1）标题

直接标明《仓储保管合同》即可。

（2）当事人

写明签订仓储保管合同的有关当事人名称，其名称应按营业执照上核准的全称来写，当事人双方通常简称为"存货方"和"保管方"。

（3）正文

一般说来，主要包括货物品名、规格、数量、价格，交货方法和验收方法，包装要求，保管方法，损耗处理方法，结算办法，经济责任等。

（4）落款

由双方当事人署名，通常是加盖单位公章，法定代表人或授权人签章，最后注明合同签订的日期。

3. 违约责任

（1）保管人主要的违约责任

①保管人不能完全按合同约定及时提供仓位，致使货物不能全部入库，或者在合同有效期限内要求存货人退仓的，应当按约定支付违约金。

②保管人未按国家规定或者合同约定的项目、方法等验收储存货物或者验收不准确，应承担由此造成的实际经济损失；验收后发现仓储物的品种、数量、质量不符合规定的，应当承担损害赔偿责任。

③货物在储存保管期间，因未按合同规定的储存条件和保管要求保管货物而造成货物损坏、短少、变质以致灭失的，保管人承担违约责任。因保管或操作不当而使包装发生损毁，由保管人负责修复或折价赔偿，造成损失的，由保管人承担赔偿责任。

④货物保管期满后，保管人没有按照合同规定的时间、数量返还储存保管物的，保管人应承担违约责任；保管人按照约定负责发货而未按约定的时间、地点发货，承担由此而给存货人造成的经济损失。

⑤合同双方约定的其他违约责任。

（2）存货人主要的违约责任

①存货人未按合同约定向保管方交付储存货物的，或者在约定的时间内中途要求退仓的，应当支付违约金或赔偿保管方的损失。赔偿损失的数额一般相当于保管方应得费用与报酬，再减去由于空出仓位给保管方带来的其他收入。

②货物入库时，存货人未向保管人提供验收资料或提供的资料不齐全、不及时，因此造成损失

的，责任自负。储存易燃、易爆等危险品和易变质品未事先向保管人说明并出示有关资料，而造成货物损毁或人身伤亡时，存货人承担损害赔偿责任。

③由于仓储物包装不符合约定或者超过有效储存期造成仓储物变质、损坏的，由存货人承担责任。

④货物运输方式、到站和接收人有变更而未按合同规定的期限通知保管人，造成延期发货或错发的，存货人承担因此而增加的费用。

⑤储存期届满或保管人已通知货物出库，由于存货人的原因或提货人的原因不能提货出库，存货人除按合同规定交仓储费外，还应偿付合理的违约金。

二、仓储保管合同范例

仓储保管合同

合同编号：　　　　　　　　　　　　　　　　　　签订地点：

签订时间：　　　　年　月　日

存货方：

保管方：

根据《中华人民共和国经济合同法》和《仓储保管合同实施细则》的有关规定，存货方和保管方根据委托储存计划和仓储容量，经双方协商一致，签订本合同。

第一条　储存货物的品名、品种、规格、数量、质量、包装。

1. 品名：

2. 品种、规格：

3. 数量：

4. 质量：

5. 货物包装：

第二条　货物验收的内容、标准、方法、时间、资料。

第三条　货物保管条件和保管要求。

第四条　货物入库和出库手续、时间、地点、运输方式。

第五条　货物的损耗标准和损耗处理。

第六条　计费项目、标准和结算方式。

第七条　违约责任。

1. 保管方的责任

（1）在货物保管期间，未按合同规定的储存条件和保管要求保管货物，造成货物灭失、短少、变质、污染、损坏的，应承担赔偿责任。

（2）对于危险物品和易腐物品等未按国家和合同规定的要求操作、储存，造成毁损的，应承担赔偿责任。

（3）由于保管方的责任，造成退仓不能入库时，应按合同规定赔偿存货方运费和支付违约金_____元。

（4）由保管方负责发运的货物，不能按期发货，应赔偿存货方逾期交货的损失；错发到货地点，除按合同规定无偿运到规定的到货地点外，并赔偿存货方因此而造成的实际损失。

（5）其他约定责任。

2. 存货方的责任

(1) 由于存货方的责任造成退仓不能入库时，存货方应偿付相当于相应保管费_____％的违约金。超议定储存量储存的，存货方除交纳保管费外，还应向保管方偿付违约金_____元，或按双方协议办。

(2) 易燃、易爆、易渗漏、有毒等危险货物以及易腐、超限等特殊货物，必须在合同中注明，并向保管方提供必要的保管运输技术资料，否则造成的货物毁损、仓库毁损或人身伤亡，由存货方承担赔偿责任直至刑事责任。

(3) 货物临近失效期或有异状的，在保管方通知后不及时处理，造成的损失由存货方承担。

(4) 未按国家或合同规定的标准和要求对储存货物进行必要的包装，造成货物损坏、变质的，由存货方负责。

(5) 存货方已通知出库或合同期已到，由于存货方（含用户）的原因致使货物不能如期出库，存货方除按合同的规定交付保管费外，并应偿付违约金_____元。由于出库凭证或调拨凭证上的差错所造成的损失，由存货方负责。

(6) 按合同规定由保管方代运的货物，存货方未按合同规定及时提供包装材料或未按规定期限变更货物的运输方式、到站、接货人，应承担延期的责任和增加的有关费用。

(7) 其他约定责任。

第八条　保管期限

从_____年_____月_____日起至_____年_____月_____日止。

第九条　变更和解除合同的期限

由于不可抗力事故，致使直接影响合同的履行或者不能按约定的条件履行时，遇有不可抗力事故的一方，应立即将事故情况电报通知对方，并应在_____天内，提供事故详情及合同不能履行，或者部分不能履行，或者需要延期履行的理由的有效证明文件，此项证明文件应由事故发生地区的_____机构出具。按照事故对履行合同影响的程度，由双方协商解决是否解除合同，或者部分免除履行合同的责任，或者延期履行合同。

第十条　解决合同纠纷的方式：执行本合同发生争议，由当事人双方协商解决。协商不成，双方同意由_____仲裁委员会仲裁（当事人双方不在本合同中约定仲裁机构，事后又没有达成书面仲裁协议的，可向人民法院起诉）。

第十一条　货物商检、验收、包装、保险、运输等其他约定事项。

第十二条　本合同未尽事宜，一律按《中华人民共和国经济合同法》和《仓储保管合同实施细则》执行。

存货方（章）：	保管方（章）：
地址：	地址：
法定代表人：	法定代表人：
委托代理人：	委托代理人：
电话：	电话：
传真：	传真：
开户银行：	开户银行：
账号：	账号：
邮政编码：	邮政编码：

有效期限：自_____年_____月_____日起至_____年_____月_____日止

三、合同编写时要重点注意的事项

（1）双方当事人在签订仓储合同时，首先要注意对货物的验收内容、验收标准和有关责任承担等方面的问题作明确规定。

（2）双方当事人在仓储合同中要注意明确规定货物的验收期限。

验收期限，是指存货人将货物和有关验收资料全部送达保管人之日起，至验收报告送出之日止。

根据《仓储保管合同实施细则》第十三条规定："验收期限，国内货物不超过10天，国外到货不超过30天，法律或合同另有规定的除外。"为了防止仓库保管人违反期限的规定，双方可以在合同中明确规定，超过验收期限所造成的实际损失，由保管人负责。

（3）双方当事人在签订仓储合同时，必须特别注意写明货物的品名、规格、数量、外包装状况、质量，并且必须明白、准确，不要含糊，以免产生歧义。

货物的品名、规格、质量、数量、外包装一旦在合同中标明，以后在履行合同时都会以此为标准，故对双方当事人的利益都有影响。

（4）双方当事人应当注意在合同中明确规定货物的出入库手续的办理方法。

（5）双方当事人在签订仓储合同时，也要注意对货物的保管条件和保管要求做出明确而具体的规定。

这方面的规定不清，也是合同最容易发生纠纷的原因之一。保管物品的性质不同，对保管的要求和条件也就会不一样，尤其是对于需要进行特殊保管的货物，更应对其保管要求和保管条件做出详细无误的规定。例如，有些货物需要在冷冻库里储存，而有的货物则需要在高温高压下储存，有的货物则又要求必须在阴凉、通风的条件下储存等。特别是那些易燃、易爆、易渗漏、易腐烂、有毒等危险物品更需要明确其特别的操作要求、储存条件和方法。

（6）双方当事人还必须在仓储合同中明确关于货物在储存期间和运输过程中发生的损耗、误差标准以及计算方法的规定。

双方当事人应重视对于货物保管中发生的损耗、误差的计算标准和方法的规定。有国家或专业标准的，按其规定执行；没有国家或专业标准的，可以商定在保证运输和存储安全的前提下，由双方做出规定。

（7）双方当事人在签订仓储合同时，应当就货物的包装问题做出明确的规定。

（8）双方当事人在签订仓储合同时要注意明确规定双方的违约责任。

（9）当事人双方在签订仓储合同时，应当注意在合同中明确规定保管期限，即合同的有效期限，这对于确定双方责任的划分和违约处理都有重要意义。

保管人只承担储存货物在保管期间发生的损坏、短少、变质、污染等损失的赔偿责任。保管期满或保管人已通知货物出库时，存货人不按时取货，货物发生意外风险，其责任应由存货人自负。

（10）双方当事人必须在合同中明确规定争议的解决方式。

13 配送中心

13.1 配送中心入仓

13.1.1 配送中心入仓业务流程

（1）物流公司商务部向物流公司配送中心发出"合约执行单"，同时配送中心也会收到由客户传送过来的"采购需求单"、"发票"和"装箱单"，接着配送中心进行确认后，制作出订车单并传送到运输公司进行订车。

（2）车辆备好后，运输公司就立即通知物流公司的配送中心。供应商进行备货，中海物流公司配送中心根据客户提供的"采购需求单"制作出提货单和提货确认单交运输公司的司机作提货凭证。

（3）运输公司的司机在约定的时间就会拿着提货单、提货确认单、派车单和托运单到指定的地点进行提货。装车前，发货人（供应商）要向当地海关递交出口货物报关单和出境货物载货清单进行报关，报关放行后，发货人（供应商）需在提货确认单上签字确认，司机也需要在供应商的交货确认单上签字确认，接着司机就可以从装货地向目的地出发。同时，供应商要通知物流公司车辆已经放行出境，并向物流公司配送中心发送一份出境的报关资料（该资料可选择由司机亲自拿到物流公司，或选择利用传真）。

（4）物流公司配送中心在接到供应商发送过来的通知后，就可以进行入仓报关（预处理）和仓位的预分配，并制作出入仓报关预处理单和入仓预处理单（单上的仓位为虚拟仓位，待仓储部门确定后修改）交仓管部做好收货准备。

（5）当装载货物的车辆进入关境时，运输公司的司机就会立即通知物流公司，物流公司配送中心就开始根据由供应商提供的发票、装箱单向海关发送电子申报数据。当海关接受电子申报数据后，如需申领检验检疫证明的，配送中心就需要打印出出入境检验检疫联系单（报检申请单）向检验检疫局提出报检申请。在报检完毕后，配送中心制作出进境货物备案清单和进境货物载货清单，连同发票、装箱单和货物从香港出境时的出口货物报关单和出境货物载货清单一起向进境地海关（福保海关）进行现场递单。

（6）海关审核通过后，货车直接将货物运到物流公司的仓库进行卸货，卸货完成后，仓管部对货物进行查验并分配准确的仓位。货物摆放好后，仓管部就会将准确的仓位反馈给配送中心，配送中心修改仓位后制定出正式的入仓单。

（7）提货到交货入仓完成之后，配送中心就可以核对相关的运输费用和附加费，制作出运输费用单交运输公司核对，并交款。

13.1.2　配送入仓操作与单证制作

1. 配送中心订车业务

中海物流深圳公司商务部向物流公司配送中心发出"合约执行单"，同时配送中心也会收到由客户（白桦家具深圳有限公司）传送过来的"采购需求单"、"发票"和"装箱单"，接着配送中心进行确认后，制作出订车单（也称为货物运输委托书）并传送到运输公司（深圳市长城物流发展有限公司）进行订车。订车单的制作如表 13-1 所示。

表 13-1　　　　　　　　订　车　单

货物运输委托单					
以下由委托人填写				NO.：AP08041401	
落货纸号		入仓号			
货物编号	货物名称	数量及包装	净重（kg/个）	毛重（kg/个）	体积（m³/个）
合计					
装货时间		卸货时间			
所需车辆					
装货地点					
深圳清关					
卸货地点					
备注（个性化的服务要求）：					
如不需要委托我司报关，请填写以下信息					
大陆口岸：					
报关公司名称：		报关地址：			
报关联系人及电话：					
香港口岸：					
报关公司名称：		报关地址：			
报关联系人及电话：					

2. 提货相关单证制作

车辆备好后，运输公司（深圳市长城物流发展有限公司）就立即通知中海物流公司的配送中心。供应商进行备货，中海物流公司配送中心根据客户（白桦家具深圳有限公司）提供的"采购需求单"制作出提货单和提货确认单交运输公司的司机作提货凭证。提货单的制作如表13-2所示。

表13-2   提 货 单

中海物流深圳有限公司			
CHINA OVERSEAS LOGISTICS (SHENZHEN) CO., LTD.			
提 货 单 DELIVERY ORDER			NO. APT08041401
_____地区、场、站 收货人/通知方:	中海物流（深圳）有限公司		年_____月_____日
司机名称:	柜号:	货柜尺寸:	装货地点:
内地车牌号:	香港车牌号:	起运地:	目的地:
部件编号	货名	件数（个）	重量（kg/件）	体积（m³/个）	包装种类
合 计					
标记唛码: 包装种类: PO NO.			
请核对清单上货物的编号及货物的规格型号，并在下列签名			
发货人签章		司机签章	收货人签章

提货确认单的制作如表13-3所示。

表13-3

提货确认单

中海物流（深圳）有限公司
CHINA OVERSEAS LOGISTICS (SHENZHEN) CO., LTD.
提货确认单
日期：

托运单号：
订车单号：
收货公司：中海物流
收货电话：0755－2530＊＊＊＊＊＊
收货地址：广东省深圳市福田保税区金花路蓝花道

车牌：国内车牌：粤－福10＊＊
柜号：
托运公司：ASPEN
车型：40HQ
车数：1辆

香港车牌：FB86＊＊
路线：香港一深圳
承运公司：深圳市长城物流发展有限公司
备注：

编号	货物名称	数量	单位	体积（m³）	重量（kg）	交货地点及联系人	备注
L10-891411-M	PRESOTT RECLINER W/MOTOR	9	个	1.03	68.00	福田保税区金花路50号	
L10-910120-M	BURBANK ARMLESS UNIT	5	个	0.54	66.00	福田保税区金花路50号	
L10-910121-M	BURBANK LAF END	30	个	0.74	77.00	福田保税区金花路50号	
L10-910123-M	BURBANK RAF 2 ARM END	30	个	0.87	92.00	福田保税区金花路50号	
合　计		74	个	60.27	6012.00		

制单：

货物、单证签收：

司机签名：

制作提示：

(1) 提货单有别于提单，提单是用于航海运输的，而提货单是用于汽车运输的，是司机到发货人提货的凭证清单。

(2) 提货单是用于司机提货的，因此提货单上的货物名称和编号一定要准确，在制作时候必须列明。

3. 提货业务操作流程

待约定的时间到了，运输公司（深圳市长城物流发展有限公司）的司机就会拿着提货单、提货确认单、派车单和托运单到指定的地点进行提货。装车前，发货人（供应商）要向当地海关递交出口货物报关单和出境货物载货清单进行报关，报关放行后，发货人需在提货确认单上签字确认，司机也需要在供应商的交货确认单上签字确认，接着司机就可以从装货地向目的地出发。同时，供应商要通知物流公司出境已放行，并向物流公司配送中心发送一份出境的报关资料（该资料可选由司机亲自拿到物流公司，或选择利用传真）。

4. 收货准备业务流程及相关单证的制作

物流公司配送中心在接到供应商发送过来的通知后，就会首先出具业务指令单（如表 13-4 所示），然后进行入仓报关（预处理）和仓位的预分配，并制作出入仓报关预处理单（如表 13-5 所示）和入仓预处理单（如表 13-6 所示）（单上的仓位为虚拟仓位，待仓储部门确定后修改）交仓管部做好收货准备。

5. 入境业务流程及相关单证制单

当装载货物的车辆进入关境时，运输公司的司机就会立即通知物流公司，物流公司配送中心就开始根据由供应商提供的发票、装箱单向海关发送电子申报数据。当海关接受电子申报数据后，如需申领检验检疫证明的，配送中心就需要打印出出入境检验检疫联系单（报检申请单）（如表 13-7 所示）向检验检疫局提出报检申请。在报检完毕后，配送中心制作出进境货物备案清单（如表 13-8 所示）和进境货物载货清单（如表 13-9 所示），连同发票、装箱单和货物从香港出境时的出口货物报关单和出境货物载货清单一起向进境地海关（福保海关）进行现场递单。

6. 入仓业务流程及单证制作

海关审核通过后，货车直接将货物运到物流公司的仓库进行卸货，卸货完成后，仓管部对货物进行查验并分配准确的仓位。货物摆放好后，仓管部就会将准确的仓位反馈给配送中心，配送中心修改仓位后制定出正式的入仓单，入仓单如表 13-10 所示。

7. 运输费用审核业务流程及单证制作

提货到交货入仓完成之后，中海物流配送中心就可以核对相关的运输费用和附加费，制作出运输费用单（如表 13-11 所示）交客户（白桦家具深圳有限公司）进行核对。

表 13－4　　　　　　　　　　**业务指令单**

正式出入仓确认：（　　） 仓位　申报：（　　）	业务指令单 日期：2008－04－20	编号：LPC08042003

配送中心：仓储系统（　　）	IIPC 系统：（ √ ）	MIK 系统：（　　）（以车为单位）

发货人：中海物流	出/入仓单号：	电子底单号：
收货人：白桦家具公司（ASPEN）	LD93848	475130240800007581

货物名称	一人牛皮摇椅沙发/头层配二层 (35－55)"＊(30－50)"＊(30－50)"	作业模式： 进　　境：（ √ ）　　　出　　境：（　　） 转关进境：（　　）　　　转关出境：（　　） 转关进区：（　　）　　　转关出区：（　　） 集报进区：（　　）　　　集报出区：（　　） 逐单进区：（ √ ）　　　逐单出区：（　　） 一般贸易进区：（　　）　　一般贸易出区：（　　） 区内转仓：（　　）　　　区内转厂：（　　） 分批出区：（　　）
总件数	74 个	
包装类型	纸箱	
总体积	60.27m³	

毛重	6012kg	净重	4552kg	客户特殊要求描述： 无（　　）　　植控（　　）　　卫控（　　）

车辆信息：

车辆 安排	海福安排（ √ ） 货主安排（　　）	运输 路线	起：中国深圳 止：YT（ √ ）　SK（　　）　HK（　　）
车型	40HQ	车牌	国内车牌：
		车型柜号	

备注	一车一单（ √ ）	
	一车多单（　　）共（　　）单	车辆批次号：
	一单多车（　　）	车辆数：1 辆

EDI 号码：	共　1　份	备注：

报关：

EDI 录 入员		时间		审单 人员		时间		单证交回 配送时间	

粘贴电子底单处：

表 13－5

入仓报关单（预处理）

入仓报关单（预处理）

提单号：TH08041502020

打印日期：
2008－7－2
11：45：39

规并名称	规并规格	海关编码	申报数量	单位	件数	法定数量1	单位1	单位2	毛重	净重	价值	币种	原产国	体积	入仓单
一、牛皮摇椅沙发/头层配二层	(35—55)"＊(30—50)"＊(30—50)"	94016110	74.00	个	74	74.00	个	千克	6012.00	4552.00	1979.5	美元	中国	60.27	AP8041603/
IZ08041502041-A 小计			74.00		74	74.00			6012.00	4552.00	1979.50			60.27	
合计			74.00		74	74.00			6012.00	4552.00	1979.50			60.27	

表13-6

入仓预处理单

CHINA OVERSEAS LOGISTICS (SHENZHEN) CO., LTD.

HAIFU BUILDING JINHUA PATH LANHUA ROAD FUTIAN TRADE ZONE SHENZHEN GUANGDONG
Tel:86-0755-83597770　Fax:86-0755-83592231　Postcode:518038

已收IC卡( )　无IC卡( )　　　　　　　　　　　　　Receipt

Buyer: ASPEN	Print Date:2008-04-14	Truck NO.: 香港车牌: FB 8633	广东车牌:粤—福 1015
Vendor:		Container:AMFU8799155	
Receipt List NO.:AP8041603	Cubic Volum:60.27	Quantity:6012 Gross:6012	Net:4552

CTNS:74

车辆到仓时间:　　仓库装车时间:　　完成装车时间:2008-04-16

Item No.	P/O NO.	Quantity	Unit	Ctns	Unit	Destination	Description	Original	CTN No.	CBM	N.W (kg)	G.W (kg)	Location
L10-891411-M	L0553001	9	箱	9			PRESOTT RECLINER W/MOTOR	中国		1.03	53	68	
L10-910120-M	L0553001	5	箱	5			BURBANK ARMLESS UNIT	中国		0.54	47	66	
L10-910121-M	L0553001	30	箱	30			BURBANK LAF END	中国		0.74	58	72	
L10-910123-M	L0553001	30	箱	30			BURBANK RAF 2 ARM END	中国		0.87	70	92	
Total		74	箱	74							4552.00	6012.00	
Special Status													
Prepared By					Keeper Signature:				Confirmed By:				

> 入仓预处理单中没有注明准确的仓位,交仓管部门确定仓位后填写,并交配送中心进行修改确定

制作提示:

(1) 入仓报关预处理是配送中心根据客户提供的资料制作出来的预备单据,主要都是为了预先通知仓管部门,让仓管部门预先做好收货准备。

(2) 在进行入仓与处理时,配送中心同时会出具一份业务指令单,业务指令单的填写不是这里一次性写完的,而是每完成一个步骤就在相应的地方由相应的人员在单证上签名确认,因此制单时除了要注意制单的格式外,还要注意单证的用途。

(3) 入仓预处理单中没有注明准确的仓位,交仓管部门确定仓位后填写,并交配送中心进行修改确定。

表 13-7　　　　　　　　　　　　　出入境检验检疫证明

深圳出入境检验检疫局

福田保税区入境货物检验检疫联系单

NO. F3145268790

进境日期：

发货人：德利集团（香港）有限公司	贸易性质：保税区仓储转口
收货人：中海物流（深圳）有限公司	贸易国别（地区）：中国
合同（协议）号：	原产国别（地区）：中国

货名及规格	件数（件）	重量（公斤）	成交价格		进境/指运地
			单价（美元）	价值	
一人牛皮摇椅沙发/头层配二层（35－55）" ＊（30－50）" ＊（30－50）"HS 货名：皮革或再生皮革面的装软垫木框	74	6012	26.7500	1979.50 美元	福田 盐田 沙头 角保 税区

车辆牌号	境内：粤－福 1055	备注：
	境外：FB8633	

货柜箱体号 NO.：AMFU 8799155

以上货物总计 ____74____ 件 4552.00 公斤由 __中海物流__ 公司在入境时已办理检疫手续，保证无讹。 此致 __福保__ 检验检疫机构 报检单位（盖章）	以上货物经深圳福田保税区口岸入境，已按规定实施检疫。 经办人： 检验检疫机构（盖章） 年　　月　　日

注：此表如不够填写，可附货物清单，并加盖骑缝章。

表 13-8　　　　　　　　　　　进境货物备案清单

中华人民共和国海关保税区进境货物备案清单

预录入编号：212046569　　　　　　　　　　　　　　海关编号：212046569

进境口岸 福保税关（5321）		进口日期 2008/04/15	申报日期 2008/04/15
区内经营单位 中海物流（深圳）有限公司 （4403447513）	运输方式 汽车运输（4）	运输工具名称 粤一福1055/提前报关	提运单号 1000298529637
区内收货单位 中海物流（深圳）有限公司 （4403447513）	贸易方式 保税区仓储转口 （1234）	起运国（地区） 中国香港（110）	
境内目的地 福田保税区（×××××）	成交方式 CIF（1）	运费	保费　杂费
合同协议号	毛重（公斤） 6012	净重（公斤） 4552	随附单据

备注　共（74件）

货主：白桦家具（深圳）有限公司/共1份单　　ASPEN　　　AMFU8799155＊1（2）

木制/家居用　　　　　　　　　　　　　　　　　本单共有1项商品

　　　　　　　　　　　　　　　　　　　　　　成交总价：1979.50

项号	商品编号	商品名称	规格型号	数量	单位	原产国（地区）	单价	总价	币制
01	94016110	一人牛皮摇椅沙发/头层配二层	（35－55）"＊（30－50）"＊（30－50）"	74	个	中国	26.75	1979.50	USD

录入员 录入单位	兹声明以上申报无讹并承担法律责任	海关备案审核
申报人 申报单位（签章） 单位地址 邮编　　　电话　　　填表日期		审核日期

表 13 – 9

进境货物载货清单

内地海关及香港海关陆路进境载货清单

车牌号码：（内地车牌：＿＿＿＿　香港车牌：＿＿＿＿＿）　内地载货清单编号：＿＿＿＿＿

进境日期：＿＿＿＿＿　装货地点：＿＿＿香港＿＿＿　香港载货清单编号：＿＿＿＿＿

　　　　　　　　卸货地点：中海物流（深圳）有限公司　此联载货清单共＿＿＿页

项目	货物名称及规格	标记及编号	包装方式及数量	重量/净重 *（千克）	价格（美元）	付货人或货物转运代理名称及地址	收货人名称及地址
	一人牛皮躺椅沙发/头层配二层(35－55)＊(30－50)＊(30－50)"HS 货名：皮革或再生皮革面的装软垫木框		74.00 个4552.00 千克	毛重：6012.00净重：4552.00	1979.50	德利集团（香港）有限公司	中海物流（深圳）有限公司

总件数：74（装柒肆）个　总体积 * 60.27（陆拾点贰柒）货箱数量/规格/编号 AMFU799155/40HQ（如果是冷藏柜，要注明）

承运公司声明：兹证明，上列货物由中海物流公司委托承运，保证无讹。

（香港/内地 *）承运公司：深圳市长城物流发展有限公司　地址及电话：广东深圳市福田区锦田路长城大厦100号（82525304）　内地运输公司（盖章）：

司机姓名：（正楷）：　林永斌　签名：＿＿＿＿＿　日期：＿＿＿＿＿

内地适用	合同（协议号）		保税区仓储转口	海关关锁号（条形码）NO.	
	监管方式		中国美国	（进境地/起运地）海关批注：签章：	（指境地/出境地）海关批注：签章：
	原产国（地区）/最终目的国（地区）				
	车辆海关编号	53011045		关员签名：日期：	关员签名：日期：
	进境地/指运地 *	福保海关 5321沙头角保税区(44034)			

香港适用	转运货物	是/否 *
	进口许可证编号：	
	提单/空运 * 提单或空运托单编号：	
	香港货柜车拖架号码：	

表 13—10

入 仓 单

CNINA OVERSEAS LOGISTICS (SHENZHEN) CO., LTD.

HAIFU BUILDING JINHUA PATH LANHUA ROAD FUTIAN TRADE ZONE SHENZHEN GUANGDONG

已收 IC 卡（　）　无 IC 卡（　）　　Tel:　　Fax:　　Postcode:

Receipt List

Buyer: ASPEN	Print Date: 2008-04-16	Truck NO.: 香港车牌: FB 8633　广东车牌: 粤—福 1015

Vendor:　　Container: AMFU8799155

Receipt List NO.: AP8041603	CTNS: 74	Cubic Volum: 60.27	Quantity: 6012	Gross: 6012	Net: 4552

车辆到仓时间:　　仓库装车时间:　　完成装车时间: 2008-04-16

Item No.	P/O NO.	Quantity	Unit	Ctns	Unit	Destination	Description	Original CTN No.	CBM	N.W (kg)	G.W (kg)	Location
L10-891411-M	L0553001	9	箱	9			PRESOTT RECLINER W/MOTOR	中国	1.03	53	68	0201001
L10-910120-M	L0553001	5	箱	5			BURBANK ARMLESS UNIT	中国	0.54	47	66	0201001
L10-910121-M	L0553001	30	箱	30			BURBANK LAF END	中国	0.74	58	72	0201001
L10-910123-M	L0553001	30	箱	30			BURBANK RAF 2 ARM END	中国	0.87	70	92	0201001
Total		74	箱	74					60.27	4552.00	6012.00	

Special Status	Keeper Signature:	Confirmed By:
Prepared By		

表 13 - 11　　运输费用单

中海物流（深圳）有限公司
CHINA OVERSEAS LOGISTICS (SHENZHEN) CO., LTD.
运输费用单

客户名称：白桦家具（深圳）有限公司 ASPEN

打印日期：
从：香港　至：深圳

日期	托运单号	托运客户	运输公司	车牌	车型	线路	应收运输费	应付运输费	利润	币种	备注
2008－04－15	YT08041401	ASPEN	深圳市长城物流发展有限公司	粤—福1015	40HQ	香港—深圳	650 元	650 元		RMB	

13.2 配送中心出仓

13.2.1 配送中心出仓业务流程

（1）客户向物流公司配送中心发出"出仓指令单"，配送中心的客户服务员进行确认后，根据指令单在系统中预录入资料，并制作出业务指令单。

（2）物流公司配送中心业务员（专门负责运输）根据选货预处理中的信息确定车型及柜号，可以制作订车单（运输委托书）发送至运输公司进行订车。同时，配送中心会制作选货单（PICKING LIST）和配货单（LOAD PLAN）传送给仓库配货人员进行选货和配货。

（3）运输公司的业务员在接到物流公司的订车要求之后根据订车单进行备车。确定车辆之后，就立即通知物流公司的业务员（专门负责运输）。物流公司配送中心在接到运输公司的通知后，报关员就可以进行出仓报关（预处理），并制作出仓报关预处理单。另一方面运输公司的单证员会制作一份派车单给司机，司机收到派车单后就可以到港口提（空）柜并将（空）柜运送至仓库准备装车。

（4）司机将空货柜运到仓库后，首先要拿着派车单到配送中心领一张配货单到仓管部，仓管部就按照配货单上的客户安排车辆的停靠位置和装车调度。

（5）在装车之前，配送中心报关员就向海关发送电子数据进行网上申报，海关接受电子申报后，如需申领检验检疫证明的，配送中心的报检员就需要打印出出入境检验检疫联系单（报检申请单）向检验检疫局提出报检申请。检验检疫完成之后，配送中心报关部打印出出境货物备案清单、出境货物载货清单、发票和装箱单，然后就可以到出境地海关大厅进行现场递单申报。

（6）海关放行之后，配送中心的业务员向仓库发出装车通知，仓库就可以开始进行装车。

（7）装车结束后，司机就可以凭已审批的出境货物报关单、出境货物载货清单、发票和装箱单实际出境。配送中心还要在系统上进行最后的出仓确认。

13.2.2 配送出仓操作与单证制作

1. 业务指令单制作

客户（白桦家具有限公司）向物流公司配送中心发出"出仓指令单"，中海物流配送中心的客户服务员进行确认后，根据指令单在系统中预录入资料，并制作出业务指令单，如表13-4所示。

2. 选货单制作

物流公司配送中心客户服务员根据选货预处理中的信息确定车型及柜号，业务员（专门负责运输）就可以制作订车单（即货物运输委托单，如表13-1所示）发送至运输公司进行订车。同时，配送中心会制作出仓选货单（PICKING LIST，如表13-12所示）和出仓配货单（LOADING PLAN，如表13-13所示）传送给仓库配货人员进行选货和配货。

表 13-12   出仓选货单（出仓单）

CHINA OVERSEAS LOGISTICS (SHENZHEN) CO., LTD
HAIFU BUILDING JINHUA PATH LANHUA ROAD FUTIAN TRADE ZONE SHENZHEN GUANGDONG
Tel: 86-0755-83597770   Fax: 86-0755-83592231   Postcode: 518038

PICKING LIST

Picking List No. OP080721005zhy	Customer: ASPEN				Print Date: 2008-04-20						
Shipment Advice No. OP080721005zhy	Date Requited:				Quantity: 18						
Truck No. : /	Container No. : /				Out Date: 2008-04-20			CTNS:			
Location	Receipt List	Vendor	P/O	CTNNO	Item	Qty	Unit	Descrip-tion	Ctns	CBM	Gross	Cc Code	Pallet
201001	AP8041603	COSIE			L10-891411-M	9	个	一人牛皮摇椅沙发/头层配二层		1.03	68	94016110	
201001	AP8041603	COSIE			L10-910120-M	5	个	一人牛皮摇椅沙发/头层配二层		0.54	66	94016110	
201001	AP8041603	COSIE			L10-910121-M	30	个	一人牛皮摇椅沙发/头层配二层		0.74	77	94016110	
201001	AP8041603	COSIE			L10-910123-M	30	个	一人牛皮摇椅沙发/头层配二层		0.87	92	94016110	
合计	4Rows					74				60.27	6012		
Special Status												
Prepared By					Keeper Signature					Confirm By		

表 13 - 13　　　　　　　　　　　　出仓配货单

CHINA OVERSEAS LOGISTICS (SHENZHEN) CO.，LTD
HAIFU BUILDING JINHUA PATH LANHUA ROAD FUTIAN TRADE ZONE SHENZHEN GUANGDONG
Tel：　　　　Fax：　　　　Postcode：

LAOD PLAN			
Picking List No. ：LD93848	Customer：ASPEN	Print Date：2008 - 04 - 20	
Shipment Advice No. ：LD93848	Date Requited：	Quantity：74	
Truck No. ：	Container No. ：	Out Date：2008 - 04 - 20	CTNS：

Location	Receipt List	Vendor	P/O	CTN NO.	Item	Qty	Unit	Description	Ctns	CBM	Gross	CcCode	Pallet
201001	AP8041603	COSIE			L10-891411-M	9	个	一人牛皮摇椅沙发/头层配二层		1.03	68	94016110	
201001	AP8041603	COSIE			L10-910120-M	5	个	一人牛皮摇椅沙发/头层配二层		0.54	66	94016110	
201001	AP8041603	COSIE			L10-910121-M	30	个	一人牛皮摇椅沙发/头层配二层		0.74	77	94016110	
201001	AP8041603	COSIE			L10-910123-M	30	个	一人牛皮摇椅沙发/头层配二层		0.87	92	94016110	
合计	4Rows					74				60.27	6012		

Special Status			
Prepared By		Keeper Signature		Confirmed By	

Page 1 of 1

3. 出仓报关（预处理）单制作

运输公司的业务员在接到物流公司的订车要求之后根据订车单进行备车。确定车辆之后，就立即通知物流公司的业务员（专门负责运输）。物流公司配送中心在接到运输公司的通知后，报关员就可以进行出仓报关（预处理），并制作出仓报关预处理单（如表 13 - 14 所示）。另一方面运输公司的单证员会制作一份派车单给司机，司机收到派车单后就可以到港口提（空）柜并将（空）柜运送至仓库准备装车。

表 13 - 14

出仓报关单（预处理）

提单号：SH080417031

出仓报关单（预处理）

规并名称	规并规格	海关编码	申报数量	单位	件数	法定数量 1	单位 1	单位 2	毛重	净重	价值	币种	原产国	体积	出仓单
一人牛皮摇椅沙发/头层配二层	(35—55)"*(30—50)"*(30—50)"	94016110	74	个	74	74	个	千克	6012	4552	1979.50	美元	中国	60.27	LD93848
合计			74		74	74			6012	4552	1979.50			60.27	

4.出货备车

司机将空货柜运到仓库后，首先要拿着派车单到配送中心领一张配货单到仓管部，仓管部就按照配货单上的客户安排车辆的停靠位置和装车调度。

5.报关业务及相关单证

在装车之前，配送中心报关员就向海关发送电子数据进行网上申报，海关接受电子申报后，如需申领检验检疫证明的，配送中心的报检员就需要打印出出入境检验检疫联系单（报检申请单）向检验检疫局提出报检申请。检验检疫完成之后，配送中心报关部打印出发票（如表13-15所示）、装箱单（如表13-16所示）、出境货物备案清单（如表13-17所示）、出境货物载货清单（如表13-18所示），然后就可以到出境地海关大厅进行现场递单申报。

表 13-15　　　　　　　　　　发　票

发　票		
NO.：LD93848		
Description	Qty	Amount（USD）
一人牛皮摇椅沙发/头层配二层	74	1979.50
Total	74	1979.50

表 13-16　　　　　　　　　　装　箱　单

装　箱　单						
S/O：LD93848						
Description	Qty	NW（kg）	GW（kg）	CTNS	CBM	Country
一人牛皮摇椅沙发/头层配二层	74	4552.00	6012.00	74	60.27	中国
Total	74	4552.00	6012.00	74	60.27	

表 13－17　　　　　　　　　　　　　出境货物备案清单

中华人民共和国海关保税区出境货物备案清单

预录入编号：212046569　　　　　　　　　　　　　　　　　　海关编号：212046569

出境口岸　福保税关（5321）		出口日期 2008/04/15	备案日期 2008/04/15
区内经营单位 中海物流（深圳）有限公司 （440347513）	运输方式 汽车运输（4）	运输工具名称 粤一福 1055/提前报关	提运单号 1000298529637
区内发货单位 中海物流（深圳）有限公司	贸易方式 保税区仓储转口	起运国（地区） 美国（502）	
境内货源地 福田盐田沙头角保税区	成交方式 FOB（3）	运费　　　　　保费	杂费
合同协议号	毛重（kg） 6012	净重（kg） 4552	随附单据

备注　共（74）件
货主：白桦家具（深圳）有限公司/共 1 份单　　ASPEN　　AMFU8799155 * 1（2）
木制/家居用
　　　　　　　　　　　　　　　　　　　　　　　　　　　本单共有 1 项商品
　　　　　　　　　　　　　　　　　　　　　　　　　　　成交总价：1979.50

项号	商品编号	商品名称	规格型号	数量	单位	原产国（地区）	单价	总价	币制
01	94016110	一人牛皮摇椅沙发/头层配二层	(35－55)" * (30－50)" * (30－50)"	74	个	中国	26.75	1979.50	USD

税费征收情况

录入员 录入单位	兹声明以上申报无讹并承担法律责任	海关备案审核
申报人 申报单位（签章） 单位地址 邮编　　　电话　　　填表日期		审核日期

表13-18

出境货物载货清单

内地海关及香港海关陆路出境载货清单

车牌号码：(内地车牌：　　　　　香港车牌：　　　　　)

出境日期：　　　　　　　　　　　　　　　　内地载货清单编号：

装货地点：　中海物流（深圳）有限公司　　香港载货清单编号：

钳货地点：　盐田码头　　此联载货清单共　　　页

项目	货物名称及规格	标记及编号	包装方式及数量	重量/净量*（千克）	价格（美元）	付货人或货物转运代理名称及地址	收货人名称及地址
	一人牛皮摇椅沙发/头层配二层		74.00个 4552.00千克	毛重：6012.00 净重：4552.00	1979.50	中海物流（深圳）有限公司	白桦家具公司

总件数：74（柒拾肆）个/总体积*60.27（陆拾点贰柒）货箱数量/规格/编号GATU8690956/40HQ（如果是冷藏柜，要注明）

承运公司声明：兹证明，上列货物由中海物流公司委托承运，保证无讹。

（香港/内地）承运公司深圳市长城物流发展有限公司 地址及电话：广东深圳市福田区锦田路长城大厦100号（82425304）　内地运输公司（盖章）：

司机姓名：（正楷）刘树国　　签名：　　　　　　　　　　日期：

内地适用	合同（协议号）		海关锁号（条形码）NO.		
	监管方式	保税区仓储转口			
	原产国（地区）/最终目的国（地区）	中国 美国	(进境地/起运地)海关批注、签章：		(指运地/出境地)海关批注、签章：
	车辆海关编号	531815151l	关员签名：		关员签名：
	出境地/起运地*	福田海关5321 沙头角保税区（44034）	日期：		日期：

香港适用	转运货物		是/否*
	出口许可证编号：		
	提单/空运*提单或空运托运单编号：		
	香港货柜车牌号码：		

6. 装车

海关放行之后，配送中心的业务员就向仓库发出装车通知，仓库就可以开始进行装车作业。

7. 出仓确认

装车结束后，司机就可以凭已审批的出境货物报关单、出境货物载货清单、发票和装箱单实际出境。配送中心客户服务员还要在系统上进行最后的出仓确认。

13.3 实训要求

13.3.1 配送中心入仓实训

1. 入仓实训内容

模拟真实的物流公司配送中心的整个运作流程，分角色进行实训，学生扮演不同岗位的人员，要求在不同岗位的同学在接到资料之后按照要求在系统中录入相应的数据，还要制作出配套的单证。

2. 入仓操作实训任务

配送中心的工作人员主要由部门经理（1 人）、报关员（2 人）、报检员（1 人）单证员（1 人）、业务员（专门负责联系安排运输的，2 人）和客户服务员（1 人）组成。主要的工作是在商务部门发出合约执行指令后，负责具体执行合约内具体工作的。角色的具体工作如下：

（1）部门经理

在接到商务部发出的合约执行指令后，部门经理首先需要对指令进行确认，并分配好工作，并制作出业务指令单，指挥各岗位的人员开展工作，而且要在一宗业务完成时对所有的资料进行最后的审核签字确认。

（2）专门负责安排运输的业务员

在合约执行单确认后，业务员 A 就要联系运输公司，并制作出订车单（运输委托书）发送给运输公司进行订车。在运输公司向配送中心反馈信息确认车辆之后，业务员 B 要制作出一张提货单和提货确认单送达运输公司供司机提取时作为凭证。在整个运输作业完成之后，业务员 B 就根据运输公司的托运单，制作出运输费用单交运输公司核对，核对无误后交款。

（3）客户服务员

客户服务员负责与客户联系，从客户那里取得相关的资料（采购需求单、发票、装箱单等），进行核对，核对无误后，进行入仓数据的预录入，制作出入仓预处理单，交仓管部做好收货准备。待货物入仓完毕确认仓位后，最终制作出入仓单（正式）。

（4）单证员

单证员在收到货物在供应商所在地出口报关完毕的通知后，根据客户提供的采购需求单、发票、装箱单在系统中预录入相关的入仓报关的预处理资料，并制作出报关预处理单。

（5）报关员

报关员的工作主要是负责货物进仓报关，在收到司机进境进入关境通道的通知后，就可以根据相关的资料（发票、装箱单、在供应商所在地出口报关单和出境货物载货清单等）将预录入资料调出进行正式的进境货物备案清单的制作。一方面，报关员 A 在海关的 EDI 系统中录入数据生成电子底单，电子底单要经单证员的核对后，就可以进行电子申报，电子申报完成后，可以正式生成进境货物备案清单（报关单）。另一方面，报关员 B 就可以到司机那里拿到司机登记簿和出口报关的资料进行进境货物载货清单的制作，单证制作完毕后，可以拿到海关审单处进行审查。

（6）报检员

如果进仓的货物需要进行商品检验的，商检员就必须填写出入境检验检疫联系单到当地的检验检疫局申请商检证明。

13.3.2　配送中心出仓实训

1. 出仓实训内容

实训的内容是要求学生安排配送中心不同的岗位分工协助完成整个出仓的操作过程。在整个出仓的过程中，学生要根据仓库的库存，按照客户发送过来的单证在系统中录入相关的数据，制作出相关的单证，并准确、完整地填写单证上的各个项目。

2. 出仓操作实训任务

配送中心的工作人员主要由部门经理、报关员、报检员、单证员、业务员（专门负责联系安排运输的）和客户服务员组成。主要的工作是在商务部发出合约执行指令后，负责具体执行合约内具体工作的。角色的具体工作如下：

（1）部门经理

在接到客户发出的出仓指令后，经理根据指令进行确认，并分配好工作，而且要在一宗业务完成时对所有的资料进行最后的审核签字确认。

（2）客户服务员

客户服务员负责与客户联系，并从客户那里取得相关的资料（出仓指令单），并进行核对，核对无误后，进行出仓数据的预录入，制作业务指令单，同时要制作出供仓管部选货和配货用的选货单和配货单。待货物报关确认完毕后，进一步填写、完善出仓单资料。

（3）业务员（专门负责安排运输）

在客户服务员出具业务指令单预选货后，业务员就要联系运输公司，并制作出订车单（运输委托书）发送给运输公司进行调度。在运输公司向配送中心反馈信息确认车辆之后，业务员要通知报关员和仓库准备报关资料和做好装车准备。

（4）单证员

单证员在司机提柜运达仓库后，装货前要根据客户提供的出仓指令单和系统中预录入相关的入仓报关的预处理资料，并制作出报关预处理单、装箱单和发票。

（5）报关员

报关员的工作主要是负责货物出仓报关，在收到仓库发过来的装货时间之后，提前于装货时间 24 小时就可以根据相关的资料将预录入资料调出进行正式的出境货物备案清单的制作。一方面，报关员在海关的 EDI 系统中录入数据生成电子底单，电子底单经单证员的核对后，就可以进行电子数据的发送。电子申报完成后，可以正式生成出境货物备案清单（报关单）。另一方面，报关员还要制作出境货物载货清单。

14 运　　输

14.1　运输入仓

14.1.1　运输入仓业务流程

（1）运输公司接到订车单后就要进行调度。在确定车辆之后，运输公司就会制作出派车单和托运单（托运单一式三联，一联由运输公司存档，一联交物流公司，一联由司机保留），通知物流公司，并将托运单传送给物流公司核对存档。

（2）物流公司制定提货单和提货确认单传送到运输公司，到约定的时间，运输公司的司机凭运输公司出具的派车单、托运单和物流公司出具的提货单及提货确认单到指定的收货地点提取集装箱。

（3）在提取集装箱后，司机要将提货确认单和托运单交发货人（供应商）签字确认，发货人（供应商）要将发货确认交司机签字确认。供应商就可以凭出口货物报关单和发票、装箱单、出境货物载货清单和司机的登记簿（由司机填写关于车辆的信息）到出境地海关申报。

（4）报关完成后，出口资料可交司机带给物流公司配送中心办理进境手续，也可用传真的方法传送给物流中心。装载货物的车辆在进境时，司机需通知物流公司的配送中心并交司机登记簿（需要填写进境情况）办理进境报关。

（5）海关放行后，车辆直接将货物运送到仓库进行卸货。卸货完成后，物流公司也会在托运单上签字确认。

14.1.2　运输入仓操作与单证制作

1. 车辆调度业务及相关单证的制作

运输公司（深圳市长城物流发展有限公司）接到订车单后就会进行车辆调度。在确定车辆之后，就会制作出派车单和托运单并通知中海物流公司。派车单（如表 14 - 1所示）和托运单（如表 14 - 2所示）的制作如下：

表 14 - 1　　　　　　　　　　　**派 车 单**

深圳市长城物流发展有限公司

CHANGCHENG LOGISTICS (SHENZHEN) COMPANY LTD.

通信地址：深圳市福田区锦田路长城大厦 100 号

Tel：　　　　　Fax：

To：　　　　中海

ATTN：　　　贺先生

装货日期：　　08 - 04 - 16

地点：　　　　福保（中心）

SO NO.：

运输牌头：　　海福

企业编号：

司机名称：

香港车牌：

广东车牌：

海关编号：

IC 卡编号：

司机电话：

货柜尺数：

货柜号码：

封条：

拖架类型：　　C2/C6/C11 拖架　　　重量：

口岸：　　　　福田保税区　　　　　　架号：

REMARKS：

深圳办事处：

表 14 - 2　　　　　　　　　　　　　　　托　运　单

货物运输托运单

单号：　　　　　始发地：中国香港　　　　　　目的地：深圳　　　　　日期：

托运人	名称			
	地址		电话	

收货人	名称			
	地址			
	联系人		电话	

品名及规格				收费项目	金额

保险金额	￥_____，按	‰收取保价费	保险费	
费用合计	￥_____		大写：　万　仟　佰　拾　元　角　分	

备注：

托运声明事项

　　1. 托运人必须如实填写品名、重量、体积，不得在货物中夹带"三品"和其他禁运品，货物必须按行业规定包装完好，否则在运输过程中所造成的一切责任、损失由托运人负责。

　　2. 运单上所记载的货物名称、数量和价值由托运人提供，托运人对其真实性负责，承运人在接收货物时只按件数接收，并未检查清点内装数量，因此，承运人不承担内装货物数量和货物是否完好的产品质量瑕疵责任。

　　3. 托运人应按货物的实际价值向保险公司投保，承运人不负责保险责任外的其他经济损失，因承运人造成的货损除外，如托运人和承运人另签有运输合同，按另签运输合同条款执行。

　　4. 托运人必须提供运输货物的一切必备手续：发票证明、准运证等，如运输途中因手续不全造成的损失（如罚款、扣货等后果）均由托运人负责。

　　5. 如因托运人原因造成超载、超高、超宽和装车中包装损坏、产品质量等原因造成的经济损失，由托运人负担。

　　6. 托运人应于办理托运手续后 7 日内向承运方结清货物运输费用，如另签有运输合同按另订合同条款期限付款。每逾期付款一日，托运人应接运费总额的 5‰向承运人支付违约金。

托运人（盖章）：　　　　　　　　　　　　　　　承运人（盖章）：

经办人签名：　　　　　　　　　　　　　　　　　经办人签名：

公司地址：　　　　　　　电话：　　　　　　　　传真：

2. 出境海关申报

在司机提取集装箱后，司机要将提货确认单和托运单交发货人（供应商）即白桦家具（深圳）有限公司签字确认，该公司要将发货确认交司机签字确认。白桦家具（深圳）有限公司凭出口货物报关单和发票、装箱单、出境货物载货清单和司机的登记簿（如表14-3所示，由司机填写关于车辆的信息）到出境地海关申报。

表 14-3　　　　　　　　　　**司机登记簿——出境登记**

司机出境登记表		
司机名称：	香港车牌：	
所属公司名称及公司编码：		
单位联系电话：		
登记地海关：		
车辆登记时间：	车型：	
离境时间：	车辆申报时间：	
发货单位：德利集团（香港）有限公司		
装载货物信息		
海关编码	货物名称	数量及单位
备注：		
所属运输公司签章：	海关签章： 香港海关（盖章）：	

3. 进境报关

报关完成后，出口资料可由司机带给物流公司配送中心办理进境手续，也可用传真传送给物流中心。装载货物的车辆在进境时，司机须通知物流公司的配送中心并交司机登记簿（如表14-4所示）（需要填写进境情况）办理进境报关。

表 14 - 4　　　　　　　　　司机登记簿——进境登记

司机进境登记表		
司机名称：	国内备案车牌：	
所属公司名称及公司编码：		
单位联系电话：		
登记地海关：		
车辆登记时间：		
进境时间：	车辆申报时间：	
收货单位：		
装载货物信息		
海关编码	货物名称	数量及单位
备注：		
所属运输公司签章： （盖章）	海关签章： （盖章）	

14.2　运输出仓

14.2.1　运输出仓业务流程

（1）运输公司的单证员在收到中海物流公司的订车单后，就会进行确认，并反馈信息给调度员进行调度。在调度确定车辆和司机后，单证员就会制发派车单，并通知物流公司配送中心。

（2）司机拿到订车单后，首先要到港口提取（空）柜，然后将（空）柜运送到物流公司的仓库。

（3）中海物流公司配送中心收到仓库发来的已收货柜通知后，司机要填写好司机登记簿上关于出境的信息后，交报关员进行相关报检和报关。海关放行后，仓库就可以装车封柜。装车封柜后，司机就可以拿着已报关的出境货物备案清单、装箱单、发票和出境载货清单出境。

14.2.2 运输出仓操作与单证制作

1. 运输车辆确认

运输公司（深圳市长城物流发展有限公司）的单证员在收到中海物流公司的订车单后，就会进行确认，并反馈信息给调度员进行调度。在调度确定车辆和司机后，单证员就会制发派车单（如表 14 - 1 所示），并通知物流公司配送中心。

2. 货柜提取

司机拿到订车单后，首先要到盐田港口提取（空）柜，然后将（空）柜运送到中海物流公司的仓库。

3. 装柜出境

中海物流公司配送中心收到仓库发来的已收货柜通知后，报关员就可以进行相关报检和报关。海关放行后，仓库就可以装车封柜。装车封柜后，司机就可以拿着已报关的出境货物备案清单、装箱单、发票和出境载货清单出境。

14.3 实训要求

14.3.1 运输入仓实训

1. 入仓实训内容

在物流中，运输公司作为一个不可缺少的部分，是连接各个环节的一个桥梁，因此运输工作讲求的是准时、准确、快速。在实训中，担任运输工作的同学一定要遵守这个原则，并及时地为委托人提供优质的服务。

2. 入仓实训任务

运输公司的工作人员主要由部门经理（1 人）、调度员（1 人）、司机（1 人）、单证员（1 人）组成。角色的具体工作如下：

（1）部门经理

负责运输公司整体工作的协调与指挥，并在运输调度完成之后进行最后的确认和核查，保证资料和信息的准确性。

（2）调度员

在接到物流公司发送过来的订车单后进行调度，并确定车辆和司机，制发派车单交汽车司机出车。

（3）单证员

在确定车辆之后，单证员就会根据派车单和物流公司提供的订车单制作出托运单（一式三份），托运单上必须列明运输费及相关的附加费条款，然后将托运单交司机。

（4）司机

司机在接到运输公司的派车单和托运单后，填写好海关已经备案的司机登记簿。按照指定的时间到达指定的地点凭物流公司提供的提货单提取货物。

14.3.2 运输出仓实训

1. 出仓实训内容

这部分是关于运输调度方面的实训，学生主要是要注意学会关于运输调度方面的知识和运作，而且还要学会运输公司相关单证的制作和填写。

2. 出仓实训任务

运输公司的工作人员主要由部门经理、调度员、单证员、司机组成。角色的具体工作如下：

（1）运输公司经理

负责运输公司整体工作的协调与指挥，并在运输调度完成之后进行最后的确认和核查，保证资料和信息的准确性。

（2）调度员

在接到物流公司发送过来的订车单后，进行调度确定车辆和司机。

（3）单证员

在确定车辆之后，单证员制作派车单并通知物流公司配送中心。

（4）司机

司机在接到运输公司的派车单后，凭单到港口提取货柜。按照指定的时间把空货柜运至仓库准备装车。海关放行后，司机就可以拿着需要的单证将货物运到指定的地方。

15 仓 储

15.1 仓储入仓

15.1.1 仓储入仓业务流程

1. 入仓卸货

仓库调度收到入仓单和作业单，将单证安排给仓管员准备入仓前工作，车到了以后单货核对相符后就可以进行卸装。仓管员根据实际工作内容填写好入仓记录表和装卸作业单。

2. 入仓验货

仓管员要在货物装卸过程中做好货物的验收，根据入仓单确认卸装的货物是否正确，点清货物数量，检查是否有破损或者外包装是否有异常、外包装标识是否与入仓单一致等。

3. 异常报告

装卸工在装卸过程中发现货物有多收、少收、缺损、受潮、唛头不符或其他异常时，立即停止入仓并通知仓库主管进行处理，填写异常处理报告，找客户或司机签名确认，必要时在签收托运单签上实收数量。

4. 仓位确认

卸货完毕后仓管员根据叉车司机提供货物存放的仓位信息核对数量，包括核对记录表上与入仓单上的数量（箱数和个数）；核对记录表上与仓位上的数量（板数），并且在进货确认单上填写货物的真实仓位。装卸作业单和进货确认单在第二天返还配送中心，入仓作业流程如图 15 - 1 所示。

15.1.2 入仓相关单证

1. 入仓指令单（RECEIPT LIST）（如表 13 - 10 所示）
2. 进仓记录表（如表 15 - 1 所示）

白桦项目入仓作业流程图

客户	仓库负责人	仓管班长	仓管员	工人/叉车司机	客服代表
E-mail入仓资料指令		领取入仓单			制作入仓单,通知仓管班长拿单
		安排仓管员、叉车司机卸货			司机报到,通知仓管班长收货
			指定司机停靠车位、检查防滑枕	叉车司机到位等待卸货	
			开车、柜门检查货物装车情况	拍照(3+1)模式,通知司机确认,在异常报告上签名,根据主管领导安排开始卸货	
到达现场查看实际情况		情况严重	有异常(情况严重)通知客户、仓库负责人到现场;无异常(有异常根据处理结果)安排叉车司机御货至站台	开始卸货	
确定处理结果安排卸货			御货完成,清点来货件数和确认有无异常情况,在托运单上如实签收,然后在放行条上签名放行		
			货上至指定楼层,仓管员安排叉车司机把整板物料核对后直接放入仓位,散货料件放在作业区	安排工人拆卸包装,来货板号撕下贴在卡板同一方向	
			所有入仓物料在外箱盖上入仓日期,边进出物料优先选货,在入仓单上做好选货记录	在实物外箱上盖上入仓日期	
			入仓确认:根据入仓单逐一核对实物外箱上信息,有异常做好记录,入仓完成后统一填写异常报告		
			不同购买商的物料按入仓单上的仓位分区摆放,新P/N先填写货卡,同一购买商的同一物料只能有一个仓位	协助仓管员把确认好的货物按入仓日期先后顺序放在指定仓位	
	根据入仓单上修改的仓位,更改P/N总表的对应仓位		原仓位放不下:临时存放在缓冲区的物料在货卡上注明并在该物料区做好物料标识	入仓完成后,修改P/N总表与实物仓位一致并及时E-mail给客户代表	
			实际存放仓位与入仓单不符的在单上注明		
			边进边出物料同正常入仓和出仓物料一样在货卡上留下进出仓记录		
			收货完成,复查入仓单确认来货有无异常,如有,需填写异常报告		
			整理单证、填写入仓异常报告交客户签收确认		
异常报告的确认、入仓单签收	(1) (2)	跟进异常处理结果	入仓单、异常报告返回客服代表	(3)	确认入仓单及异常报告
			安排工人整理本日入仓卡板和纸皮;整理废弃纸皮等	整理卡板及检查废弃包装材料	

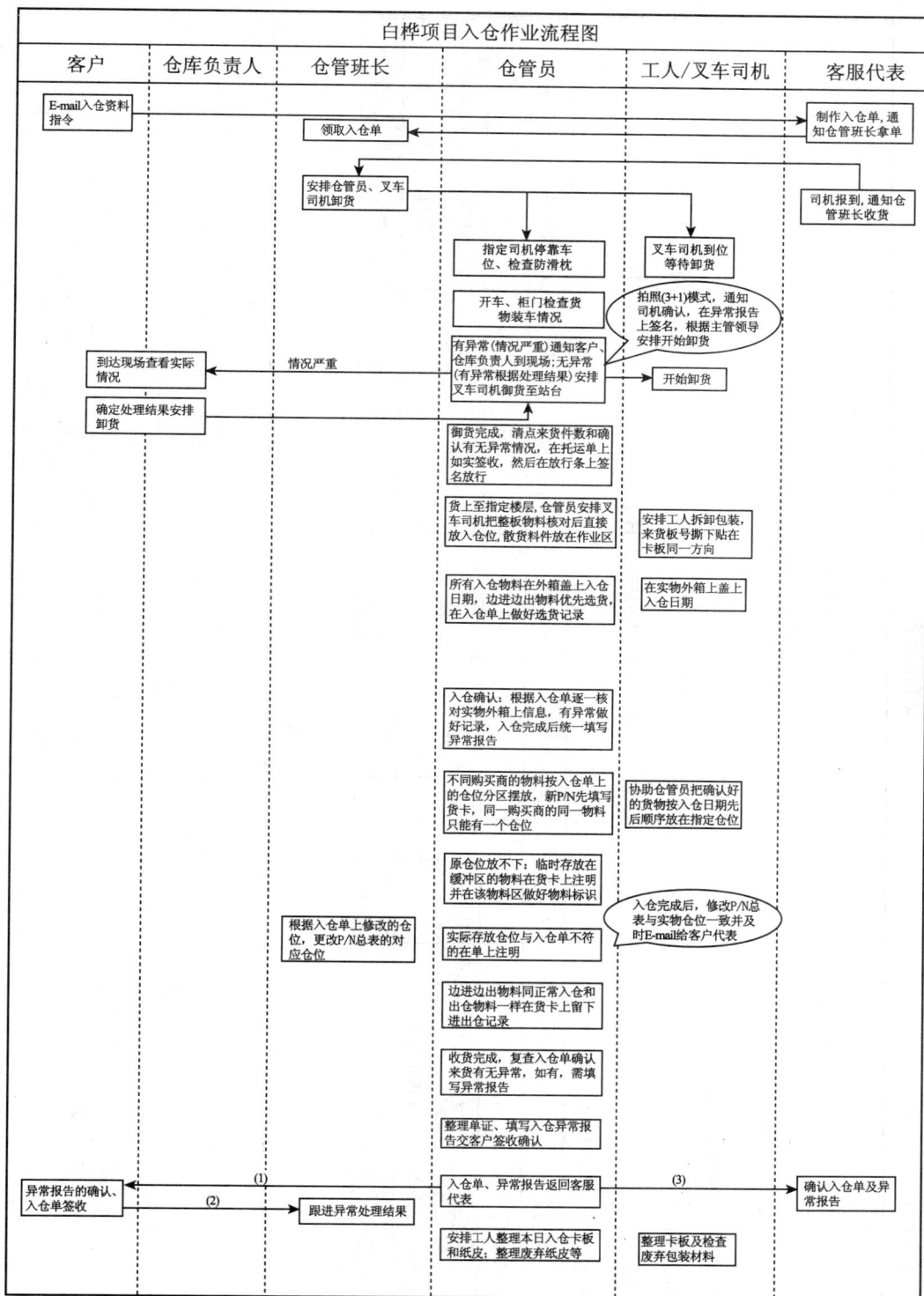

图 15 - 1　入仓作业流程

表 15 - 1

进仓记录表

中海物流（深圳）有限公司

进仓记录表

货主名称：ASPEN

到达时间：   离开时间：   日期：2008 - 04 - 15

车号：   柜号：AMFU8799155/40HQ   封号：

进仓清单：AP8041603

项目	P.O	1	2	3	4	5	6	7	8	9	10	11	12	13	14	15	16	17	原产国	Qty
L10-891411-M	L0553001																		中国	9
L10-910120-M	L0553001																		中国	5
L10-910121-M	L0553001																		中国	30
L10-910123-M	L0553001																		中国	30

合计：   74

司机：   理货员：

234

3. 装卸作业单（如表 15－2 所示）

表 15－2 　　　　　　　　　　装卸作业单

装卸作业单			
NO.：6011378			年　月　日
客户名称：ASPEN	货物名称：白桦家具	数量	100
入仓/出仓 NO.：	车号：	柜号：	作业地点：
货物实际作业体积		货物实际作业重量	
接驳过车	□ 进口　□ 出口	车辆吨位数量□　□	过夜天数□
作业内容	□ 进仓　□ 出仓　□ 贴标签　□ 打包　□ 转堆		
车型数量	45 尺×□ 40 尺×□ 20 尺×□ 10 吨×□ 8 吨×□ 5 吨×□ 3 吨×□		
作业时间	□时□分至□时□分　超时加班　□ 时　加班人数 □ 人		
作业方式	□ 人力叉车合作　□ 叉车　□ 人力　□ 人力辅助		

项目	数量	单价	金额

备注：

仓库（盖章）

业务员：　　　仓管员：　　　叉车工：　　　客户：

4. 货物异常报告（MIS-MATCH DAMAGED REPORT）（如表 15 - 3 所示）

5. 进货确认单（CARGO IN-COMING CHECK LIST）（如表 15 - 4 所示）

表 15 - 3 　　　　货物异常报告（**MIS-MATCH DAMAGED REPORT**）

中海物流（深圳）有限公司

CHINA OVERSEAS LOGISTICS (SHENZHEN) CO.，LTD

MIS-MATCH DAMAGED REPORT

编号：

TO：　　　　　　　　　　CC：

FM：COL　　　　　　　　FAX：　　　　　　　　Date：

Information of shipment：　　　　　　　　　　R/L No.（入仓单号）

Vendor（供应商）　　　　　　　　　　　　　Cont No.（柜号）

Inv No.（发票号）

Total Qu（总数）　　　　　　　　　　　　　Seal No.（封条号）

Cargo not match the documents 异常说明

Shortage（短少）　　Extra receipt（多收）　　p/n（错误）

P/N　P/O　入仓单数量　实收（或开箱）数量　多收数量　少收数量　仓位

p/o　c/o Error（错误）

P/N（item）入仓单数量　　入仓单　　实际来货　　错误 p/o 数量　　仓位

Visible damage of the package（外包装情况）

异常责任方：1. 工厂来货　2. 海关查车　3. 错误操作　　异常状态：

P/N（item）入仓单数量　入仓单　异常数量　异常责任方　异常状态　仓位

Description 描述：＿＿＿＿＿＿＿＿＿＿＿＿＿＿＿＿＿＿＿＿＿＿＿

COL W/H Keeper（仓管员）：＿＿＿＿＿　Customer Kceper（客户或司机）

Conclusion and Instucrtion（处理结论）

表 15-4　进货确认单（入仓单）

CHINA OVERSEAS LOGISTICS (SHENZHEN) CO., LTD.

HAIFU BUILDING JINHUA PATH LANHUA ROAD FUTIAN TRADE ZONE SHENZHEN GUANGDONG

Tel: 86-0755-8359×××× Fax: 86-0755-8359×××× Postcode: 518038

已收 IC 卡（　）
无 IC 卡（　）

Buyer: ASPEN　Print Date: 2008-07-21　Cargo In-coming Check List　Truck No:

Vendor: WWVN　Container:

Cargo In-coming Check List NO.: IP08072 1008　CTNS:　Cubic Volum: 54.4　Quantity: 100　Gross: 5060　Net: 4200

车辆到仓时间：　仓库装车时间：　完成装车时间：

Item No.	P/O NO.	Quantity	Unit	Ctns	Unit	Destination	Description	Original	CTN NO.	CBM	N.W (kg)	G.W (kg)	Location
L10-891411-M	L0553001	9	件		箱		一人牛皮摇椅沙发/头层配二层	中国	—	1.03	53	68	0201001
L10-910120-M	L0553001	5	件				一人牛皮摇椅沙发/头层配二层	中国		0.54	47	66	0201001
L10-910121-M	L0553001	30	件				一人牛皮摇椅沙发/头层配二层	中国		0.74	58	77	0201001
L10-910123-M	L0553001	30	件				一人牛皮摇椅沙发/头层配二层	中国		0.87	70	92	0201001
Total		74								60.72	4552	6012	

Special Status: _____

Prepared By: _____　Keeper Signature: _____　Confirmed By: _____

15.2 仓储出仓

15.2.1 仓储出仓业务流程

1. 出仓指令确认

仓管部在接受出仓指令后，仓库主管就会对出仓指令进行确认，并核对出仓指令与库存是否相对，将信息反馈给配送中心。

2. 出仓拣货

配送中心在接到仓管部发送的信息后，就可以进行选货和配货，打印选货单后就传送一份给仓管部的仓管员进行实物选货，并及时将信息发送给配送中心，配送中心收到信息后，最终确定车型，制作订车单传送给运输公司。

3. 出仓装车

运输公司的司机提到（空）柜运至仓库后，首先要到配送中心拿取一份配货单（即 LOAD PLAN）到仓管部的仓管员，仓管员就可以指挥司机停靠在指定的车位上，然后核对装车单上的货名、数量和客户名是否与实物相符。确定后就可以按照工作的安排开展装车作业。

4. 出仓确认

装车完毕之后，要对货物进行拍照，一般的客户要求是在整箱货物装完后只拍一两次就可以，但 ASPEN 要求是每装一排货就要拍一张照片。

拍照完成后，就可以封柜，司机确定后就可以在配货单上签名，仓管员要写放行条给司机，司机将货物运离仓库开往目的地。

5. 出仓信息处理

货物运离仓库后，仓管员就要在系统上录入相关信息，然后可以填写装卸作业单，一般情况装卸作业单、配货单的资料确认后就要在第二天返回配送中心。

货物出仓流程如图 15-2 所示。

15.2.2 出仓相关单证

1. 出仓单（如表 13-12 所示）
2. 装卸作业单（如表 15-2 所示）
3. 出仓记录表（如表 15-5 所示）

流程名称:<u>货物出仓流程图</u>　　　　　　　　　标号:<u>B04</u>

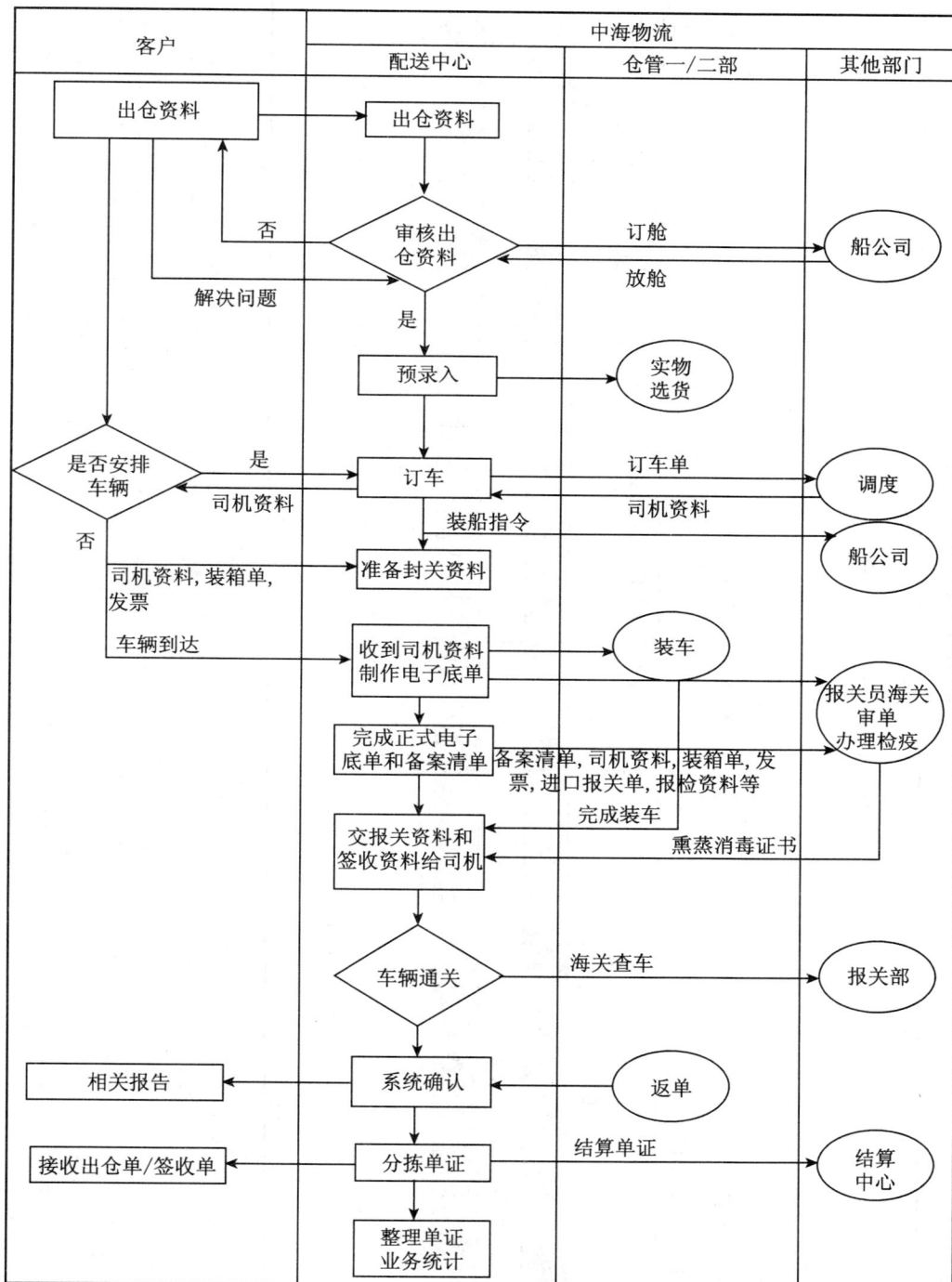

图 15-2　货物出仓流程

表 15 – 5

出仓记录表

中海物流（深圳）有限公司出仓记录表

货主名称：ASPEN

到达时间：　　　　　　　　离开时间：

车号：粤 B44532　　　　　柜号：GATU8690956

出仓清单：LD93848

日期：2008 – 4 – 20

封号：

项目	P.O	1	2	3	4	5	6	7	8	9	10	11	12	13	14	15	16	17	原产国	Qty
L10-891411-M	L0553001																		中国	9
L10-910120-M	L0553001																		中国	5
L10-910121-M	L0553001																		中国	30
L10-910123-M	L0553001																		中国	30
合计：																				74

司机：　　　　　　　　　　理货员：

15.3　实训任务

15.3.1　仓储入仓实训角色安排及任务

1. 仓库主管

进行进出库的管理，对货物异常进行处理。

2. 仓库调度

接受由配送中心发过来的入仓单和装卸作业单的空表，并分配相应的仓管员和装卸工进行卸货。

3. 仓管员

仓管员要根据实际工作内容填写好入仓记录表和装卸作业单，在进货确认单上填写货物的真实仓位。如果货物出现异常情况，制作货物异常报告，并且要求客户或司机当面确认。

4. 叉车司机

根据调度安排装卸货物，在装卸过程中检查货物外包装有无损坏，把货物放在规定的仓位上。

15.3.2　仓储出仓实训角色安排及任务

1. 仓库主管

接到出仓指令后进行资料的确认和信息数据的最后核对。

2. 仓库调度

接到出仓指令单后，调度员根据出仓指令单上的信息进行调度，安排仓管员、叉车司机和搬运工的工作。

3. 仓管员

根据选货单和装车单上的信息进行选货和配货，并根据货物实际出仓的情况如实地填写报告，在装车单上签名确认。在货物运离仓库后，还要填写装卸作业单。

4. 叉车司机

按调度安排装卸货物，把货物从指定的仓位上装运到车上，在装卸过程中检查货物外包装有无损坏。

16 结算中心

中海物流信息教学平台的结算中心管理模块着重于满足企事业单位进行资金集中结算的需求。本模块以银行提供的单据、企业内部单据、凭证等为依据，记录资金业务以及其他涉及管理方面的业务。

16.1 仓租计算

在实际的操作中，仓租分为包租和散租两种，由于仓租费用是与时间的累计有关，因此不能在入仓或者出仓的时候即时产生，需要在结算的时候计算产生。

仓租是按客户、按单计算的，其计算公式为：

包租＝单价×面积×包租周期（其中非月初入仓的物品按照实际天数计算）

散租＝单价×计费单位量×时间

管理费＝仓租×N％

16.2 费用核查

费用类型有：仓租、运输、装卸、处理、加班、报关、其他七种费用。

一方面处理应收费用，所谓应收费用，指的是本公司要向客户收取的费用。另一方面处理应付费用，应付费用表示的是本公司应该付给相关公司的费用。

16.3 结算中心单证制作

应收账单（如表16－1所示）主要列出某个客户某段时间应该付给本公司费用的账目清单。应付账单（如表16－2所示）主要列出本公司在某段时间内应该付给某公司的费用清单。

表 16－1　　　　　　　　　　　　　　　　**运输应收账单**

客户名称：　　　　　从 2002－06－30 到 2008－06－30　　　　　　　打印日期：

日期	作业单号	费用单号	线路	车型	车牌	费用名称	作业数量	单价	折扣	应付金额	开始日期	结束日期
						报关						
						报检						
						代理						
						封关						
						EDI单证						
小计												
总计												

表 16－2　　　　　　　　　　　　　　　　**运输应付账单**

客户名称：　　　　　从 2002－06－30 到 2008－06－30　　　　　　　打印日期：

日期	作业单号	费用单号	线路	车型	车牌	费用名称	作业数量	单价	折扣	应付金额	开始日期	结束日期
						运输						
						空返						
						压车						
						查车						
小计												

16.4　实训任务

结算中心角色分配如表 16 - 3 所示。

表 16 - 3   结算中心角色分配表

职位	人数	任务	备注
收款人	1	制作应收账单收款	
付款人	1	制作应付账单付款	

　　结算中心依据公司与客户签订的合同和其他单证，对仓租进行计算，然后对所有已经产生的费用进行审核和结算操作。让学生分别扮演收款人和付款人两种角色，计算所有费用并制作应收账单和应付账单。

参 考 文 献

[1] 翁心刚．物流管理基础［M］．北京：中国物资出版社，2006．

[2] 王之泰．现代物流学［M］．北京：中国物资出版社，1995．

[3] 牛东来．现代物流信息系统［M］．北京：清华大学出版社，2004．

[4] 冯耕中．物流管理信息系统及其实例［M］．西安：西安交通大学出版社，2003．

[5] 邵建利．物流管理信息系统［M］．上海：上海财经大学出版社，2005．

[6] 李玉如．国际货运代理与业务［M］．北京：人民交通出版社，2001．

[7] 李丽文．生产与运作管理［M］．北京：清华大学出版社，1998．

[8] 李京文，等．物流学及其应用［M］．北京：经济科学出版社，1987．

[9] 宋华．电子商务物流与电子供应链管理［M］．北京：中国人民大学出版社，2004．

[10] 宋华，胡左浩．现代物流与供应链管理［M］．北京：经济管理出版社，2000．

[11] 张根保，杨孝荣，陈友玲．企业信息化［M］．北京：机械工业出版社，1999．

[12] 郭文超．中国铁路集装箱运输［M］．北京：中国铁道出版社，1996．

[13] 崔介何．物流学概论［M］．北京：中国计划出版社，1997．

[14] 黎孝先．国际贸易实务［M］．北京：对外贸易教育出版社，1994．

[15] 高家驹．综合运输概论［M］．北京：中国铁道出版社，1993．

[16] 外贸运输基础知识与实务编写组．外贸运输基础知识与实务［M］．北京：对外贸易教育出版社，1989．

[17] 施建年．第三方物流运作实务［M］．北京：人民交通出版社，2005．

[18] 骆温平．第三方物流［M］．上海：上海社会科学院出版社，2001．

[19] 许良．物流信息技术［M］．上海：立信会计出版社，2007．

[20] RONALD H. BALLOU．企业物流管理——供应链的规划组织和控制［M］．王晓东，胡瑞娟，等译．2 版．北京：机械工业出版社，2006．

[21] 爱德华·J. 巴迪．运输管理［M］．6 版．北京：清华大学出版社，2006．

[22] RICHARD J TERSINE．库存控制原理与物料管理［M］．白礼常，董其蔚，等译．北京：中国物资出版社，1987．

［23］MARTIN CHRISTOPHER. 物流与供应链管理：降低成本与改善服务的战略［M］. 2 版. 北京：电子工业出版社，2003.

［24］PHILIP KOTLER. 营销管理［M］. 梅汝和，梅清豪，周安柱，等译. 新千年版：10 版. 北京：中国人民大学出版社，2001.

［25］陈兵兵. SCM 供应链管理：策略、技术与事务［M］. 北京：电子工业出版社，2004.

［26］DONALD J BOWERSOX，DAVID J CLOSS. 物流管理：供应链过程的一体化［M］. 邻国荣，宋柏，沙梅，等译. 北京：机械工业出版社，1999.

［27］DONALD J BOWERSOX，DAVID J CLOSS，M BIXBY COOPER. 供应链物流管理［M］. 李习文，王增东，等译. 北京：机械工业出版社，2004.

后　记

　　2008 年，北京物资学院与中国物流技术协会共同策划了物流教学片——《第三方物流企业案例》，该片以中海物流（深圳）有限公司的作业流程为主线，将物流作业流程、物流专业设备和物流理论知识融为一体，以多媒体的形式生动地展现出来，为物流专业的实践教学提供了良好素材，也为本书的编写积累了宝贵的第一手材料。

　　中海第三方物流模式的成功，离不开信息系统的支撑，中海物流（深圳）有限公司在信息系统开发建设上，投入了很大的力量。在自身物流信息系统开发建设过程中，逐步形成了向社会提供物流信息系统设计开发服务的能力，中海物流（深圳）有限公司已经为许多物流企业量身开发了物流信息系统，对于提高第三方物流企业的运作效率和服务水平起到了重要作用。

　　近年来，中海物流（深圳）有限公司下属的深圳中海资讯科技有限公司十分关注物流教育的发展，专门针对物流专业教育开发了物流信息系统教学平台，赖礼芳副总经理一直致力于该项工作，对如何发挥物流信息系统教学平台在物流教育中的作用有深入研究。在使用本教材的过程中，如需要拓展资料和专业方面的帮助，可以与赖礼芳先生直接联系（手机：13809892330；电子邮箱：262313195@qq.com）。

北京物资学院教授　翁心刚

2009 年 4 月